职业教育汽车类专业"互联网+"创新教材

汽车底盘构造与维修

主编　王　芳　雷琼红
参编　吴志军　王　进　管倩倩
主审　王维锐

机械工业出版社

本书主要包括汽车底盘总体构造与维护、传动系统检修、行驶系统检修、转向系统检修、制动系统检修、防滑和稳定性控制系统检修六个项目，每个项目分为若干个任务，选取大量汽车工程中的实例，将汽车底盘知识与工程实际进行有机结合，有助于培养学生分析问题和解决问题的能力。

本书可作为职业院校汽车类专业的教材，也可作为相关专业的学习参考书，还可作为相关技术人员的培训教材。

为了便于读者自主学习、提高学习效率，本书配备了二维码视频资源，读者可通过手机扫码观看。

本书配有电子课件、试卷及答案等，凡使用本书作为教材的教师均可登录机械工业出版社教育服务网（www.cmpedu.com）注册后免费下载。咨询电话：010-88379375。

图书在版编目（CIP）数据

汽车底盘构造与维修/王芳，雷琼红主编. —北京：机械工业出版社，2023.7（2025.1重印）

职业教育汽车类专业"互联网+"创新教材

ISBN 978-7-111-73294-5

Ⅰ.①汽… Ⅱ.①王… ②雷… Ⅲ.①汽车-底盘-结构-高等职业教育-教材②汽车-底盘-车辆修理-高等职业教育-教材 Ⅳ.①U463.1②U472.41

中国国家版本馆 CIP 数据核字（2023）第 100395 号

机械工业出版社（北京市百万庄大街 22 号　邮政编码 100037）
策划编辑：葛晓慧　　　　　　　　　　责任编辑：葛晓慧　于志伟
责任校对：张亚楠　刘雅娜　陈立辉　　封面设计：严娅萍
责任印制：郜　敏
北京瑞禾彩色印刷有限公司印刷
2025 年 1 月第 1 版第 2 次印刷
184mm×260mm・13.5 印张・329 千字
标准书号：ISBN 978-7-111-73294-5
定价：55.00 元

电话服务　　　　　　　　　　网络服务
客服电话：010-88361066　　机　工　官　网：www.cmpbook.com
　　　　　010-88379833　　机　工　官　博：weibo.com/cmp1952
　　　　　010-68326294　　金　书　网：www.golden-book.com
封底无防伪标均为盗版　　机工教育服务网：www.cmpedu.com

前　言

本书编写采用项目任务式，从岗位需求出发，以任务驱动为导向，通过行业典型工作任务引入教学内容，设置知识脉络图、知识准备、任务实施以及评价等环节，满足汽车行业高素质技术技能人才培养需求，它具有以下特点：

1. 坚持德技并修，落实专思互融

体现"二十大"精神要求的"德技并修"的职业教育特色，通过"汽车底盘检修"课程的教学改革与调查研究，分析学情、教学理念适用性、教学改革途径，确定以成果导向教育理念（OBE）为主导编写本书。以能力培养为主线，突出以学生为中心，把教学内容与相关的职业资格认证结合起来。

2. 校企合作双元开发，实现知识迭代更新

企业的技术总监根据每个项目的特点和内容，提供目前汽车底盘常见维修案例，保证教材质量和知识广度、新度；使汽车底盘理论知识与汽车技术的实际运用紧密联系起来，更能体现本书"理论结合、工学结合"的特点。

3. 优化模块编排，促进建构学习

本书模块化设计特征明显，围绕汽车底盘整体设置6个项目模块。教材内容上以工作过程为导向，每个任务针对汽车底盘维护中的实际案例为切入点，将汽车底盘的知识与汽车底盘的维护技能紧密融合，为职业能力等级证书考核和汽车维修技能竞赛打下基础，实现"岗、课、赛、证"有机融合。

4. 教材形式新颖、课程资源配套丰富

对教材中相关知识点植入二维码，扫码即可观看动画或视频资源。同时教材开发与"汽车底盘检修"浙江省在线开放平台课程建设相结合，目前平台已配有微课、题库、维修视频、课件等教学资源，便于开展混合式教学，同时可以为自学者提供丰富的资源支撑。

浙江交通职业技术学院王芳编写项目一、项目二、项目三任务三和任务四；雷琼红编写项目四任务二～任务四和项目五；吴志军编写项目三任务一和任务二，管倩倩编写项目六，台州临奥汽车有限公司王进编写项目四任务一。全书由浙江交通职业技术学院王芳教授统稿，浙江大学教授级高工王维锐担任主审。在本书编写过程中，参阅了大量文献，未能一一说明，在此对著作者致以衷心感谢！

由于编者水平有限，书中疏漏与不妥之处在所难免，请有关专家和读者批评指正。

编　者

二维码索引

目　录

项目一

汽车底盘总体构造与维护

本项目主要介绍汽车底盘各系统的组成、功用与维护方法。

任务一　汽车底盘的总体构造认知

➡》【任务描述】

　　汽车是现代社会重要的交通工具。1956 年 7 月 14 日，中国人自己制造的第一辆汽车——"解放"牌载货汽车从长春一汽总装线上盛装下线，中国的汽车工业从此开始起步，经过 60 多年的发展，至 2022 年 12 月底，我国汽车保有量达 3.19 亿辆。面对一辆汽车，你能否准确地说出各总成的名称和安装位置？

➡》【学习目标】

知识目标	熟悉汽车底盘的组成与功用 了解电子控制技术在汽车底盘上的应用 熟悉整车构造与各部件的名称及安装位置
技能目标	能安全操作举升器及正确使用维修工具
素养目标	了解我国汽车发展历史，树立汽车文化自信心 培育劳动光荣意识和创新意识

➡》知识脉络图

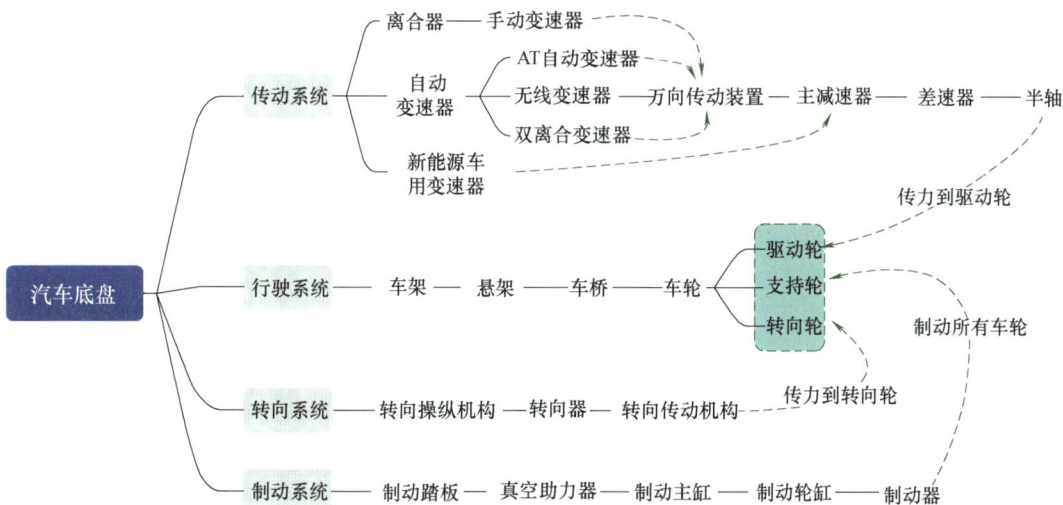

【知识准备】

一、汽车底盘的组成与功用

汽车底盘的功用是接收发动机（或电动机）的动力，使汽车运动，并保证汽车按照驾驶人的操纵正常行驶。汽车底盘由传动系统、行驶系统、转向系统和制动系统组成。汽车底盘的基本组成如图1-1所示。

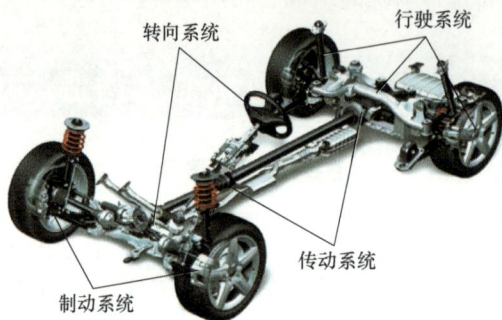

图1-1　汽车底盘的基本组成

1. 传动系统

传动系统的功用是把发动机（或电动机）的动力传递给驱动轮。汽车采用的机械式传动系统由离合器、变速器、万向传动装置和驱动桥等组成，如图1-2所示。

图1-2　传动系统的组成示意图

2. 行驶系统

行驶系统的功用是将汽车各总成及部件连成一个整体并对整车起支撑的作用，传递和承受汽车行驶的各种力和力矩、缓和冲击、吸收振动，以保证汽车正常行驶。行驶系统由车架或车身、车桥、车轮和悬架等组成，如图1-3所示。

3. 转向系统

转向系统的功用是控制汽车的行驶方向，其由转向盘、转向器和转向传动机构等组成，如图1-4所示。汽车普遍采用动力转向装置。

4. 制动系统

制动系统的功用是使汽车减速、停车或驻车。一般汽车制动系统至少应设行车制动装置

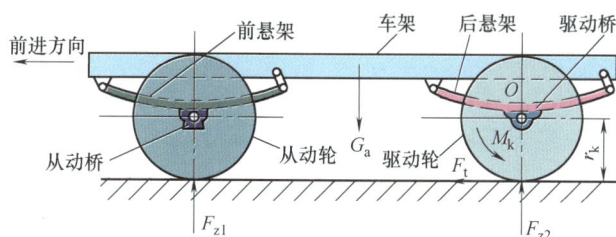

图 1-3　行驶系统的组成示意图

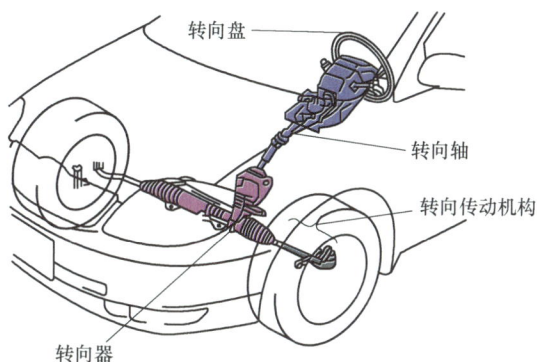

图 1-4　转向系统的组成示意图

和驻车制动装置两套相互独立的制动装置，每一套制动装置由制动器和制动传动装置组成。乘用车的行车制动装置一般由制动踏板、制动助力器、制动主缸、制动轮缸和车轮制动器等组成，如图 1-5 所示。汽车行车制动装置中还装设有制动力调节装置和防抱死制动装置等，大型商用汽车还附有缓速装置，以使汽车平稳减速或保持稳定的车速。

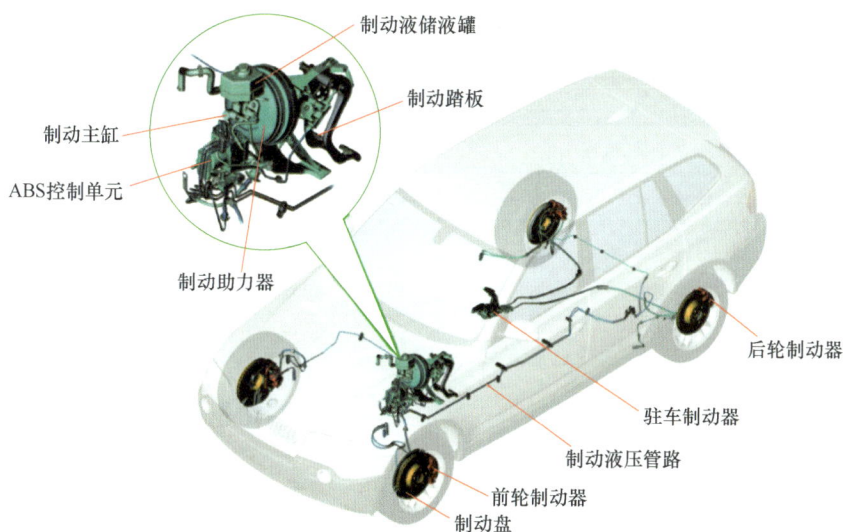

图 1-5　制动系统的组成示意图

二、汽车底盘技术的应用与发展

我国从 1956 年制造的第一辆"解放"牌载货汽车开始起步，经过 60 多年的发展，中国汽车工业经历了从自力更生到打开国门，从寻找合资到最后民族自主品牌的逐渐成熟，从无到有、从小到大，从诞生、成长到成熟螺旋式的发展历程，彰显了一代代汽车人的爱国情怀和开拓进取的精神。

汽车底盘发展简史

汽车底盘电子控制系统主要有电子控制自动变速器（ECAT）、电子控制机械无级变速器（CVT）、电子控制悬架系统（ASS）、电子控制转向助力系统（EPS）、四轮转向系统（4WS）、电子控制制动力分配系统（EBD）、防抱死制动系统（ABS）、驱动防滑系统（ASR）、电子稳定程序（ESP）等。

综合运用液力机械传动、电子控制技术、车载网络技术是汽车底盘的发展方向。

【任务实施】

认识汽车底盘的基本构造

1. 任务准备

1）场地和设备准备：实训场地布置、汽车、举升设备、课件或微课视频。

2）分组：根据设备数量将学生分成 4~6 个组，每个组 6~8 人。

2. 任务步骤

1）各小组先自行观察和识别汽车底盘的各组成部件。

2）老师演示或播放微课视频，学生观看汽车底盘基本构造。

3）学生分小组认知底盘的组成，包括传动系统、行驶系统、转向系统、制动系统，完成工单填写。

3. 任务评价

教师根据表 1-1 中的任务评价内容及标准为学生打分。

表 1-1　任务评价内容及标准

序号	项目	操作内容	分值	评分标准	得分
1	准备	清点工具、清理工位	5	酌情扣分	
2	观察	传动系统	20	识别不当扣 1~20 分	
		行驶系统	20	识别不当扣 1~20 分	
		转向系统	15	识别不当扣 1~15 分	
		制动系统	15	识别不当扣 1~15 分	
3	完成时间	60min	10	超时 1~5min 扣 1~5 分 超时 5min 以上扣 10 分	
4	安全文明	无安全隐患，无不文明操作	5	未达标扣 1~5 分	
5	结束	工具清洁归位	5	漏一项扣 1 分，未做扣 5 分	
		清理工作场地	5	清洁不彻底扣 1~5 分，未做扣 5 分	
		总分	100		

【任务工单】

工作页1　认识汽车底盘的基本构造

班级		姓名	
地点		日期	

一、资讯

1. 汽车底盘的组成包括_____、_____、_____、_____四个系统。
2. 行车制动装置一般主要由_____、_____、_____、_____和_____组成。
3. 汽车传动系统的功用是把_____的动力传递给驱动轮。
4. 行驶系统一般由_____、_____、_____、_____组成。
5. 转向系统一般由_____、_____、_____组成。

二、计划与决策

请查阅相关车型信息，对小组成员进行合理分工，确定底盘各部件认知计划。

1. 需要的车型：_____。
2. 小组成员分工：_____。

三、实施

1. 车辆准备工作：钥匙、举升设备安全检查等。
2. 车辆品牌及型号：_____。
3. 根据图1-6或绘制草图，标注各系统名称及其组成部件名称。

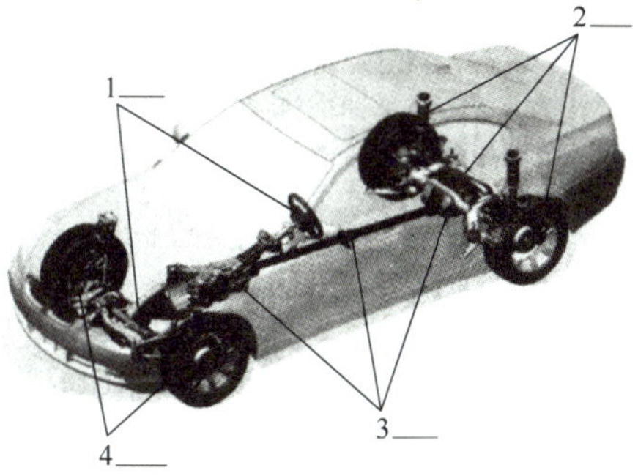

图1-6　汽车底盘的基本构造

4. 该款汽车底盘的电控技术有哪些？

_____

_____。

*5. 自主查阅中国汽车的发展史，谈一下对我国汽车产业快速发展的感悟。

_____。

【复习与思考】

1. 通过查阅资料，说说新能源汽车底盘的组成部分。
2. 查阅资料，了解常见的汽车底盘电子控制系统的作用。

任务二　汽车底盘的维护

【任务描述】

　　汽车行业有许多一线维修工，经过多年的磨砺成长，通过听声音、看现象就能判断车辆的故障范围，从而快速帮助客户处理问题。一辆行驶两年、里程约 15000km 的汽车进厂后，根据汽车技术档案的记录资料（包括车辆运行记录、维修记录、检测记录、总成修理记录等）和驾驶人反映的车辆使用技术状况（包括汽车动力性、异响、转向、制动及燃料、机油消耗等），你能结合汽车维护国家标准，确定车辆需要做哪些检测和维护项目吗？

【学习目标】

知识目标	熟悉汽车维护国家标准中关于汽车维护的相关规定 掌握汽车底盘一级维护、二级维护的作业内容和方法
技能目标	会使用汽车维修常用的机具、工具
素养目标	具有良好的职业规范和职业精神

知识脉络图

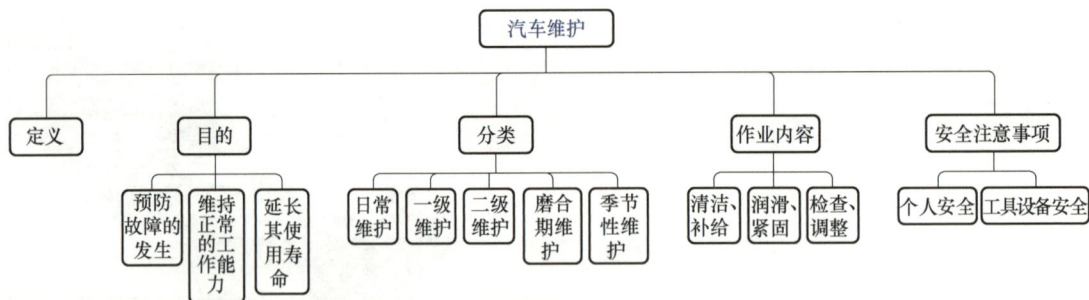

【知识准备】

一、汽车维护

1. 汽车维护的定义

汽车维护是指为维持汽车完好技术状况或工作能力而进行的作业。

2. 汽车维护的目的

汽车维护的目的是预防故障的发生、维持汽车正常的工作能力、延长其使用寿命。

3．汽车维护的分类以及作业内容

汽车维护分为日常维护、一级维护、二级维护、磨合期维护和季节性维护。

（1）日常维护　日常维护由驾驶人负责执行。每日在出车前、行车中、收车后进行。作业中心内容是清洁、补给和安全检视。

（2）一级维护　一级维护按规定间隔里程由专业维修工负责执行。作业的中心内容除日常维护外，以清洁、润滑和紧固为主，并检查有关制动和操纵等安全机件。

（3）二级维护　二级维护的目的是维持汽车各总成和机构具有良好的工作性能，及时消除故障和隐患，保证汽车动力性、经济性、排放净化性、操纵性及安全性，作业中心内容是除一级维护作业内容外，以检查和调整为主，并拆检轮胎，进行轮胎换位。

（4）磨合期维护　磨合期维护是指对新车和大修车在磨合期所进行的维护，主要作业内容有经常检查、紧固各连接部位、进行限速、减载行驶，并注意行车中声响和温度的变化。磨合期满，应对各总成进行清洗、更换润滑油，并进行必要的调整和紧固。

（5）季节性维护　季节性维护是指为适应季节变化而进行的维护，可结合一级维护和二级维护一并进行。其主要内容是按季节温度更换润滑油，调整油路、电路及对冷却系统进行检查、维护等。

4．汽车维护的周期

GB/T 18344—2016《汽车维护、检测、诊断技术规范》中明确规定：汽车日常维护的时间为每日出车前、行车中和收车后。汽车一级维护、二级维护周期的确定，应以汽车行驶里程为基本依据，对于不便于用行驶里程统计、考核的汽车，可用时间间隔确定一级维护、二级维护周期，各汽车厂家在随车的汽车使用说明书中都有明确的规定。

5．汽车维护作业的基本内容

1）清洁作业：清除汽车外部污渍，擦拭车身表面，使车辆保持外观整洁，保持空气滤清器、燃油滤清器、机油滤清器、蓄电池的清洁。

2）补给作业：对汽车的燃料、润滑油及特殊工作液进行检查，视需要进行加注补充；对蓄电池充电，轮胎补气等。

3）润滑作业：清洗发动机润滑系统和机油滤清器，更换或添加润滑油，更换机油滤芯（滤清器）；对底盘各部位加注润滑油（脂）。

4）紧固作业：检查汽车各总成和零部件的外部连接是否可靠，必要时进行紧固或更换，配置失落和损坏的连接件。

5）检查作业：检查汽车各总成和零部件的外表、工作情况以及联接螺栓的紧固情况等。

6）调整作业：按技术要求恢复总成、零部件的正常配合间隙及工作性能等。

6．汽车底盘一级维护

汽车底盘一级维护作业内容及技术要求见表 1-2。

7．汽车底盘二级维护

汽车底盘二级维护首先要进行检测，依据检测结果及车辆实际状况进行故障诊断，从而确定附加作业项目，与基本作业项目一并进行二级维护。二级维护作业完成后，需要进行竣工检验，竣工检验合格的车辆，由维护企业填写汽车维护竣工出厂合格证后方可出厂。

表1-2　汽车底盘一级维护作业内容及技术要求

序号	项　目		作业内容	技术要求
1	转向系统	部件连接	检查转向器液面及密封状况，润滑万向节十字轴、横直拉杆、球头销、转向节等部位	符合规定
2		转向器润滑油及转向助力油		
3	制动系统	制动管路	检查制动管路	制动管路无漏油现象
4		制动液	检查液面高度，视情况更换	按规定的里程或时间更换制动液，液面高度符合规定
5	传动系统	各连接部位	检查、校紧变速器、传动轴、驱动桥、传动轴支承等部位联接螺栓、螺母	各部位连接可靠，密封良好
6		变速器、主减速器和差速器	清洁通气孔	通气孔通畅
7	车轮	车轮及半轴的螺栓、螺母	校紧车轮及半轴的螺栓、螺母	拧紧力矩符合规定
8		轮辋及压条挡圈	检查轮辋及压条挡圈	轮辋及压条挡圈无明显裂损及变形
9	全车润滑		检查、润滑各润滑点	润滑嘴齐全有效，润滑良好，润滑点防尘罩完好
10	整车密封		检查泄漏情况	全车不漏油、不漏液、不漏气

二、汽车维护生产安全注意事项

1. 个人安全

（1）眼睛的防护　常用保护眼睛的装备是护目镜和安全面具。护目镜可以防止各种情况对眼睛的伤害，如飞来物体或飞溅的液体。进行金属切削加工，用錾子或冲子铲剔，使用压缩空气、使用清洗剂等应考虑佩戴护目镜。安全面具能保护整个面部。

（2）听觉的保护　汽车修理厂的噪声很大，持续的低噪声会对人身体造成长期伤害。常见的听力保护装备有耳罩和耳塞，噪声极高时可同时佩戴。

（3）手的保护　不要把手伸至危险区域，如发动机前部转动的传动带区域、发动机排气管道附近等；必要时戴上防护手套。金属加工时戴劳保安全手套，接触化学品时戴橡胶手套。

（4）其他注意事项　在修理厂中，一定要穿合体的工作服，最好是穿连体工作服、劳保鞋，长发一定要扎起来，并戴上帽子。

2. 工具和设备安全

（1）工具的安全　工具使用不当会导致事故。例如，用一字螺钉旋具代替撬棍，会导致旋具崩裂、损坏，飞溅物打伤自己或他人；扳手从手中滑落，可能会掉到旋转的元件上，再飞出来伤人等，传递工具时，要将手柄朝着对方。所有的电气设备都要使用三相插座，地线要安全接地，电缆松动时应及时固定；所有旋转的设备都应有安全罩，升起车辆前应确保汽车已被正确支承等。

（2）使用压缩空气的安全　使用压缩空气时，不要将压缩空气对着自己或别人，也不要对着地面或设备、车辆乱吹，防止发生意外伤害。

三、专用工具的使用

1. 顶拔器

顶拔器一般用于拆卸配合较紧的轴承和齿轮等机件，图1-7所示为分离轴承顶拔器。

2. 离合器拆装专用工具

离合器拆装专用工具由夹板、丝杠和手柄等组成，是离合器分解和组装的专用工具，如图1-8所示。

图1-7　分离轴承顶拔器

图1-8　离合器拆装专用工具

3. 千斤顶

千斤顶是一种最常用、最简单的起重工具，如图1-9所示。按照其工作原理可分为机械丝杠式和液压式两种，按照所能顶起的质量可分为3000kg、5000kg、10000kg等多种不同规格。

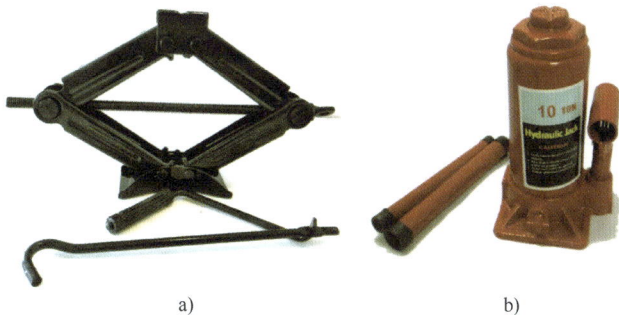

a)　　　　　　　　　　　b)

图1-9　千斤顶

a）机械丝杠式　b）液压式

4. 双柱液压汽车举升器

双柱液压汽车举升器用于车辆整车的举升，其主要由主动立柱、被动立柱、四只托臂及撑脚、操纵杆和保险手柄等组成，如图1-10所示。车辆举升时，应按汽车使用说明书规定的托举位置支承车辆。车辆驶入工位后，尽量使汽车重心位于两立柱中间。举升作业中，举升器应处于锁止状态。车下作业时，禁止过度用力推动车辆，以防汽车从撑脚上滑下。下降过程中应检查车辆下部，确认车下无人和物。

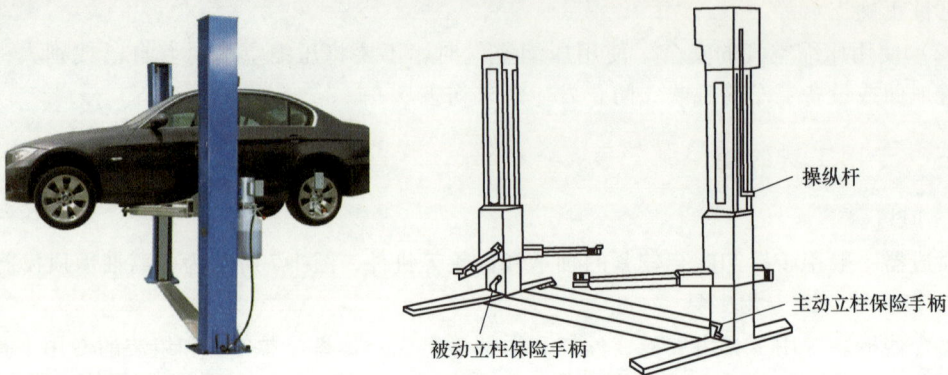

操纵杆

主动立柱保险手柄

被动立柱保险手柄

图 1-10　双柱液压汽车举升器

【任务实施】

汽车底盘一级维护

1. 任务准备

1）场地和设备准备：实训场地布置、汽车、举升设备、课件或微课视频。

2）分组：根据设备数量将学生分成 4~6 个组，每个组 6~8 人。

2. 任务步骤

1）老师演示或播放微课视频，学生观看汽车底盘一级维护注意要点。

2）学生分小组完成汽车底盘的一级维护，并完成工单填写。

3. 任务评价

教师根据表 1-3 中的任务评价内容及标准为学生打分。

表 1-3　任务评价内容及标准

序号	项目	操作内容	分值	评分标准	得分
1	准备	清点车辆、工具和三件套等	5	酌情扣分	
2	检查、调整、紧固	举升车辆	5	操作不当扣 1~5 分	
		检查车身底部完好，并将螺栓按规定力矩拧紧	10	未按规定力矩拧紧螺栓扣 1~10 分	
		检查悬架系统有无变形、漏油的情况	10	检查不准确扣 1~10 分	
		检查变速器油质及螺栓紧固的情况	5	油质判别不当扣 1~5 分	
		检查制动系统有无泄漏及轮胎磨损的情况	10	未及时发现轮胎磨损扣 1~10 分	
		检查、调整制动踏板自由行程	10	操作不当扣 1~10 分	
		检查、调整离合器操纵机构和踏板自由行程	5	操作不当扣 1~5 分	
		检查制动液液面高度	5	判断不对扣 1~5 分	
		检查转向系统是否灵活可控	5	操作不当扣 1~5 分	
		给各系统润滑点加注润滑油（脂）	5	操作不当扣 1~5 分	

（续）

序号	项目	操作内容	分值	评分标准	得分
3	完成时间	80min	10	超时 1~5min 扣 1~5 分 超时 5min 以上扣 10 分	
4	安全文明	无安全隐患，无不文明操作	5	未达标扣 1~5 分	
5	结束	工具清洁归位	5	漏一项扣 1 分，未做扣 5 分	
		清理工作场地	5	清洁不彻底扣 1~5 分，未做扣 5 分	
		总分	100		

【任务工单】

工作页 2　汽车底盘一级维护

班级		姓名	
地点		日期	

一、资讯

1. 汽车底盘维护包括 _____ 、 _____ 、 _____ 、 _____ 和 _____ 。

2. 汽车维护的目的是 _____ 。

3. 汽车维护作业的基本内容是 _____ 、 _____ 、 _____ 、 _____ 、 _____ 、 _____ 。

4. 车辆举升时，应按汽车使用说明书规定的 _____ 支承车辆。车辆驶入工位后，尽量使汽车重心位于 _____ 。

二、计划与决策

请查阅相关车型信息，对小组成员进行合理分工，确定底盘一级维护计划。

1. 需要的车型： _____ 。

2. 小组成员分工： _____ 。

三、实施

1. 车辆准备工作：钥匙、举升设备安全检查等。

2. 车辆品牌及型号： _____ 。

3. 举升车辆时注意： _____ 。

4. 该款汽车底盘一级维护作业项目有哪些？

_____

_____

5. 制动液液面高度应在＿＿＿＿＿与＿＿＿＿＿刻线之间。制动液更换周期为＿＿＿＿＿，或按照规定更换。

＊6. 汽车底盘维护过程应注意哪些职业规范和素养的养成？

＿＿＿。

【复习与思考】

简答题

1. 通过查阅资料，举例说明季节性维护的重要性。

2. 汽车底盘维护过程容易出现哪些问题？要避免类似问题的出现，需养成哪些职业素养？

项目二

传动系统检修

本项目主要介绍汽车传动系统的组成、功用，传动系统各总成的构造以及检修方法。

任务一　传动系统的认知

▣》【任务描述】

　　维修技师在给一辆手动档的汽车更换离合器，为了避免离合器打滑，于是他摘下有油污的手套，换上一副新手套，然后才拿起离合器总成进行安装。如果你是维修技师，你是否能注意到这些细节，是否能准确说出这辆车传动系统的布置形式？是否能找到离合器、手动变速器、传动轴等具体位置，并进行基本的检查？

▣》【学习目标】

知识目标	掌握汽车传动系统的组成与功用 熟悉汽车传动系统的布置类型
技能目标	会识别汽车传动系统的主要零部件及相互连接关系
素养目标	培养系统性分析问题的能力

▣》知识脉络图

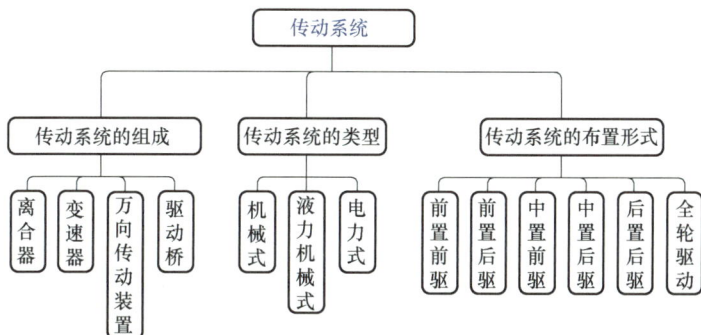

▣》【知识准备】

一、传动系统的功用

　　汽车传动系统是从发动机（或电动机）到驱动车轮之间所有动力传递装置的总称，其基本功用是把发动机（或电动机）发出的动力根据需要传给驱动车轮，从而保证汽车在各种行驶条件下正常行驶所必需的驱动力和车速，并使汽车具有良好的动力性和燃油经济性。为此，传动系统应具有减速增矩、变速、倒车、中断动力传递、轮间差速和轴间差速等功能。

二、传动系统的类型与组成

根据结构和传动介质的不同，汽车传动系统的类型主要可分为机械式、液力机械式和电力式等。

1. 机械式传动系统的组成

机械式传动系统通常由离合器、变速器、万向传动装置（万向节和传动轴）、驱动桥（主减速器、差速器、半轴）等组成，目前广泛应用于普通双轴载货汽车上，如图 2-1 所示。发动机纵向安置在汽车前部，后轮为驱动轮。发动机发出的动力依次经过离合器、变速器、由万向节和传动轴组成的万向传动装置以及安装在驱动桥中的主减速器、差速器和半轴，最后传到驱动轮。

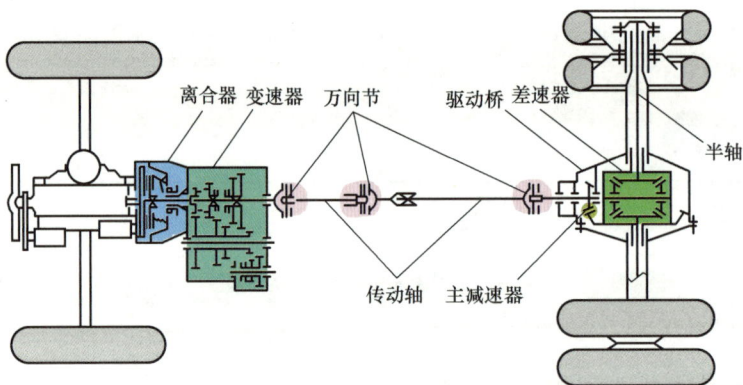

图 2-1　机械式传动系统的组成及布置示意图

对于四轮驱动的汽车，在变速器和万向传动装置之间还装有分动器，其功用是把发动机的动力分配给前、后驱动桥。

2. 电力式传动系统的组成

电力式传动系统示意图如图 2-2 所示，主动部件是由发动机驱动的发电机，从动部件是牵引电动机。牵引电动机发出的动力经传动轴、主减速器传到驱动轮。目前，纯电动汽车由动力蓄电池包提供电能驱动电动机发出动力，经一级减速、主减速器和差速器传到驱动轮；也可以在每个驱动轮上单独安装电动机，电动机发出的动力也要经过一套减速机构才能传给驱动轮，目的是减速增矩，这套减速机构称为轮边减速器。

三、传动系统的布置形式

1. 汽车的驱动形式

汽车的驱动形式通常用汽车车轮总数×驱动车轮数（轮毂数）来表示，常见的驱动形式有 4×2、4×4。

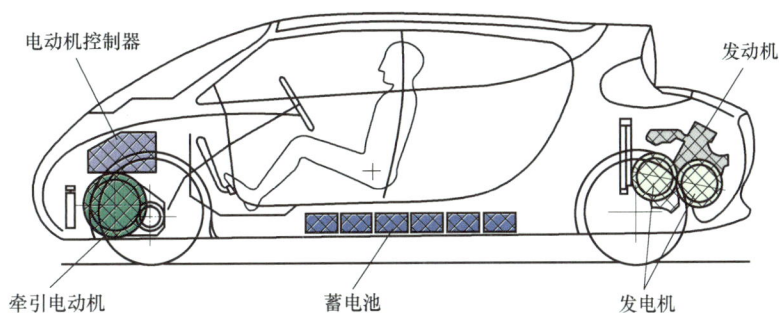

图 2-2 电力式传动系统示意图

2. 传动系统的布置形式

传动系统的布置形式主要与发动机的安装位置以及汽车驱动形式有关。如图 2-3 所示，传动系统的主要布置形式有发动机前置后轮驱动（FR）、发动机前置前轮驱动（FF）、发动机后置后轮驱动（RR）、全轮驱动（nWD）、发动机中置后轮驱动（MR）和发动机中置前轮驱动（MF）等。

发动机前置后轮驱动布置形式的优点是发动机散热条件好、维修方便，离合器、变速器的操纵机构简单，前、后轮的轴荷分配比较合理，后驱动轮的附着力大，易获得足够的牵引力。其缺点是需要一根较长的传动轴，增加了整车质量，影响了传动系统的效率。发动机前置后轮驱动主要用于载货汽车。

发动机前置前轮驱动的布置形式除了具有发动机散热条件好和操纵方便等优点外，还省去了很长的传动轴，传动系统结构紧凑，整车质心降低，汽车高速行驶稳定性好。但上坡时

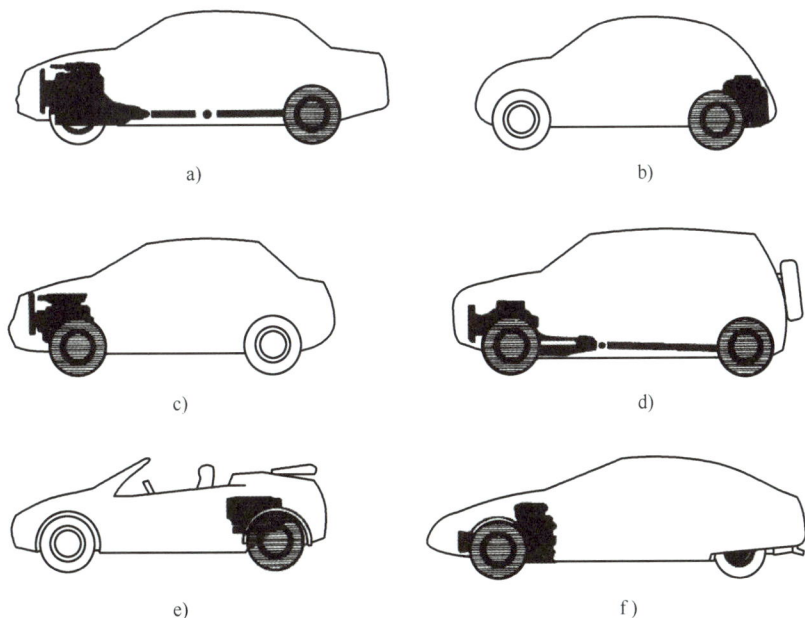

a)

b)

c)

d)

e)

f)

图 2-3 汽车传动系统的主要布置形式

a）发动机前置后轮驱动 b）发动机后置后轮驱动 c）发动机前置前轮驱动 d）全轮驱动
e）发动机中置后轮驱动 f）发动机中置前轮驱动

前轮附着力减小，易打滑，下坡制动时前轮负荷过大，高速时易翻车。发动机前置前轮驱动主要用于轿车。

发动机后置后轮驱动布置可以大大缩短传动轴的长度，传动系统结构紧凑，质心有所降低，前轴不易过载，后轮附着力大，并能更充分地利用车厢面积。但由于发动机后置，其散热条件差。

全轮驱动布置充分利用所有车轮与地面之间的附着力，获得尽可能大的牵引力，提高了整车的牵引性和通过性，改善了汽车的行驶稳定性、制动性和转向特性。

发动机中置后轮驱动布置把发动机布置于驾驶室后面汽车的中部，后轮驱动，该布置方案有利于实现前、后轴较为理想的轴荷分配，是赛车和部分大、中型客车采用的布置方案。

◢》【任务实施】

传动系统的认知

1. 任务准备

1）场地和设备准备：实训场地布置、汽车、举升设备、课件或微课视频。

2）分组：根据设备数量将学生分成4~6个组，每个组6~8人。

2. 任务步骤

1）老师演示或播放视频，传动系统的认知，学生观看并记录。

2）学生分小组对不同类型车辆进行传动系统认知，完成工单填写。

3. 任务评价

教师根据表2-1中的任务评价内容及标准为学生打分。

表2-1　任务评价内容及标准

序号	项目	操作内容	分值	评分标准	得分
1	准备	清理工位	5	酌情扣分	
		车辆举升准备：查看举升设备的完好性	5	操作不当扣5分	
2	观察	传动系统的组成部件：离合器、变速器、传动轴、驱动桥	20	认知错误，每次扣5分	
3	辨别	传动系统布置形式：发动机前置前轮驱动、发动机前置后轮驱动等	20	辨别错误，每次扣10分	
4	检查	检查传动系统是否有泄漏	10	检查不当扣1~10分	
		检查油液数量	10	检查不当扣1~10分	
		检查防尘罩是否破损	10	检查不当扣1~10分	
5	完成时间	30min	10	超时1~5min扣1~5分 超时5min以上扣10分	
6	安全文明	无安全隐患，无不文明操作	5	未达标扣1~5分	
7	结束	清理工作场地	5	清洁不彻底扣1~5分，未做扣5分	
		总分	100		

【任务工单】

工作页 1 传动系统的认知

班级		姓名	
地点		日期	

一、资讯

1. 汽车传动系统的功用是 _____

_____。

2. 汽车传动系统的部件有 _____、_____、_____、_____。

3. 汽车传动系统的主要布置形式有 _____、_____、_____、

_____、_____和_____。

二、计划与决策

请查阅相关车型信息，对小组成员进行合理分工，确定传动系统认知计划。

1. 需要的车型：_____。

2. 小组成员分工：_____。

三、实施

1. 用举升器将汽车举升到适当高度并锁止。

2. 观察传动系统各部件位置，并画出简图。

3. 检查传动系统各部件是否泄漏或破损。

1）检查变速器是否漏油。　　　　　　　　□是　□否

2）检查驱动桥是否漏油。　　　　　　　　□是　□否

3）检查传动轴防尘罩是否有油脂渗漏。　□是　□否

4）检查传动轴防尘罩是否有裂纹或损坏。□是　□否

5）检查防尘罩卡箍，正确安装并且没有损坏。□是　□否

4. 车辆复位与清洁。

1）解除举升器保险，降下车辆。

2）清洁工位。

【复习与思考】

简答题

1. 简述传动系统的布置形式及特点。
2. 通过查阅资料，举例说明新能源汽车传动系统的特点。

任务二　离合器的检修

【任务描述】

　　一位手动档轿车车主反映，汽车起步时将离合器踏板踩到底，感觉挂档困难；虽然强行挂上档，但离合器踏板还没有松开，车辆就有动力前移或发动机熄火，请分析故障原因并给出维修建议。

【学习目标】

知识目标	熟悉离合器的功用、分类和基本组成 熟悉典型离合器的构造和工作原理 熟悉离合器的检修标准和检修方法
技能目标	能正确分析离合器常见故障的原因 会对离合器进行维护并对主要零部件进行维修
素养目标	培养安全意识和团队合作的能力

知识脉络图

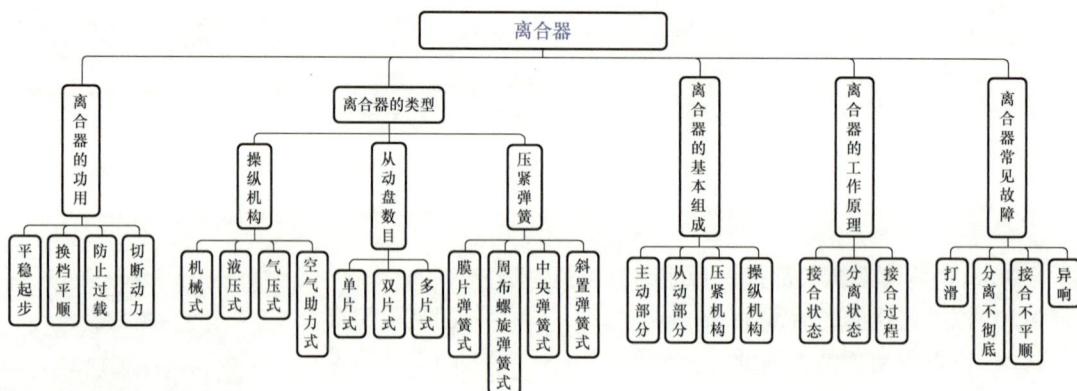

【知识准备】

一、离合器的功用

1. 保证汽车平稳起步

汽车起步时，驾驶人缓慢抬起离合器踏板，使离合器的主、从动部分逐渐接合，发动机的转矩便可由小到大地逐渐传递给传动系统，克服阻力后实现平稳起步。

2. 使变速器换档平顺

换档前踩下离合器踏板，中断发动机的动力传递，便于退出原有齿轮副的啮合，进入新齿轮副的啮合，以顺利换入新的档位。

3. 防止传动系统过载

当传动系统承受的载荷超过离合器所能传递的最大转矩时，离合器会通过主、从动部分之间的打滑来消除这一危险，从而起到过载保护的作用。

4. 切断动力传递，便于起动

在发动机冷起动时，踩下离合器踏板，可以使离合器切断发动机与传动系统的动力传递，以减小阻力，有利于发动机的顺利起动。

二、离合器的要求

离合器要具有以上功用，应满足下列要求：

1）具有合适的储备能力。既能保证传递发动机的最大转矩，又能防止传动系统过载。

2）接合平顺柔和，以保证汽车平稳起步。

3）分离迅速、彻底，便于发动机起动和变速器换档。

4）具有良好的散热能力。由于离合器在接合过程中，主、从动部分有相对的滑转，在频繁使用时会产生大量的热量，如不及时散出，会严重影响其使用寿命和工作的可靠性。

5）操纵轻便，以减轻驾驶人的疲劳。

6）从动部分的转动惯量应尽量小，以减小换档时的冲击。

三、离合器的类型

离合器主要有摩擦式离合器、液力偶合器和电磁离合器等几种。机械式传动系统主要采用摩擦式离合器，其分类如下：

1）按操纵机构不同，离合器可分为机械式、液压式、气压式和空气助力式等。

2）按从动盘的数目不同，离合器可分为单片式、双片式和多片式。

3）按压紧弹簧的形式及布置形式不同，离合器可分为膜片弹簧式、周布螺旋弹簧式、中央弹簧式和斜置弹簧式等。

四、离合器的组成与工作原理

1. 离合器的组成

汽车使用的离合器形式多样，但它们的组成和工作原理基本相同。离合器一般由主动部分、从动部分、压紧机构和操纵机构组成，如图 2-4 所示。

2. 工作原理

（1）接合状态　离合器处于接合状态时，从动盘被压紧弹簧压紧在飞轮与压盘之间。发动机转矩通过飞轮和压盘与从动盘接触面之间的摩擦作用传递到从动盘上，再通过变速器的输入轴和传动系统中一系列部件传给驱动轮。

离合器后备系数 β 表示离合器能传递的转矩与发动机发出的最大转矩之比，其值大于

1。但后备系数也不宜过高，以便在紧急制动时，能通过滑转来防止传动系统过载。常用车型的离合器后备系数见表2-2。

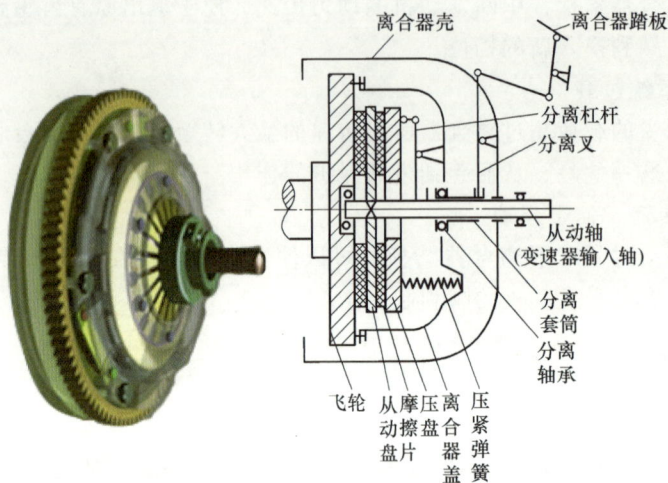

图 2-4　摩擦式离合器的结构示意图

表 2-2　常用车型的离合器后备系数

车　　型	后备系数 β
轿车、轻型载货汽车	1.25～1.75
中型、重型载货汽车	1.60～2.25
带拖挂的重型载货汽车、牵引车	2.00～4.00

（2）分离状态　踩下操纵机构中的离合器踏板，分离叉便拨动分离套筒和分离轴承向左移动，推动分离杠杆的内端向左移动，分离杠杆外端使压盘克服压紧弹簧的压力向右移动，使从动盘与压盘和飞轮分离，摩擦副之间的摩擦力消失，从而中断了动力传递。

（3）接合过程　当需要恢复动力传递时，慢慢地放松离合器踏板，这时，压盘在弹簧力作用下，向左移动逐渐压紧从动盘。随着离合器踏板的逐渐放松，弹簧压力逐渐加大，飞轮、压盘与从动盘之间的摩擦力矩也逐渐增大，传递的转矩也增大。当飞轮、压盘和从动盘接合还不紧密，摩擦力矩比较小时，离合器即处于打滑状态。随着飞轮、压盘和从动盘接合紧密程度的逐步增大，三者的转速也渐趋相等。

3. 离合器的自由间隙和离合器踏板的自由行程

离合器处于接合状态时，分离轴承与分离杠杆内端之间预留的间隙称为离合器的自由间隙，其作用是防止从动盘摩擦片磨损变薄后、压盘不能向前移动而造成离合器打滑。

消除离合器的自由间隙和分离机构、操纵机构零件的弹性变形所需要的离合器踏板的空行程称为离合器踏板的自由行程。

五、典型离合器的结构

摩擦式离合器种类虽多，但其组成和工作原理基本相同。

1. 膜片弹簧式离合器

膜片弹簧式离合器在汽车上应用广泛，不仅在轿车上，在各类型客货车上也得到应用，其结构如图 2-5 所示。

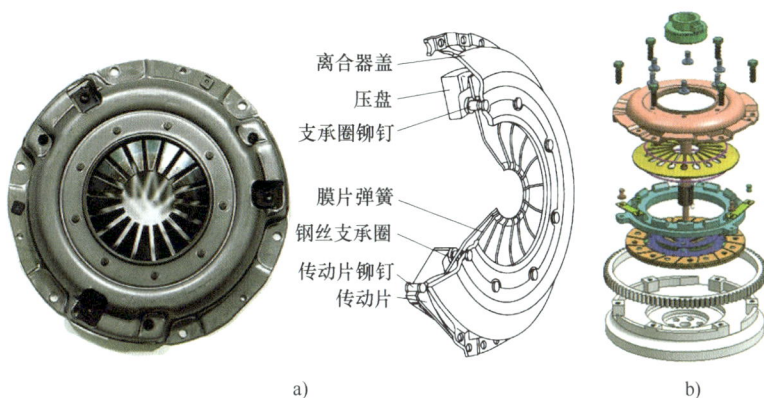

图 2-5 膜片弹簧式离合器的结构
a）实物及装配图   b）分解图

（1）结构 膜片弹簧式离合器由主动部分、从动部分、压紧机构和操纵机构组成。

主动部分由飞轮、离合器盖和压盘组成；从动部分包括从动盘和从动轴；压紧机构是膜片弹簧；操纵机构包括离合器踏板、分离叉、分离套筒、分离轴承和分离杠杆。

（2）工作原理 膜片弹簧式离合器的工作原理图如图 2-6 所示。当离合器盖未安装到飞轮上时，膜片弹簧不受力而处于自由状态，此时离合器盖与飞轮之间有一距离 l，如图 2-6a 所示。当离合器盖通过螺栓安装在飞轮上时，离合器盖压向飞轮，消除了距离 l，膜片弹簧在支承圈处受压产生弹性变形，此时膜片弹簧的外圆周对压盘产生压紧力使离合器处于接合状态，如图 2-6b 所示。当踩下离合器踏板时，分离轴承推动膜片弹簧内端，使膜片弹簧外缘绕支承圈向后移动，通过分离钩拉动压盘后移使离合器分离，如图 2-6c 所示。

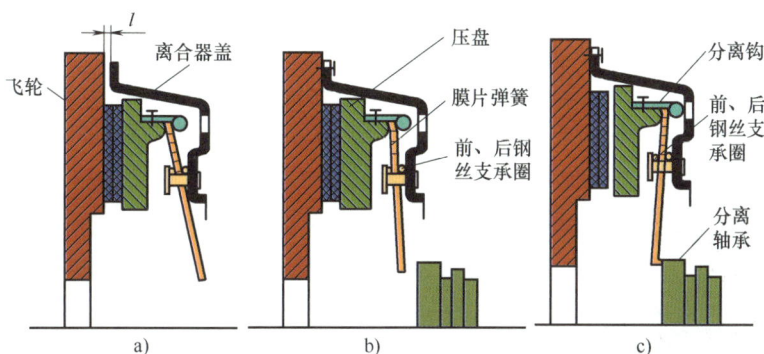

图 2-6 膜片弹簧式离合器的工作原理图
a）自由状态（安装前位置） b）接合状态（安装后位置） c）分离状态

从膜片弹簧式离合器的工作原理可以看出，膜片弹簧既是压紧弹簧，又是分离杠杆，这样不但简化了结构，同时也缩短了离合器的轴向尺寸。

（3）特点　图2-7所示为膜片弹簧和螺旋弹簧的弹性特性曲线，曲线1为膜片弹簧特性曲线，呈非线性特性，曲线2为螺旋弹簧特性曲线，呈线性特性。图中 a 点表示两种弹簧离合器的接合状态，其压紧力相同。分离时膜片弹簧的压力小于螺旋弹簧的压力，因而操纵轻便。

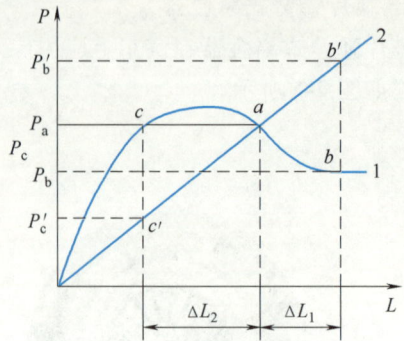

图2-7　膜片弹簧和螺旋弹簧的弹性特性曲线

1—膜片弹簧特性曲线　2—螺旋弹簧特性曲线
ΔL_1—分离时弹性变形量　ΔL_2—磨损后弹簧伸长量

膜片弹簧式离合器具有结构简单，轴向尺寸小，压紧力分布均匀，弹性性能良好，能自动调节压紧力，操纵轻便，高速时压紧力稳定，分离杠杆平整不需调整等优点。

2. 周布螺旋弹簧式离合器

周布螺旋弹簧式离合器压紧机构由16个沿圆周分布于压盘和离合器盖之间的压紧弹簧组成。在压紧弹簧的作用下，压盘把从动盘压向飞轮，使离合器处于接合状态。操纵机构中有单独的分离杠杆，其他如膜片弹簧式离合器。

3. 从动盘和扭转减振器

从动盘分为不带扭转减振器和带扭转减振器两种类型。

（1）不带扭转减振器的从动盘　不带扭转减振器的从动盘由从动盘毂、从动盘钢片、波浪形弹簧钢片和摩擦片等组成。从动盘钢片与从动盘毂铆接在一起，其上开有辐射状的槽，可防止热变形。为提高接合的柔和性，在从动盘钢片与摩擦片之间装有波浪形弹簧钢片，三者一般铆接在一起。

（2）带扭转减振器的从动盘　从动盘钢片的圆周上铆接有波浪形弹簧钢片，摩擦衬片分别铆接在弹簧钢片上，合称为从动盘本体。从动盘本体与减振器盘铆接在一起，两者之间夹有摩擦垫圈和从动盘毂。从动盘本体、从动盘毂和减振器盘上都开有若干个圆周均布的窗孔，减振弹簧安装在窗孔内，如图2-8所示。减振弹簧使传动系统受到的冲击得到缓和，传动系统中的扭转振动会使从动盘毂相对于从动盘本体和减振盘来回往复摆动，靠夹在它们之间的阻尼片的摩擦消耗掉扭转振动的能量，衰减扭转振动，使传动系统免受较大交变应力作用的伤害。

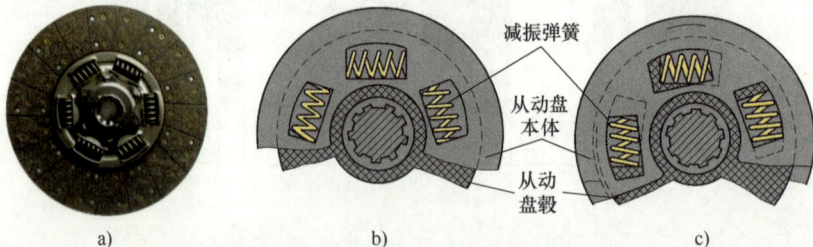

图2-8　扭转减振器的工作原理图

a）实物图　b）不工作时　c）工作时

4. 离合器的操纵机构

离合器的操纵机构是使离合器分离并能柔和接合的一套机构，包括从离合器踏板到分离轴承之间的零部件和机构。按照操纵能源的不同，离合器操纵机构可以分为人力式和助力式两种。人力式操纵机构又分为机械式和液压式两种，助力式操纵机构又分为气压助力式和弹簧助力式两种。目前，汽车离合器广泛采用机械式和液压式操纵机构。

（1）机械式操纵机构　机械式操纵机构有杆系式和拉索式两种形式。

杆系式操纵机构如图 2-9 所示，其具有结构简单、工作可靠、故障少的优点；其缺点是杆件间铰接多、摩擦损失大、车架或车身变形以及发动机位移时会影响其正常工作、远距离布置困难。

拉索式操纵机构如图 2-10 所示，它可消除杆系式操纵机构的一些缺点，并能采用便于驾驶人操纵的吊挂式踏板。但拉索使用寿命较短，且抗拉强度较小。

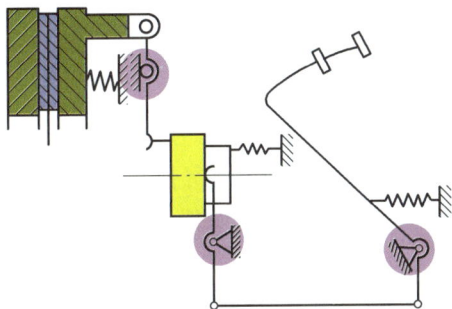

图 2-9　杆系式操纵机构

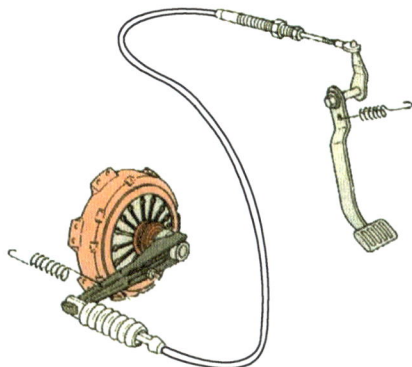

图 2-10　拉索式操纵机构

（2）液压式操纵机构　液压式操纵机构具有摩擦阻力小、质量小、布置方便、接合柔和等优点，并且不受车架变形的影响，在各类车型上应用广泛。

液压式操纵机构主要由离合器踏板、主缸、工作缸、储液罐、分离杠杆、分离叉和分离轴承等组成，并以制动液作为传力介质来传递动力，如图 2-11 所示。

当踩下离合器踏板时，主缸推杆推动主缸活塞移动（活塞弹簧受到压缩）。当皮碗位移到将补偿孔遮住时，管路中油液受压，压力升高。在油压的作用下，工作缸活塞推动工作缸推杆，从而使分离叉转动，带动分离套筒、分离轴承和分离杠杆等使离合器分离。

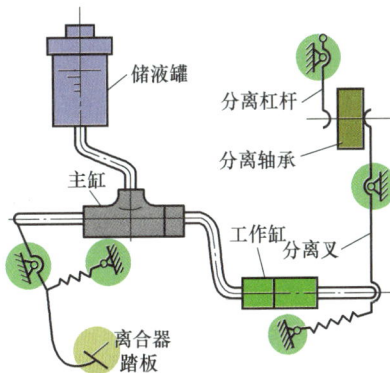

图 2-11　离合器液压式操纵机构示意图

放松离合器踏板时，主缸活塞的回位弹簧伸张，推动主缸活塞移动。当皮碗位移到打开补偿孔时，油管油压下降。此时，工作缸和油管的油流到主缸储液罐，工作缸推杆、分离叉、分离套筒和分离轴承均回原位。

六、离合器的常见故障

离合器在使用过程中，由于各零部件的磨损、变形和烧蚀等损坏情况，以及调整不当、连接件松动，会造成离合器产生故障。

1. 离合器打滑

（1）故障现象　起步时，抬起离合器踏板起步困难，直至完全抬起甚至要"给油"，才能勉强起步；汽车行驶过程中，踩下加速踏板时，车速增加不明显；汽车上坡时动力不足，严重时离合器有烧焦的气味。

（2）故障原因　离合器踏板没有自由行程，分离轴承压在分离杠杆上，压紧弹簧不能压紧从动盘；离合器盖与飞轮紧固螺栓松动，膜片弹簧或压盘变形，弹簧弹力过弱；摩擦片表面沾有油污、硬化、铆钉头外露或严重烧蚀；液压操纵机构或机械绳索黏滞，分离叉变硬。

2. 离合器分离不彻底

（1）故障现象　发动机怠速运转时，完全踩下离合器踏板，挂档感觉困难，变速器齿轮有撞击声；挂上档后，不等抬起离合器踏板，汽车就猛向前窜动或发动机熄火。

离合器分离不彻底

（2）故障原因　离合器踏板自由行程过大；从动盘翘曲不平，或沾有油污、黏附物等；新摩擦片过厚；离合器从动盘毂与变速器输入轴花键磨损、锈蚀；液压操纵机构中主缸、工作缸故障；机械式操纵机构中拉索以及传动杆件损坏。

3. 离合器接合不平顺

（1）故障现象　汽车起步时，离合器接合不平稳，使车身发生抖动。

（2）故障原因　膜片弹簧变形或弹力不均；离合器从动盘翘曲不平或扭转减振器松动；摩擦片上有油污，铆钉头外露；离合器本体和踏板之间的操纵机构部件松动，从动盘花键毂严重磨损，变速器输入轴弯曲；发动机紧固螺栓松动，变速器与飞轮壳紧固螺栓松动，飞轮紧固螺栓松动等。

4. 离合器异响

（1）故障现象　离合器在工作中发出不正常的响声，这种响声多属于部件严重磨损或损坏后，金属之间相互撞击造成的。

（2）故障原因　分离轴承磨损、脏污；导向轴承磨损，分离套筒内零件松动；分离叉或传动装置卡住；离合器回位弹簧折断、过软或松脱；离合器从动盘毂与变速器输入轴花键磨损严重。

七、离合器的维护

1. 离合器踏板自由行程的检查与调整

（1）离合器踏板自由行程的检查，参考前面内容。（略）

（2）离合器踏板自由行程的调整　操纵机构不同，踏板调整的部位和方法也不同。对于杆系式操纵机构，可通过拉索长度调整螺母，来调整踏板自由行程，逆时针旋转调整螺母增大踏板的自由行程，反之则减小。液压式操纵机构一般通过调整主缸推杆的长度来调整踏板的自由行程。先旋松主缸推杆的锁紧螺母，然后转动主缸推杆，从而改变踏板的自由行程。调整好后，旋紧锁紧螺母。

2. 液压式操纵系统的排气

离合器液压式操纵系统在经过检修或添加制动液时可能会混入空气，需排除：将主缸储液罐中的制动液加至规定高度，升起汽车；在工作缸的放气螺钉上安装一透明软管，接到一个盛有制动液的容器内；一人慢慢地踩离合器踏板数次，感到有阻力时踩住不动，另一人拧松放气螺钉直至制动液开始流出，然后再拧紧放气螺钉；连续操作几次，直到流出的制动液中不见气泡为止；再次检查及调整踏板自由行程并补加制动液。

八、离合器主要部件的检修

1. 飞轮的检修

目视检查飞轮的齿圈轮齿是否磨损或打齿，检查飞轮端面是否有烧蚀、沟槽、翘曲和裂纹等。检查从动轴前支承轴承，若用手转动轴承有阻滞，或在轴向加力有明显间隙感，应更换轴承。检查飞轮轴向圆跳动，如图 2-12 所示。将百分表安装在发动机缸体上，百分表表针抵在飞轮的最外圈，转动飞轮，测量飞轮的轴向圆跳动量，应符合规定。若轴向圆跳动超过标准，应修磨或更换飞轮。

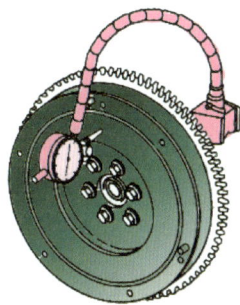

图 2-12　飞轮轴向圆跳动的检查

2. 压盘和离合器盖的检修

检查压盘表面不应有明显的沟槽，沟槽深度应符合规定。用钢直尺压在压盘上，用塞尺测量间隙，计算压盘的平面度，应符合规定。离合器盖与飞轮接合面的平面度应符合规定，若有翘曲、裂纹、螺纹磨损等应更换离合器盖。

3. 从动盘的检修

目视检查从动盘摩擦片是否有裂纹、油污、硬化，是否有铆钉外露、减振器弹簧断裂、花键毂磨损严重等情况；检查从动盘的轴向圆跳动。在距离从动盘外边缘 2.5mm 处测量，离合器从动盘轴向圆跳动量应符合规定；检查从动盘摩擦片的磨损程度，可用游标卡尺进行测量，如图 2-13 所示，铆钉头埋入深度应符合规定，否则更换从动盘。

4. 膜片弹簧（螺旋弹簧）的检修

用游标卡尺测量膜片弹簧内端磨损的深度和宽度，如图 2-14 所示。若磨损超过极限值，应更换离合器压盘总成或膜片弹簧。用塞尺和专用工具测量膜片弹簧的弯曲变形。弹簧内端

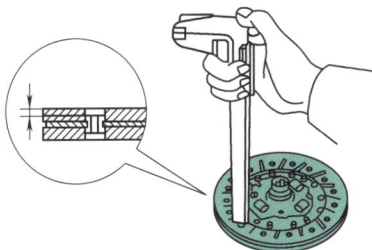

图 2-13　从动盘摩擦片磨损的检查

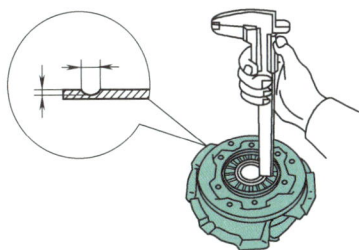

图 2-14　膜片弹簧的磨损深度和宽度的测量

应在同一平面内，弹簧内端和专用工具之间的间隙应符合规定，若过大则必须校正，若有折断应更换离合器总成。螺旋弹簧自由长度的减小值超过规定，在全长上的偏斜量超过规定，或出现裂纹，应予以更换。

5. 分离轴承的检修

固定分离轴承内缘转动外缘，同时在轴向施加压力，如有卡滞或明显间隙，则应更换分离轴承。若出现脏污，用干净抹布擦净；出现异响无法消除时必须予以更换。

6. 主缸与工作缸的检修

当缸筒内壁磨损超过规定值、活塞与缸筒的间隙超过规定值、皮碗老化或回位弹簧失效时，应更换相应零件。

【任务实施】

离合器的检查

1. 任务准备

1）场地和设备准备：实训场地布置、汽车、举升设备、课件或微课视频。

2）分组：根据设备数量将学生分成 4~6 个组，每个组 6~8 人。

2. 任务步骤

1）播放微课视频或老师操作演示，学生学习并记录。

2）分组完成离合器的检查，填写工作页。

3. 任务评价

教师根据表 2-3 中的任务评价内容及标准为学生打分。

表 2-3 任务评价内容及标准

序号	项目	操作内容	分值	评分标准	得分
1	准备	清点工具、清理工位	5	酌情扣分	
		准备离合器总成及车辆	10	酌情扣分	
2	检查离合器	检查油液	10	检查不当扣 1~10 分	
		检查踏板	10	检查不当扣 1~10 分	
		测量踏板高度及自由行程	20	测量不当扣 1~20 分	
		调整自由行程	20	测量不当扣 1~20 分	
3	完成时间	20min	10	超时 1~5min 扣 1~5 分 超时 5min 以上扣 10 分	
4	安全文明	无安全隐患，无不文明操作	5	未达标扣 1~5 分	
5	结束	工具清洁归位	5	漏一项扣 1 分，未做扣 5 分	
		清理工作场地	5	清洁不彻底扣 1~5 分，未做扣 5 分	
		总分	100		

【任务工单】

工作页 2　离合器的检查

班级		姓名	
地点		日期	

一、资讯

1. 离合器的分类包括 _____。

2. 离合器维护作业内容：_____。

3. 离合器维护作业注意事项：_____。

二、计划与决策

请查阅相关车型信息，对小组成员进行合理分工，确定离合器检查计划。

1. 需要的车型：_____。

2. 小组成员分工：_____。

三、实施

1. 底盘维护作业准备：_____。

2. 车辆品牌及型号：_____。

3. 检查离合器油量是否正常，检查离合器主缸、工作缸及软管是否有泄漏状况：_____。

4. 踩下离合器踏板时，检查是否存在踏板的回弹无力、异常噪声、过度松动、感觉踏板重等故障：_____。

5. 用一把测量尺检查离合器踏板高度是：_____；标准范围是：_____；如果超出标准范围，应调整踏板高度。

6. 检查离合器踏板自由行程，用一把钢直尺抵在驾驶室底板上，先测量踏板完全放松时的高度，再用手轻按踏板，当感到有阻力时再测量踏板高度，两次测量的高度差为踏板的自由行程。

检查踏板的自由行程是：_____；标准范围是：_____；如果超出标准范围，应调整踏板高度。

【复习与思考】

一、判断题

1. 万向传动装置安装在发动机和变速器之间，用于改变力的传递方向。　　（　　）

2. 变速器中设置倒档，是为了使汽车倒向行驶。　　（　　）

二、选择题

1. 对前置前驱传动系统描述错误的是（　　）。

A. 下坡制动时前轮负荷大   B. 整车质心降低

C. 发动机散热条件差   D. 传动系统结构紧凑

2. 离合器安装于（   ）之间。

A. 发动机与变速器   B. 变速器与后传动轴

C. 带轮与变速器   D. 分动器与变速器

任务三　手动变速器的检修

【任务描述】

同步器是手动变速器内的重要部件，同步器的锁环生产工艺复杂，曾经由日本和韩国企业垄断生产，产品价格一直居高不下。我国汽车零部件生产厂家组织技术攻关，在关键核心技术上取得了重大的进展和突破。他们改变生产模式，通过精密热锻造方式制造出同步齿环的主体，然后对关键齿面进行精加工，最终批量生产出的齿环价格为进口件的 20%。一举打破了国外零部件厂商的垄断，迅速占领市场，成为国内此类产品最大的生产制造商。

同步器在手动变速器内起到什么作用？如果客户在挂三档时不能顺利挂入，而且有明显的异响，你能拆解变速器并对其进行维护吗？

【学习目标】

知识目标	掌握手动变速器的功用与类型 熟悉手动变速器的结构特点与工作原理 熟悉手动变速器的检修标准和检修方法
技能目标	能对手动变速器常见故障进行诊断并排除 会对手动变速器进行维护并对主要零部件进行维修
素养目标	培育创新意识，增强自主创新能力 培育劳动精神、安全意识、规范意识

知识脉络图

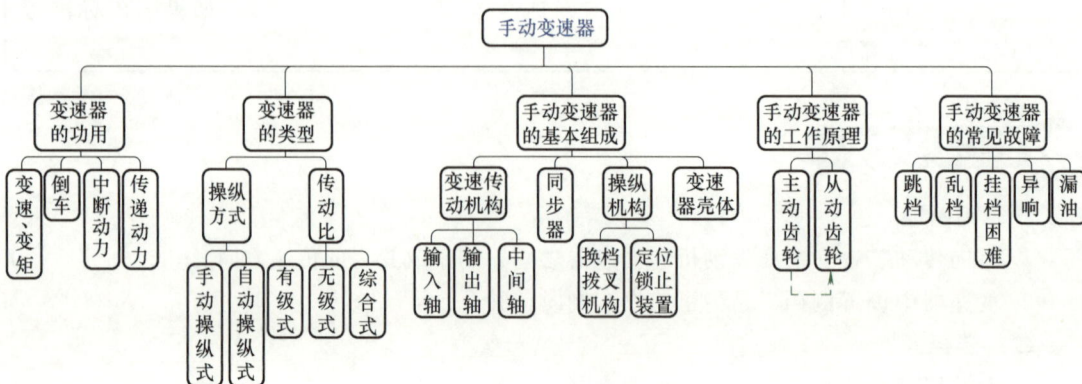

🔅【知识准备】

一、变速器的功用

1）实现变速、变矩。变速器通过改变传动比，扩大驱动轮转矩和转速的变化范围，以适应经常变化的行驶条件，同时使发动机在有利的工况下工作。

2）实现倒车。在发动机旋转方向不变的前提下利用变速器，使汽车能倒向行驶。

3）实现动力传递的中断。利用变速器的空档中断动力传递，使发动机能够起动和怠速运转，满足汽车暂时停车或滑行的需要。

4）实现动力输出，驱动其他机构，如自卸车的液压举升装置等。

二、变速器的分类

1. 按传动比变化方式分

（1）有级变速器　有级变速器采用齿轮传动，具有若干个定值传动比，传动比呈阶梯式变化。常见的有普通齿轮变速器（轴线固定）和行星齿轮变速器（轴线旋转）两种。

（2）无级变速器　无级变速器的传动比在一定范围内按无限多级连续变化。

（3）综合式变速器　由液力变矩器和齿轮式有级变速器组成的液力机械式变速器，其传动比可在几个区段内无级变化，为部分无级式。

2. 按操纵方式不同分

（1）手动操纵式变速器　手动操纵式变速器靠驾驶人直接操纵变速杆进行换档，这种变速器的换档机构简单，工作可靠。

（2）自动操纵式变速器　自动操纵式变速器传动比的选择和换档是自动进行的，它借助反映发动机负荷和车速的信号系统，来控制换档系统的执行元件，实现机械变速机构传动比的变换。

三、普通齿轮式变速器的工作原理

普通齿轮式变速器利用不同齿数的齿轮啮合传动实现转速和转矩的改变。当一对齿数不同的齿轮啮合传动时可以变速，而且齿轮的转速与其齿数成反比。齿轮传动的基本原理图如图 2-15 所示，设主动齿轮转速为 n_1，齿数为 z_1，从动齿轮转速为 n_2，齿数为 z_2。主动齿轮

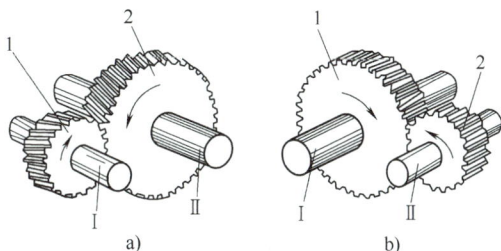

图 2-15　齿轮传动的基本原理图

a）减速传动　b）增速传动

1—主动齿轮　2—从动齿轮　Ⅰ—输入轴　Ⅱ—输出轴

（即输入轴）转速与从动齿轮（即输出轴）转速之比值称为传动比，用字母 i_{12} 表示，即由主动齿轮 1 传到从动齿轮 2 的传动比：$i_{12}=n_1/n_2=z_2/z_1$。

汽车变速器是利用若干大小不同的齿轮副传动来实现变速的。图 2-16 所示为两级齿轮传动示意图，齿轮 1 为主动齿轮，驱动齿轮 2 转动，齿轮 3 与齿轮 2 固连在一起，再驱动齿轮 4 转动并输出动力。此时由 1 传到 4 的传动比为

$$i_{14}=n_1/n_4=z_2z_4/z_1z_3=i_{12}i_{34}$$

因此，可以总结出多级齿轮传动的传动比为

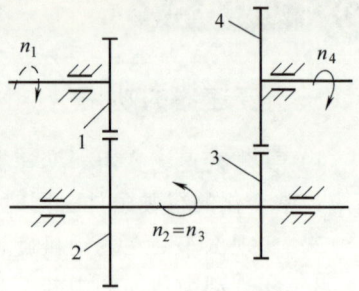

图 2-16 两级齿轮传动示意图
1、3—主动齿轮 2、4—从动齿轮

i = 所有从动齿轮齿数的乘积/所有主动齿轮齿数的乘积 = 各级齿轮传动比的乘积

对于变速器，各档的传动比 i 就是变速器输入轴转速与输出轴转速之比或输出转矩与输入转矩之比，即 $i=n_{输入}/n_{输出}=M_{输出}/M_{输入}$。当 $i>1$ 时，实现降速增矩，为变速器的低档位；当 $i=1$ 时，为变速器的直接档；当 $i<1$ 时，实现升速降矩，为变速器的超速档。

某乘用车五档手动变速器各档的传动比见表 2-4，其一档至三档为减速档，四档、五档为超速档。

表 2-4 某乘用车五档手动变速器各档的传动比

档位	传动比	档位	传动比
一档	3.455	四档	0.969
二档	1.944	五档	0.800
三档	1.286		

四、手动操纵式普通齿轮变速器的结构

手动操纵式普通齿轮变速器包括壳体、变速传动机构、同步器和操纵机构四部分。

变速传动机构是手动变速器的主体，按工作轴的数量（不包括倒档轴）可分为二轴式手动变速器和三轴式手动变速器。

1. 二轴式手动变速器的变速传动机构

（1）结构 二轴式手动变速器主要应用于发动机前置前轮驱动或发动机后置后轮驱动的汽车上，与驱动桥安装在一起，称为变速驱动桥。

图 2-17 所示为典型的二轴式五档手动变速器的结构简图，该变速器采用二轴布置形式，即输入轴总成和输出轴总成平行，取消了中间轴。五个前进档全部采用同步器操纵换档，在三个锁环式惯性同步器中，一个安装在变速器输出轴上，两个安装在变速器输入轴上。输入轴的一、二档齿轮和倒档齿轮与轴制成一体，输出轴的三、四档齿轮和五档齿轮与轴制成一体，其他齿轮通过轴承安装在轴上。

（2）各档位的动力传递路线（图 2-17）

1）空档：使有的接合套均处于中间空转的位置，输入轴的动力不传递给输出轴。

2）一档：右移一、二档同步器接合套，使其与输出轴一档齿轮上的接合齿圈进入啮合。动力经输入轴→输入轴一档齿轮→输出轴一档齿轮→一、二档同步器接合套→一、二档

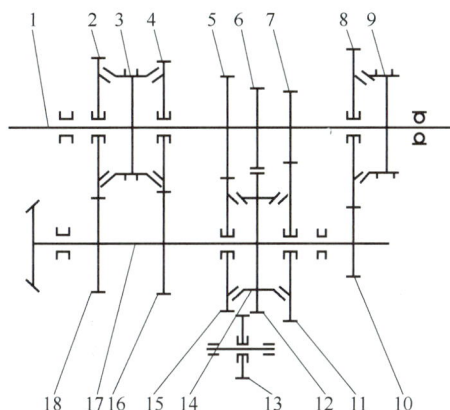

图 2-17　典型的二轴式五档手动变速器的结构简图与动力传递路线

1—输入轴　2—输入轴四档齿轮（带接合齿圈）　3—三、四档同步器接合套

4—输入轴三档齿轮（带接合齿圈）　5—输入轴二档齿轮　6—输入轴倒档齿轮

7—输入轴一档齿轮　8—输入轴五档齿轮（带接合齿圈）　9—五档同步器接合套

10—输出轴五档齿轮　11—输出轴一档齿轮（带接合齿圈）　12—输出轴倒档齿轮

13—倒档轴倒档齿轮　14—一、二档同步器接合套　15—输出轴二档齿轮（带接合齿圈）

16—输出轴三档齿轮　17—输出轴　18—输出轴四档齿轮

同步器花键毂→输出轴传递给主减速器。

3）二档：左移一、二档同步器接合套，使其与输出轴二档齿轮上的接合齿圈进入啮合。动力经输入轴→输入轴一档齿轮→输出轴二档齿轮→一、二档同步器接合套→一、二档同步器花键毂→输出轴传递给主减速器。

4）三档：右移三、四档同步器接合套，使其与输入轴三档齿轮上的接合齿圈进入啮合。动力经输入轴→三、四档同步器花键毂→三、四档同步器接合套→输入轴三档齿轮→输出轴三档齿轮→输出轴传递给主减速器。

5）四档：左移三、四档同步器接合套，使其与输入轴四档齿轮上的接合齿圈进入啮合。动力经输入轴→三、四档同步器花键毂→三、四档同步器接合套→输入轴四档齿轮→输出轴四档齿轮→输出轴传递给主减速器。

6）五档：右移五档同步器接合套，使其与输入轴五档齿轮上的接合齿圈进入啮合。动力经输入轴→五档同步器花键毂→五档同步器接合套→输入轴五档齿轮→输出轴五档齿轮→输出轴传递给主减速器。

7）倒档：因输出轴倒档齿轮与一、二档同步器接合套制成一体，故左移一、二档同步器接合套，即可使该齿轮与倒档轴倒档齿轮进入啮合。动力经输入轴→输入轴倒档齿轮→倒档轴倒档齿轮→输出轴倒档齿轮→一、二档同步器接合套→一、二档同步器花键毂→输出轴传递给主减速器。

2. 三轴式手动变速器的变速传动机构

三轴式手动变速器通过壳体前端面的若干个螺栓固定在离合器壳体后端面上，它有三根主要轴，即输入轴、输出轴和中间轴，故称为三轴式，另外还有倒档轴。图 2-18 所示为三轴式五档手动变速器的结构简图与动力传递路线，其变速传动机构主要由齿轮、轴和支承件等组成。输入轴前后端分别通过轴承支承在曲轴后端的内孔和变速器壳体内，输入轴前部的花键用于安装离合器从动盘。输出轴与输入轴同轴，其前后端分别通过轴承支承在输入轴后端的内孔和壳体内。中间轴与输入轴、输出轴平行，也通过轴承支承在壳体内。

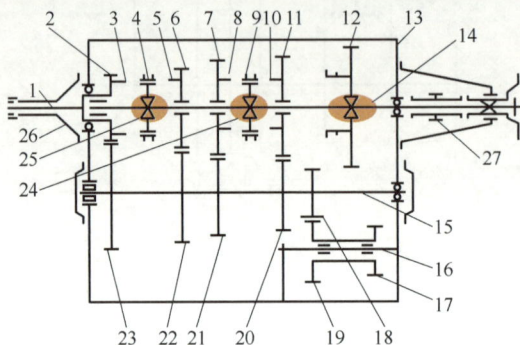

图 2-18　三轴式五档手动变速器的结构简图与动力传递路线

1—输入轴　2—输入轴常啮合齿轮　3—输入轴常啮合齿轮接合齿圈　4、9—接合套　5—输出轴四档齿轮接合齿圈
6—输出轴四档齿轮　7—输出轴三档齿轮　8—输出轴三档齿轮接合齿圈　10—输出轴二档齿轮接合齿圈
11—输出轴二档齿轮　12—输出轴一档、倒档滑动齿轮　13—变速器壳体　14—输出轴　15—中间轴
16—倒档轴　17、19—倒档轴齿轮　18—中间轴一档、倒档齿轮　20—中间轴二档齿轮
21—中间轴三档齿轮　22—中间轴四档齿轮　23—中间轴常啮合齿轮　24、25—花键毂
26—输入轴轴承盖　27—里程表传动齿轮

3. 同步器

目前，汽车上所使用的同步器几乎都是摩擦式惯性同步器，按锁止装置的不同，可分为锁环式惯性同步器和锁销式惯性同步器。

（1）锁环式惯性同步器　如图 2-19 所示，花键毂用内花键套装在输出轴外花键上，用垫圈和卡环轴向定位。花键毂两端与两个齿轮之间各有一个青铜制成的锁环（即同步环），锁环上有短花键齿圈。两个齿轮和锁环上的花键齿，靠近接合套的一端都有倒角（锁止角），与接合套齿端的倒角相同。锁环有内锥面，其上制有细密的螺纹（或直槽），当锥面接触后，它能及时破坏油膜，增加锥面间的摩擦力。锁环内锥面摩擦副称为摩擦件，外沿带倒

锁环式同步器结构及工作原理

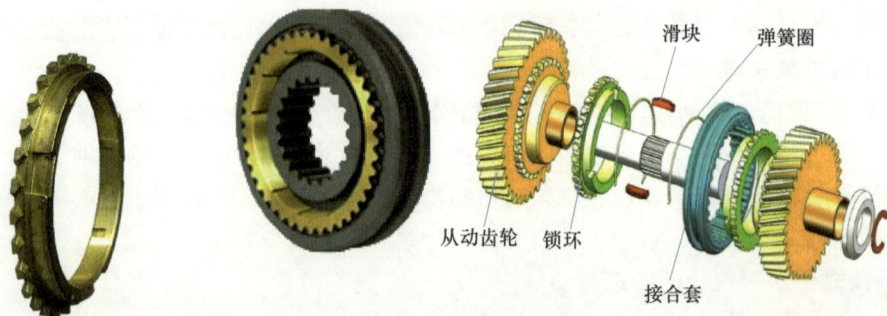

图 2-19　锁环式惯性同步器

（滑块　弹簧圈　从动齿轮　锁环　接合套）

角的齿圈是锁止件，锁环上还有三个均布的缺口，三个滑块分别装在花键毂上三个均布的轴向槽内，沿槽可以轴向移动。滑块和弹簧是推动件。滑块两端伸入锁环的缺口中，滑块窄缺口宽，两者之差等于锁环的花键齿宽。锁环相对滑块顺转和逆转都只能转动半个齿宽，且只有当滑块位于锁环缺口的中央时，接合套与锁环才能接合。

　　工作时，锁环的内锥面与待接合齿轮齿圈外锥面接触产生摩擦，使锁环转过一定角度，产生锁止的作用，防止齿轮在同步前进行啮合；直到齿轮转速迅速降低（或升高）到与锁环转速相等，两者同步旋转，齿轮相对于锁环的转速为零，惯性力矩消失，这时在变速杆作用力的推动下，接合套不受阻碍地与锁环齿圈接合，并进一步与待接合齿轮的齿圈接合，而完成换档的过程。锁环式同步器尺寸小、结构紧凑、摩擦力矩也小，多用于乘用车和轻型车上。

　　（2）锁销式惯性同步器　大、中型载货汽车普遍采用锁销式惯性同步器，如图 2-20 所示。两个带有内锥面的摩擦锥盘，以其内花键分别固装在带有接合齿圈的齿轮上，随齿轮一起转动。两个有外锥面的摩擦锥环，其上有圆周均布的三个锁销、三个定位销与接合套装在一起。定位销与接合套的相应孔是滑动配合，定位销能随接合套轴向移动。锁销中部环槽的两端和接合套相应孔两端切有相同的倒角；锁销与孔对中时，接合套才能沿锁销轴向移动；锁销两端铆接在锥环相应的孔中。两个

图 2-20　锁销式惯性同步器

锥环、三个锁销、三个定位销和接合套构成一个部件，套在花键毂的齿圈上。

4. 手动变速器的操纵机构

　　（1）变速器操纵机构的功用、要求与类型

　　1）功用。保证驾驶人根据使用条件，将变速器换入所需要的档位。

　　2）要求。要使操纵机构可靠地工作，应满足下列要求：

　　① 设有自锁装置，防止变速器自动换档和自动脱档。

　　② 设有互锁装置，保证变速器不会同时换入两个档位，否则会产生运动干涉，甚至会损坏零件。

变速器操
纵机构

　　③ 设有倒档锁装置，防止误挂倒档，否则会损坏零件或发生安全事故。

　　3）类型。

　　① 直接操纵式。直接操纵式变速器的变速杆及其换档操纵装置都设置在变速器盖上。变速器布置在驾驶人座位的附近，变速杆由驾驶室底板伸出，具有换档位置易于确定、换档快、换档平稳等优点。

　　② 远距离操纵式。变速器的安装位置离驾驶人座位较远，在变速杆与变速器之间加装了一套传动装置，构成远距离操纵的形式。如图 2-21 所示，变速杆在驾驶人座位近旁穿过驾驶室底板安装在车架上，通过拉索与变速器相连。选档和换档通过两根拉索分别控制。当变速杆左右摆动

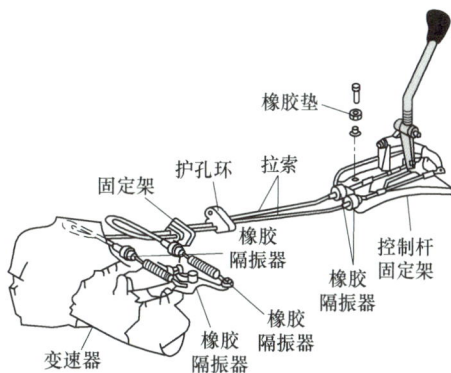

图 2-21　远距离操纵式换档操纵机构

时，操纵选档拉索；当变速杆前后移动时，操纵换档拉索。

（2）变速器操纵机构的结构　变速器操纵机构通常由换档拨叉机构和定位锁止装置两部分组成，其功用是保证驾驶人能准确可靠地将变速器挂入所需要的档位并可随时退到空档。

1）换档拨叉机构。图2-22所示为直接操纵式六档变速器换档拨叉机构的结构示意图。变速杆的上部为驾驶人直接操纵的部分，伸到驾驶室内；中部通过球节支承在变速器盖顶部的球座内，变速杆以球节为支点前后或左右摆动；变速杆的下端球头插在叉形拨杆的球座内。叉形拨杆由换档轴支承在变速器盖顶部支承座内，可随轴承轴向前后滑动或绕轴线转动，其下端的球头则伸入到拨块（拨叉）的顶部凹槽中。

拨块分别与相应的拨叉轴固定在一起，四根拨叉轴的两端支承在变速器盖上相应的轴承孔中，可以轴向滑动；四个拨叉的上端通过螺钉固定在拨叉轴上（其中三、四档拨叉11的上端与拨块制成一体，顶部制有凹槽），各拨叉下端的叉口则分别卡在相应档位的接合套内。图示位置变速器处于空档，各个拨叉轴和拨块都处于中间位置，变速杆及叉形拨杆均处于正中位置。变速器要换档时，驾驶人首先向左右横向摆动变速杆，使叉形拨杆下端球头置于所选档位拨块的凹槽内，然后再向前或向后纵向摆动变速杆，使叉形拨杆下端球头通过拨块带动拨叉轴及拨叉向前或向后移动，从而可实现换档。

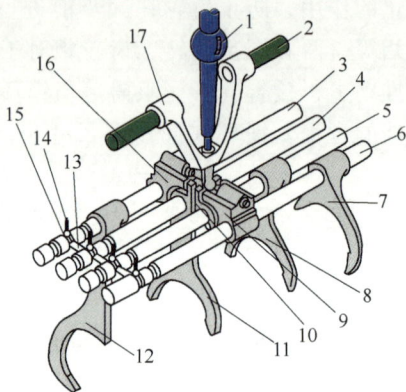

图2-22　直接操纵式六档变速器换档
拨叉机构的结构示意图

1—变速杆　2—换档轴　3—五、六档拨叉轴　4—三、四档拨叉轴　5—一、二档拨叉轴　6—倒档拨叉轴　7—倒档拨叉　8—一、二档拨叉　9—倒档拨块　10—一、二档拨块　11—三、四档拨叉　12—五、六档拨叉　13—互锁销　14—自锁弹簧　15—自锁钢球　16—五、六档拨块　17—叉形拨杆

各种变速器由于档位数以及档位排列位置的不同，其拨叉和拨叉轴的数量及排列位置也不同。一根拨叉轴能控制两个档位，上述六档变速器的六个前进档用了三根拨叉轴，倒档独立使用了一根拨叉轴，共有四根拨叉轴。

2）定位锁止装置。

① 自锁装置。所谓自锁就是对各档拨叉轴进行轴向定位锁止，以防止其自动产生轴向移动而造成自动挂档或自动脱档。大多数变速器的自锁装置都是采用定位钢球对拨叉轴进行轴向定位锁止。

图2-23所示的自锁装置是在变速器盖的前端凸起部位钻有三个深孔，在孔中装入自锁钢球和自锁弹簧，其位置处于拨叉轴的正上方，每根拨叉轴对着钢球的表面沿轴向设有三个凹槽，槽的深度小于钢球的直径。中间的凹槽对正钢球时为空档位置，前边或后边的凹槽对正钢球时则处于某一工作档位置，相邻凹槽之间的距离保证齿轮

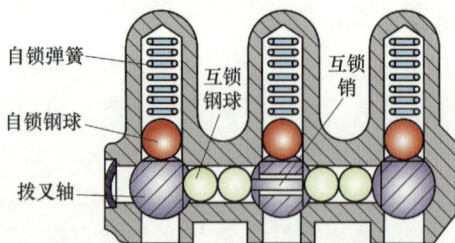

图2-23　手动变速器的自锁与互锁装置

处于全齿长啮合或是完全退出啮合。凹槽对正钢球时，钢球便在自锁弹簧的压力作用下嵌入该凹槽内，拨叉轴的轴向位置便被固定，其拨叉以及相应的接合套或滑动齿轮便被固定在空档位置或某一工作档位置，而不能自行挂档或自行脱档。

当需要换档时，驾驶人通过变速杆给拨叉轴施加一定的轴向力，克服自锁弹簧的压力把自锁钢球从拨叉轴凹槽中挤出并推回孔中，拨叉轴便可滑过钢球进行轴向移动，并带动拨叉以及相应的接合套或滑动齿轮轴向移动，当拨叉轴移至其另一凹槽与钢球对正时，钢球又被压入凹槽，此时拨叉所带动的接合套或滑动齿轮便被拨入另一工作档位或退回空档。

② 互锁装置。互锁装置的作用是阻止两个拨叉轴同时移动，即当拨动一根拨叉轴轴向移动时，其他拨叉轴都被锁止，从而可以防止同时挂入两个档位。

图 2-23 属于这种形式。在三根拨叉轴所处的平面且垂直于拨叉轴的横向孔道内，装有互锁钢球（图 2-24a）或互锁销（图 2-24b）。互锁钢球（或互锁销）对着每根拨叉轴的侧面上都制有一个凹槽且深度相等。中间拨叉轴的两侧各制有一个凹槽。任意一个拨叉轴处于空档位置时，其侧面凹槽正好对准互锁钢球（或互锁销）。两个钢球直径之和（或一个互锁销的长度）等于相邻两拨叉轴圆柱表面之间的距离加上一个凹槽的深度。中间拨叉轴上两个侧面之间有通孔，孔中有一根可横向移动的互锁销，互锁销的长度等于拨叉轴的直径减去一个凹槽的深度。

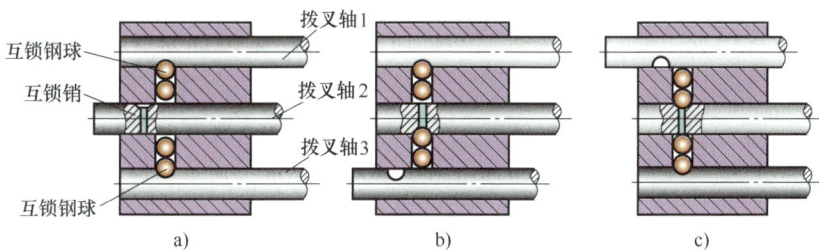

图 2-24　钢球式互锁装置的工作原理图
a）移动拨叉轴 2　b）移动拨叉轴 3　c）移动拨叉轴 1

③ 倒档锁。倒档锁的作用是使驾驶人必须对变速杆施加较大的力，才能挂入倒档，起到提醒的作用，防止误挂倒档，提高安全性。

五、手动变速器的润滑与密封

1. 变速器的润滑

变速器中各齿轮副、轴及轴承等运动部件均有较高的运动速度，因此必须进行可靠的润滑。普通齿轮变速器大都采用飞溅润滑，只有少数重型汽车采用压力润滑。

采用飞溅润滑的变速器，其壳体内注入定量的润滑油，依靠齿轮旋转将润滑油甩到各运动零件的工作表面。壳体一侧有加油口，通常润滑油平面应保持与加油口的下沿平齐，壳体底部有放油螺塞。

2. 变速器的密封

为了防止润滑油泄漏，变速器盖与壳体以及各轴承盖与壳体的接合面装有密封垫或用密封胶密封；第一轴和第二轴与轴承盖之间则用自紧油封或回油螺纹密封。在轴承盖下部一般制有回油凹槽，在壳体的相应部位开有回油孔，使润滑油流回壳体内，装配时应使凹槽与油孔对准。为了防止变速器工作时由于油温升高，使气压过大而造成润滑油渗漏，在变速器盖上装有通气螺塞。

六、手动变速器的维护与检修

1. 清洁

1）清洁变速器外部，检查变速器壳及各端盖、油封处有无漏油的现象。

2）清洗通气螺塞，通气螺塞应保持畅通。

2. 变速器润滑油的检查及更换

1）将汽车停放在平坦的地面上，润滑油保持常温，拆下加油孔螺塞。

2）在加油孔处检查润滑油液面，润滑油液面与加油孔下边缘平齐或略低于加油孔下边缘（不低于 10mm）。不足时按规定的牌号添加润滑油。

3）取少量变速器润滑油，在玻璃片上捻搓，观察颜色，闻气味。润滑油不得有结块、混浊或其他杂质。否则，应更换润滑油。

4）更换润滑油时，让汽车行驶一段时间，待温度升高后停放在平坦的地面上，在变速器下方接一盛油盘；旋下放油螺塞，趁热放出润滑油，放净后，旋紧放油螺塞；按规定加足润滑油。

3. 变速器壳体的检修

1）变速器壳体出现裂纹、各接合平面发生明显的翘曲变形或各轴配合松旷，各轴承孔变形、磨损超限时，应更换新件。

2）变速器前、后壳体以及后盖、侧盖间各密封衬垫拆卸后，必须换用新件。

4. 齿轮轴与齿轮的检修

变速器输入轴、输出轴不得有裂纹出现，各轴颈磨损不得超过规定值，径向圆跳动误差应不超过规定值，否则应予以校正或更换。轴上各齿轮出现齿轮断裂、磨损超过规定值、齿面疲劳剥落超过规定值，均应更换。

5. 轴承的检修

轴承应转动灵活，滚动体与内外圈滚道不得有麻点、麻面、斑疤和烧灼磨损等缺陷，保持架完好，径向间隙不得超过规定值。滚动轴承与轴承孔、轴颈或齿轮的配合，应符合技术条件要求。

6. 同步器的检修

把锁环压靠到相应换档齿轮的锥面上时，用手转动锁环应稍有阻力感，用塞尺沿周长进行多点测量，锁环与齿轮断面之间的间隙应不超过规定值。同步器齿圈锁止面磨损严重、滑块磨损严重、滑块弹簧弹力减弱或折断、键齿磨损使接合套与花键毂键齿的配合间隙超限时，均应换用新件。

7. 操纵机构的检修

变速杆轴颈磨损严重、换档接合器的连接部位松旷、变速器叉的弯或扭变形严重，应更换新件。

七、手动变速器的常见故障

变速器工作时，齿面接触压力较大，容易造成齿面磨损；频繁换档产生冲击也会加剧零件损伤，常见的故障主要有跳档、乱档、挂档困难、异响和漏油等。

1．变速器跳档

（1）故障现象　汽车在加速、减速或爬坡时，变速杆自动跳回空档位置。

（2）故障原因

1）自锁装置的钢球未进入凹槽内或挂入档后齿轮未达到全齿长啮合。

2）自锁装置的钢球或凹槽磨损严重，自锁弹簧疲劳过软或折断。

3）齿轮在轴线方向磨损呈锥形，在汽车行驶中因振动、速度变化的惯性等，在齿轮轴向方向产生推力，迫使啮合齿轮沿轴线方向脱开。

4）第二轴上的常啮合齿轮轴向或径向间隙过大。

5）各轴轴向或径向间隙过大。

2．变速器乱档

（1）故障现象　在离合器技术状况正常情况下，变速器同时挂上两个档或挂需要档位时挂入了别的档位。

（2）故障原因

1）互锁装置失效：如拨叉轴及凹槽、顶销或互锁钢球磨损过甚等。

2）变速杆下端弧形工作面磨损过大或拨叉轴上导块的导槽磨损过大。

3）变速杆球头定位销折断或球孔、球头因磨损过于松旷。

3．挂档困难

（1）故障现象　离合器技术状况良好，且变速器操纵机构工作正常，挂档困难。

（2）故障原因

1）变速杆下端磨损或控制杆弯曲，拨叉或拨叉轴磨损、松旷、弯曲。

2）自锁弹簧或互锁弹簧过硬、钢球损伤。

3）操纵机构工作不良（远距离操纵机构）。

4）变速器轴弯曲变形或花键损伤。

5）同步器故障。

4．变速器异响

（1）故障现象　变速器工作时发出不正常声响，如金属的干摩擦声和不均匀的碰撞声。

（2）故障原因

1）齿轮发响。齿轮轮齿因磨损过甚变薄，间隙过大，运转中有冲击；齿面啮合不良，可能由于修理时没有成对更换齿轮造成。新、旧齿轮搭配，齿轮不能正确啮合；齿面有金属疲劳剥落或个别轮齿损坏折断；齿轮与轴上的花键配合松旷，或齿轮的轴向间隙过大；轴弯曲或轴承松旷引起齿轮啮合间隙的改变。

2）轴承响。轴承磨损严重，润滑油过稀、过稠或品质变坏；轴承内（外）座圈与轴颈（孔）配合松动；轴承滚子碎裂或有烧蚀麻点。

3）其他原因发响：如变速器内缺油，润滑油过稀、过稠或品质变坏；变速器内掉入异物；某些紧固螺栓松动；里程表软轴或里程表齿轮发响等。

5．变速器漏油

（1）故障现象　变速器周围出现齿轮润滑油，变速器齿轮箱的油量减少，则可判断为润滑油泄漏。

（2）故障原因及排除

1）润滑油选用不当，产生过多泡沫，或润滑油油量太多，此时需更换润滑油或减少润滑油油量。

2）侧盖太松，密封垫损坏，油封损坏，密封垫和油封损坏应更换新件。

3）放油螺塞和变速器箱体及盖的紧固螺栓松动，应按规定力矩拧紧。

4）变速器壳体破裂或延伸壳油封磨损而引起的漏油，必须更换。

5）里程表齿轮限位器松脱破损，必须锁紧或更换；变速杆油封漏油应更换油封。

▣》【任务实施】

手动变速器拆装与检修

1. 任务准备

1）场地和设备准备：实训场地布置、汽车、手动变速器、举升设备、拆装工具、课件或微课视频。

2）分组：根据设备数量将学生分成 4~6 个组，每个组 6~8 人。

2. 任务步骤

1）各小组观看微课视频，可以课前完成。

2）老师演示手动变速器拆装过程，学生观看并记录步骤及要点。

3）学生分小组进行手动变速器的拆装和维护，完成工单填写。

二轴式手动
变速器的拆装

3. 任务评价

教师根据表 2-5 中的任务评价内容及标准为学生打分。

表 2-5 任务评价内容及标准

序号	项目	操作内容	分值	评分标准	得分
1	准备	清点工具、清理工位	5	酌情扣分	
2	拆装	按顺序进行变速器拆装	20	拆装顺序不当扣 1~20 分	
		规范使用工具拆卸	10	操作不当扣 1~10 分	
		整齐摆放拆卸的零件	10	零件或工具掉落扣 1~10 分	
		装配前清洗、润滑零件	10	操作不当扣 1~10 分	
3	检修	检修变速器壳体、齿轮、轴承、同步器	20	检修不准确扣 1~20 分	
4	完成时间	60min	10	超时 1~5min 扣 1~5 分 超时 5min 以上扣 10 分	
5	安全文明	无安全隐患,无不文明操作	5	未达标扣 1~5 分	
6	结束	工具清洁归位	5	漏一项扣 1 分,未做扣 5 分	
		清理工作场地	5	清洁不彻底扣 1~5 分,未做扣 5 分	
		总分	100		

【任务工单】

工作页 3 手动变速器拆装与检修

班级		姓名	
地点		日期	

一、资讯

1. 手动变速器一般由壳体、同步器、_____和_____组成。
2. 三轴式手动变速器所指的三轴包括_____、_____、_____。
3. 二轴式手动变速器的特点是输入轴和输出轴_____，没有中间轴。
4. 装配前，为什么必须对零件进行认真的清洗，除去污物、飞边和铁屑等？

   _____。
5. 变速器解体时，是否需要对同步器各元件做好装配记号？_____。
6. 对零件的工作表面是否可以用硬金属直接锤击？_____。
7. 是否需要按规定力矩拧紧各部位螺栓？_____。

二、计划与决策

请查阅变速器信息，对小组成员进行合理分工，确定变速器拆装计划。

1. 需要的变速器类型：_____。
2. 小组成员分工：_____。

三、实施

1. 变速器准备工作：变速器、拆装工具、劳保手套等。
2. 变速器型号：_____。
3. 变速器拆装顺序：_____

   _____

   _____

   _____。
4. 变速器主要部件检修情况记录：_____

   _____

   _____。
5. 变速器拆装过程中的注意事项：_____

   _____。

【复习与思考】

一、判断题

1. 汽车上设置变速器的目的是为了改变发动机转矩，增大发动机功率。　　（　　）
2. 变速器的档位越低，传动比越小，汽车的行驶速度越大。　　（　　）
3. 锁销式惯性同步器上的锁销，既起锁止作用，也起定位作用。　　（　　）
4. 为了防止自动挂档和自动脱档，在变速器上设有互锁装置。　　（　　）
5. 变速器上的倒档锁主要是用来防止驾驶人挂入倒档。　　（　　）
6. 变速器自锁装置钢球或凹槽磨损严重、自锁弹簧疲劳过软或折断，会引起乱档。

　　　　　　　　　　　　　　　　　　　　　　　　　　　（　　）
7. 同时挂上两个档，则故障是由互锁装置失效引起的。　　（　　）
8. 变速器漏油故障可根据油迹的部位来诊断漏油原因。　　（　　）

二、选择题

1. 下列（　　）齿轮传动比表示超速档。
A. 2.15：1　　　　B. 1：1　　　　C. 0.85：1　　　　D. 2：1

2. 维修技师甲说，从动齿轮齿数除以主动齿轮齿数可以确定传动比，维修技师乙说，从动齿轮转速除以主动齿轮转速可以确定传动比，（　　）正确。
A. 甲　　　　B. 乙　　　　C. 甲和乙　　　　D. 甲和乙均不

3. 对于锁环式惯性同步器，在换档过程中，未同步前锁环的转速（　　）。
A. 等于接合套转速　　B. 等于接合齿圈转速
C. 介于以上两者转速之间

4. 汽车在某一档位行驶时，变速杆会自动回到空档位置，这种故障现象为（　　）。
A. 变速器异响　　B. 变速器跳档　　C. 挂档困难　　D. 变速器乱档

三、简答题

1. 变速器有何功用？有哪些类型？
2. 简述二轴式五档手动变速器一、二档的动力传递路线。
3. 对变速器的操纵机构有哪些要求？各用什么装置和措施来保证？
4. 手动变速器常见的故障有哪些？试述自动跳档的原因。
　*5. 请同学们查阅我国汽车底盘零部件的发展历程，体会我国汽车零部件生产企业的奋发图强、不断进取的精神。

任务四　自动变速器的检修

【任务描述】

客户驾驶一辆丰田卡罗拉轿车，自动变速器工作时有较大的噪声，车主将车开到4S店进行检测。维修技师通过试驾后发现，自动变速器只有在行驶中才有异响，空档时无异响，初步判断可能是行星齿轮机构或者差速器引起的异响。在拆解变速器后发现该自动变速器的行星齿轮组磨损严重，你会拆解自动变速器吗？

【学习目标】

知识目标	熟悉液力变矩器的功用、结构与工作原理 掌握换挡执行元件的结构与工作原理 熟悉液压控制系统的结构和工作原理 掌握电子控制系统的结构和工作原理 熟悉无级变速器的工作原理 熟悉双离合自动变速器的工作原理
技能目标	能进行自动变速器的拆装和检修 会对自动变速器故障进行诊断分析
素养目标	培育创新意识,增强自主创新能力 培育劳动精神、安全意识、规范意识

知识脉络图

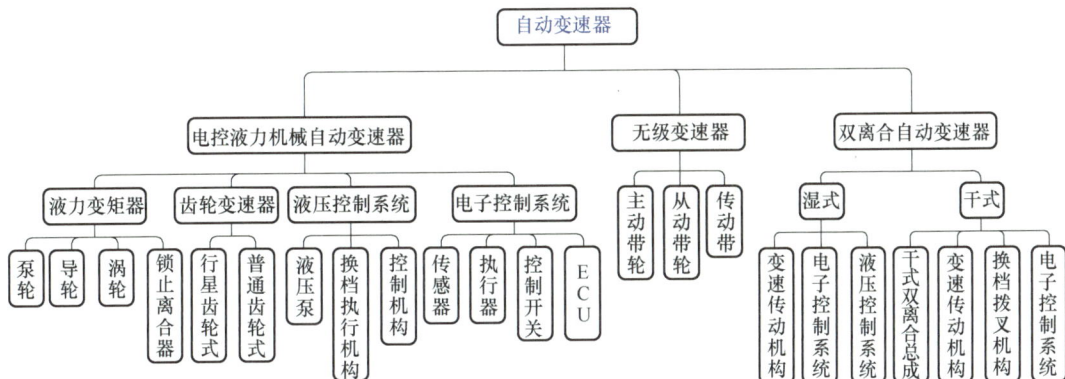

【知识准备】

一、自动变速器概述

自动变速器的发展经历了漫长的历程。在我国,从 20 世纪 50 年代开始把自动变速器装车在红旗高级轿车上。2007 年,山东盛瑞动力传动工程技术研究中心在研发乘用车 8AT 自动项目时,完全运用自主知识产权,使自主研发和产业化能力达到国际一流水平;并于 2011 年推出了 8AT(8 速自动变速器)。哈尔滨东安动力则于 2017 年推出了 6AT(6 速变速器)。

1. 自动变速器的特点

1)操纵简单且提高行车的安全性。

2)有良好的传动比转换性能。

3)提高汽车的动力性和通过性。

4)降低废气排放。

5)结构复杂,维修困难。

6)传动效率比手动变速器低。

2. 自动变速器的分类

（1）按照结构和控制方式分类　自动变速器按照结构和控制方式一般分为电控液力机械自动变速器、无级变速器（CVT）和双离合自动变速器（DCT）。

（2）按照汽车驱动方式分类　自动变速器按照汽车驱动方式分为前驱动自动变速器和后驱动自动变速器。

（3）按照前进档位数分类　自动变速器按照前进档位数分为四档、五档、六档、七档和八档等自动变速器。

（4）按照齿轮变速器的结构类型分类　自动变速器按照齿轮变速器的结构类型分为行星齿轮式和普通齿轮式两种。

二、电控液力机械自动变速器

如图 2-25 所示，电控液力机械自动变速器主要由液力变矩器、齿轮变速器、液压控制系统和电子控制系统组成。

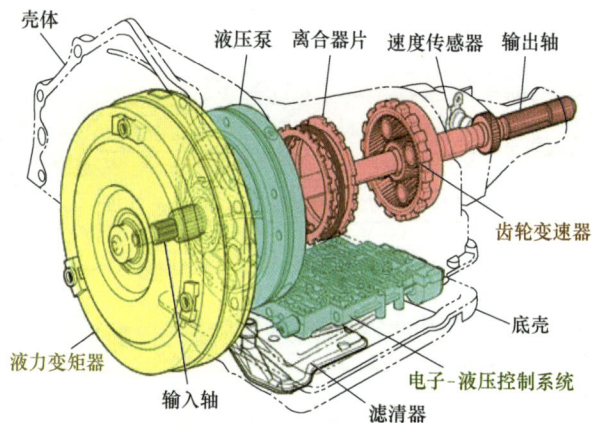

图 2-25　电控液力机械自动变速器的组成

1. 液力变矩器

（1）液力变矩器的功用与组成　液力变矩器位于发动机和齿轮变速器之间，其功用如下：

1）液力变矩器可以平稳地将发动机转矩传递给齿轮变速器。

2）在一定范围内的无级变速、增矩。

3）液力变矩器起飞轮的作用，使发动机运转平稳。

4）液力变矩器驱动液压控制系统的液压泵。

常用的汽车液力变矩器主要由泵轮、涡轮和导轮等组成，如图 2-26 所示。泵轮为主动件与曲轴连接，引导液体冲击涡轮叶片，使叶片转动，从而驱动涡轮；涡轮为从动件与齿轮变速器输入轴连接；位于两轮之间的导轮通过单向离合器与导轮轴连接。

1）泵轮。泵轮是封装于液力变矩器壳体内的圆盘，内部有许多按一定方向呈辐射状安装的曲面叶片。在叶片的内缘上安装有导环，提供一通道使自动变速器油（Automatic Transmission Fluid，ATF）流动畅通；液力变矩器壳体与曲轴连接。

2）涡轮。涡轮也是具有许多曲面叶片的圆盘，叶片的方向与泵轮叶片的方向是相反

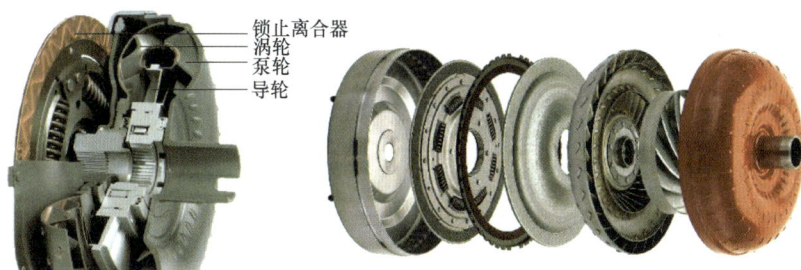

图 2-26 液力变矩器的组成

的，相互间保持非常小的间隙，以便充分利用液体动能。涡轮的轴孔内有花键槽，与齿轮变速器输入轴上的花键相啮合，以把动力传递给齿轮变速器。

3）导轮。导轮的作用是使流经导轮的 ATF 的流向发生改变，增大泵轮上的转矩。导轮是具有许多曲面叶片的小圆盘，位于泵轮和涡轮的内周中央。它通过单向离合器安装于导轮轴上，单向离合器使导轮只能与泵轮同方向旋转，而不能反方向旋转。

（2）液力变矩器的工作原理 如图 2-27 所示，发动机带动液力变矩器壳体和泵轮旋转，泵轮旋转产生离心力，使 ATF 沿叶片向外甩出，发动机的机械能转换成 ATF 的动能。当 ATF 高速进入涡轮时，推动涡轮叶片使涡轮转动，ATF 的动能转换成涡轮的机械能，向齿轮变速器输入轴输出动力。

当涡轮转动时，从涡轮流出的 ATF 有残留的动能，此动能施加在泵轮上可以增大其转矩。起步时，泵轮与涡轮的转速相差大，单向离合器使导轮锁止，ATF 经导轮后施加到泵轮，转矩增大。当涡轮转速逐渐增大至与泵轮转速接近时，从涡轮叶片流过的 ATF 经由导轮叶片后面流过，导轮开始空转，液力变矩器即丧失变矩的功能，而只具有液力偶合器接合和切断动力的功能。

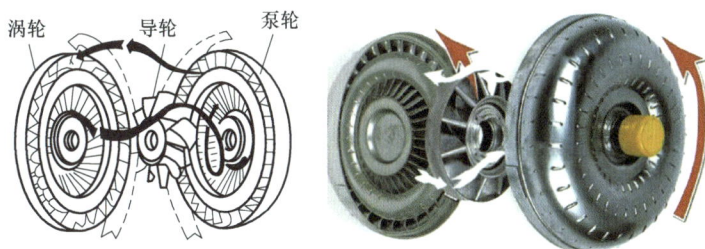

图 2-27 ATF 的流动情况

2. 齿轮变速器

齿轮变速器由齿轮变速机构和换档执行机构组成。齿轮变速机构主要有行星齿轮式和普通齿轮式两种，广泛采用行星齿轮式变速机构。换档执行机构包括离合器、制动器和单向离合器三种执行元件。

（1）行星齿轮式变速机构

1）单排行星齿轮变速机构。单排行星齿轮机构由太阳轮、齿圈和带有行星齿轮的行星架组成，如图 2-28 所示。齿圈为内齿轮，其余齿轮为外齿轮。行星齿轮通过齿轮轴安装在行星架上，行星齿轮既可以在行星架上自转，又可以随着行星架的旋转而公转。整个行星齿轮机构装配好后，太阳轮位于中心，所有行星齿轮在与太阳轮外啮合的同时还与齿圈内啮合。

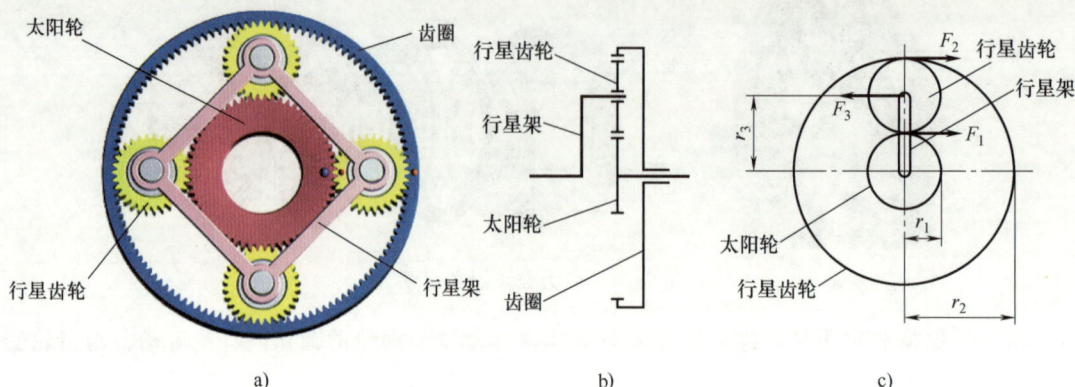

图 2-28 单排行星齿轮机构的结构示意图
a）结构 b）传动简图 c）受力分析图

图 2-28b 所示为单排行星齿轮机构的传动简图。设太阳轮的齿数为 z_1，力矩为 M_1，齿圈的齿数为 z_2，力矩为 M_2，行星架的力矩为 M_3，太阳轮、齿圈和行星架的转速满足 $n_1 + \alpha n_2 - (1+\alpha) n_3 = 0$。其中，$\alpha = \dfrac{z_2}{z_1}$。

为获得确定的传动比，需将太阳轮、齿圈和行星架三元件中的一个固定或制动，再将另外两个中的一个作为输入元件与输入轴相连，另一个作为输出元件与输出轴相连；或者将某两个基本元件相互连接在一起旋转，实现动力的传递。通过分析，行星齿轮机构的传动方案和传动比见表 2-6。

表 2-6 行星齿轮机构的传动方案和传动比

状态	固定元件	输入元件	输出元件	传动比	旋转方向	档位
1	齿圈	太阳轮	行星架	$i_{12} = \dfrac{n_1}{n_2} = 1 + \dfrac{z_2}{z_1} = 1 + \alpha$	相同	前进最大传动比减速档
2		行星架	太阳轮	$i_{31} = \dfrac{n_3}{n_1} = \dfrac{z_1}{z_1 + z_2} = \dfrac{1}{1+\alpha}$	相同	前进超速档（少用）
3	太阳轮	齿圈	行星架	$i_{23} = \dfrac{n_2}{n_3} = 1 + \dfrac{z_1}{z_2} = 1 + \dfrac{1}{\alpha}$	相同	前进最小传动比减速档
4		行星架	齿圈	$i_{32} = \dfrac{n_3}{n_2} = \dfrac{z_1}{z_1 + z_2} = \dfrac{\alpha}{1+\alpha}$	相同	前进超速档
5	行星架	太阳轮	齿圈	$i_{12} = \dfrac{n_1}{n_2} = -\dfrac{z_2}{z_1} = -\alpha$	相反	减速倒档
6		齿圈	太阳轮	$i_{21} = \dfrac{n_2}{n_1} = -\dfrac{z_1}{z_2} = -\dfrac{1}{\alpha}$	相反	超速倒档
7	无	任意两个	第三元件	1：1	相同	前进直接档
8		不定	不定	—	不转动	空档
备注				z_1—太阳轮齿数；z_2—齿圈齿数；$\alpha = z_2/z_1$		

2）双排行星齿轮变速机构。由于单排行星齿轮机构不能满足汽车行驶中转速比变化范围的要求，为增加自动变速器的转速比范围，常常将两组行星齿轮机构组合在一起，满足其工作需要。常见的有辛普森式行星齿轮机构和拉维娜式行星齿轮机构。图 2-29 所示为辛普森式双排行星齿轮机构，其运动分析同单排行星齿轮机构。

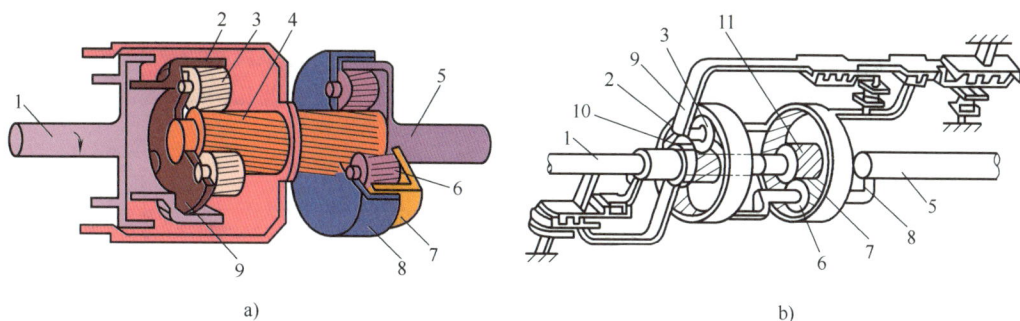

图 2-29　辛普森式双排行星齿轮机构

a）普通型（公用太阳轮）　b）改进型（前齿圈与后行星架固连）

1—输入轴　2—前齿圈　3—前行星齿轮　4—公用太阳轮　5—输出轴　6—后行星齿轮
7—后齿圈　8—后行星架　9—前行星架　10—前太阳轮　11—后太阳轮

　　拉维娜式行星齿轮机构如图 2-30 所示，其组成包括大太阳轮、小太阳轮、长行星齿轮、短行星齿轮、齿圈和行星架。大、小太阳轮采用分段式结构，使档位转换更为平顺。短行星齿轮同时与小太阳轮和长行星齿轮啮合，长行星齿轮同时与短行星齿轮、大太阳轮及齿圈啮合，动力通过齿圈输出。两个行星齿轮共用一个行星架。

　　3）拉维娜式行星齿轮变速器。图 2-31 所示为拉维娜式行星齿轮四档变速器的示意图，其中，换档执行机构包括三个离合器、两个制动器和一个单向离合器。离合器 K_1 用于驱动小太阳轮，离合器 K_2 用于驱动大太阳轮，离合器 K_3 用于驱动行星架，制动器 B_1 用于制动行星架，制动器 B_2 用于制动大太阳轮，单向离合器 F 用于防止行星架逆时针转动。拉维娜式行星齿轮四档变速器各档位换档执行元件工作情况见表 2-7。各档动力传递路线分析如下：

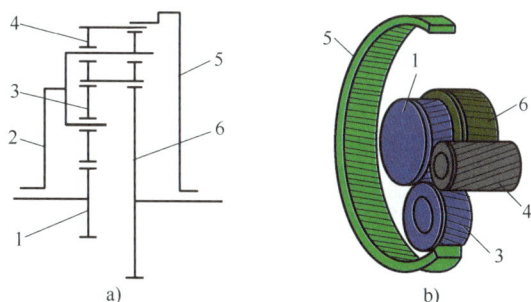

图 2-30　拉维娜式行星齿轮机构

1—小太阳轮　2—行星架　3—短行星齿轮
4—长行星齿轮　5—齿圈　6—大太阳轮

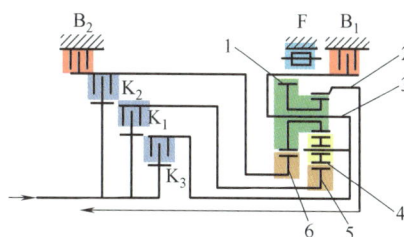

图 2-31　拉维娜式行星齿轮四档变速器的示意图

1—长行星齿轮　2—齿圈　3—行星架　4—短行
星齿轮　5—小太阳轮　6—大太阳轮

K_1—前进离合器　K_2—倒档离合器　K_3—强制前进离合器

B_1—倒档制动器　B_2—二档及四档制动器

F—前进单向离合器

　　① D 位一档。如图 2-32 所示，离合器 K_1 接合驱动小太阳轮，单向离合器 F 工作单向制动行星架，动力传递路线为：泵轮→涡轮→涡轮轴→离合器 K_1→小太阳轮→短行星齿轮→长行星齿轮→齿圈。

表 2-7　拉维娜式行星齿轮四档变速器各档位换档执行元件工作情况

档位	B_1	B_2	K_1	K_2	K_3	F
D 位一档			○			○
D 位二档		○	○			
D 位三档			○		○	
D 位四档		○			○	
R 位（倒档）	○			○		○

注："○"表示离合器、制动器或单向离合器工作

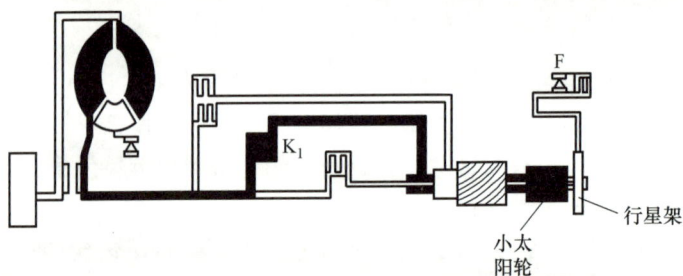

图 2-32　D 位一档的动力传递路线

②D 位二档。如图 2-33 所示，离合器 K_1 接合驱动小太阳轮，制动器 B_2 制动大太阳轮，动力传递路线为：泵轮→涡轮→涡轮轴→离合器 K_1→小太阳轮→短行星齿轮→长行星齿轮和行星架→齿圈。

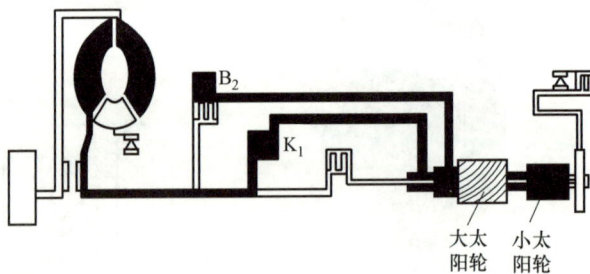

图 2-33　D 位二档的动力传递路线

③D 位三档（直接档）。如图 2-34 所示，离合器 K_1 和 K_3 接合，驱动小太阳轮和行星架一起转动，动力传递路线为：泵轮→涡轮→涡轮轴→离合器 K_1 和 K_3→整个行星齿轮机构转动。

④D 位四档（超速档）。如图 2-35 所示，离合器 K_3 接合驱动行星架，制动器 B_2 工作制动大太阳轮，动力传递路线为：泵轮→涡轮→涡轮轴→离合器 K_3→行星架→长行星齿轮→齿圈。

⑤R 位（倒档）。如图 2-36 所示，变速杆在 R 位时，离合器 K_2 接合驱动大太阳轮，制

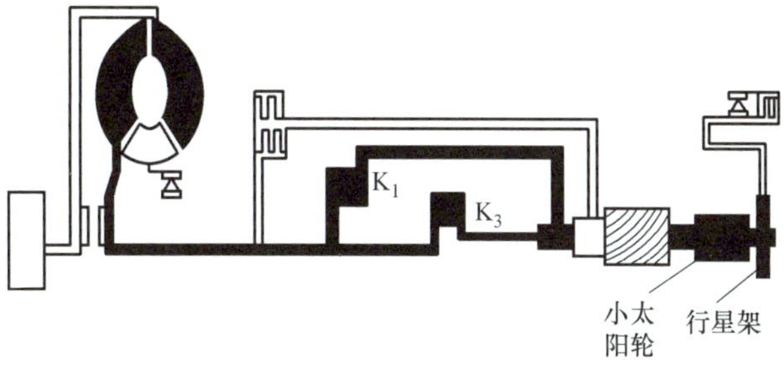

图 2-34 D 位三档的动力传递路线

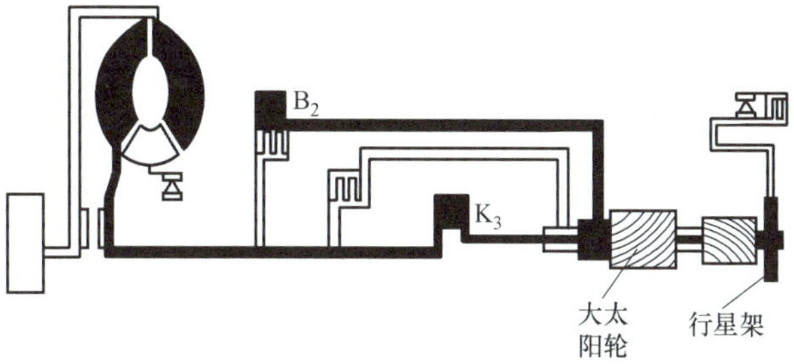

图 2-35 D 位四档的动力传递路线

动器 B_1 工作制动行星架，动力传递路线为：泵轮→涡轮→涡轮轴→离合器 K_2→大太阳轮→长行星齿轮→齿圈。

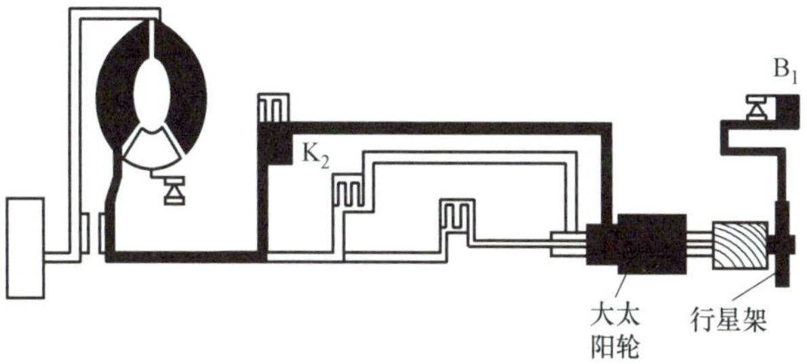

图 2-36 R 位的动力传递路线

4）三行星排式行星齿轮机构及其变速器。三行星排式行星齿轮机构采用辛普森式双排行星齿轮机构与一个单排行星齿轮机构组合而成，可以比双行星排提供更多的传动比，提高汽车的动力性能。图 2-37 所示为三行星排四档辛普森式行星齿轮变速器的结构与传动原理简图。

这种变速器由三排行星齿轮机构和换档执行机构组成。在三排行星齿轮机构中，靠近液力变矩器的为超速档行星排，后面两排组成双行星排，分别称为前行星排和后行星排。换档执行元件的功能见表 2-8。

（2）换档执行机构 前已述及，换档执行机构由离合器、制动器和单向离合器三种不同的执行元件组成，行星齿轮机构必须在它们的配合下才能有效地工作。

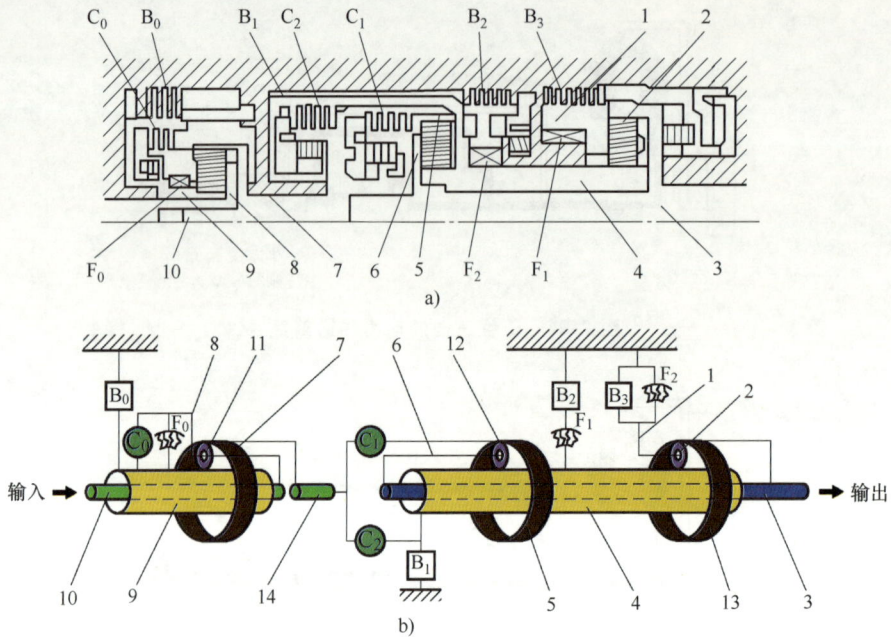

图 2-37 三行星排四档辛普森式行星齿轮变速器的结构与传动原理简图

a）结构简图 b）传动原理图

1—后行星排行星架 2—后行星排行星齿轮 3—输出轴 4—前、后行星排公用太阳轮 5—前行星排齿圈
6—前行星排行星架 7—超速行星排齿圈 8—超速行星排行星架 9—超速行星排太阳轮 10—输入轴
11—超速行星排行星齿轮 12—前行星排行星齿轮 13—后行星排齿圈 14—中间轴
C_0—超速档离合器 C_1—前进档离合器 C_2—直接档、倒档离合器 B_0—超速档制动器 B_1—二档滑行制动器
B_2—二档制动器 B_3—低档、倒档制动器 F_0—超速档单向离合器 F_1—二档单向离合器 F_2—低档单向离合器

表 2-8 换档执行元件的功能

换档执行元件		功　　能
C_0	超速档离合器	连接超速行星排太阳轮与超速行星排行星架
C_1	前进档离合器	连接中间轴与前行星排齿圈
C_2	直接档、倒档离合器	连接中间轴与前、后行星排公用太阳轮
B_0	超速档制动器	制动超速行星排太阳轮
B_1	二档滑行制动器	制动前、后行星排公用太阳轮
B_2	二档制动器	制动 F_1 外座圈，当 F_1 也起作用时，防止前、后行星排公用太阳轮逆时针转动
B_3	低档、倒档制动器	制动后行星排行星架
F_0	超速档单向离合器	连接超速行星排太阳轮与超速行星排行星架
F_1	二档单向离合器	当二档制动器工作时，防止前、后行星排公用太阳轮逆时针转动
F_2	低档单向离合器	防止后行星排行星架逆时针转动

1）离合器。离合器的作用是将行星齿轮机构的输入轴和行星排的某个基本元件连接，或将行星排的某两个基本元件连成一个整体传动。液力自动变速器使用的离合器为湿式多片离合器，如图 2-38 所示。当液压使所有主动钢片、摩擦片压紧时，离合器接合；当自动变速器油泄出时，活塞在回位弹簧的作用下回位，主动钢片和摩擦片分离。

2）制动器。制动器的作用是将行星排中的太阳轮、齿圈和行星架这三个基本元件中的一个进行制动，以获得必要的传动比。常见的制动器主要是湿式多片制动器，与离合器结构相似，如图2-39所示，其由制动器鼓3、制动器活塞4、活塞回位弹簧7、主动钢片2、摩擦片1及花键毂6等组成。

制动器主动钢片通过外花键齿安装在变速器壳体的内花键齿圈上，不能转动，摩擦片则通过内花键齿和制动器毂上的外花键槽连接，制动器鼓与变速器壳体制成一体。

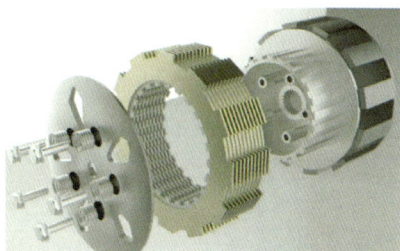

图2-38　湿式多片离合器

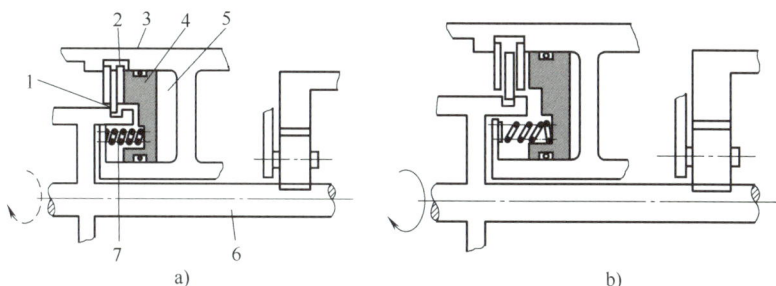

图2-39　湿式多片制动器的结构与工作原理图

a）制动　b）解除制动

1—摩擦片　2—主动钢片　3—制动器鼓　4—制动器活塞　5—液压缸　6—花键毂（太阳轮）　7—活塞回位弹簧

制动器不工作时，主动钢片和摩擦片之间无液压力，制动器花键毂可以旋转。制动器工作时，自动变速器油进入制动器液压缸，液压力作用在制动器的活塞上，推动活塞将主动钢片与摩擦片压紧在一起，将制动器花键毂以及与其相连的行星齿轮机构的某一基本元件制动。

3）单向离合器。单向离合器的功用是使行星齿轮机构的元件只能按照一定方向旋转，在另一个方向上则锁止。单向离合器具有灵敏度高的优点，可瞬间锁止或解除锁止，提高了换档时机的准确性。单向离合器有楔块式和滚柱斜槽式两种类型，下面以滚柱斜槽式单向离合器为例介绍其工作原理。

滚柱斜槽式单向离合器由内圈、外圈、滚柱和保持弹簧等组成，如图2-40所示。外圈

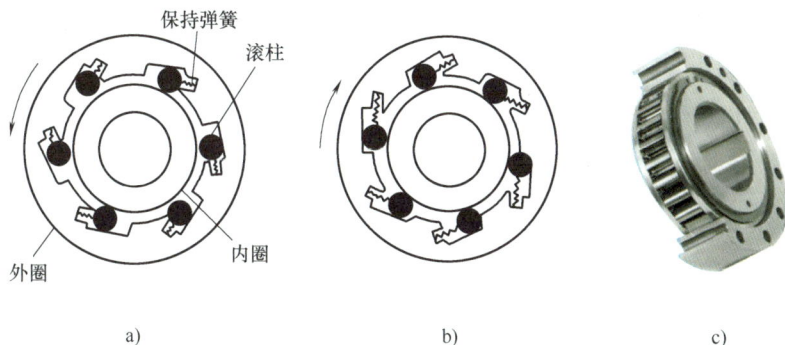

图2-40　滚柱斜槽式单向离合器的结构与实物图

a）外圈逆时针转动　b）外圈顺时针转动　c）实物图

内侧有均布的楔形槽，槽一端宽一端窄，槽内安装的保持弹簧将滚柱压向槽上较窄的一侧。如果内圈固定而外圈逆时针转动（图2-40a），摩擦力使滚柱压缩弹簧向槽宽的一侧移动，内外圈脱开，外圈可以转动。如果此时外圈向顺时针方向转动（图2-40b），摩擦力和弹簧弹力使滚柱移向槽窄的一侧，使内外圈卡死，外圈不能转动。

3. 液压控制系统

（1）液压控制系统的组成与功用　液压控制系统的作用就是提供油压，并根据车辆行驶速度和发动机负荷等情况对油压进行调节，最终实现档位的自动变换和变矩器锁止离合器的锁止控制。

1）液压泵。一般位于液力变矩器和齿轮变速器之间，由液力变矩器外壳驱动，为自动变速器提供油压。

2）控制机构。自动变速器在不同工况下工作时，同一部位所需的油压是不同的，不同部位所需的油压也是不同的。因此，在液压控制系统中有很多压力调节阀，以满足使用要求，主要有主调压阀、节气门阀、手动阀、换档阀、速控阀和强制降档阀等。

自动变速器油泵

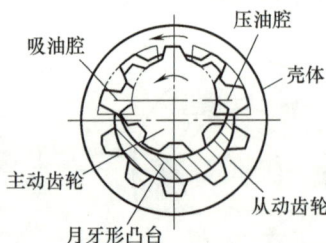

3）换档执行机构。换档执行机构主要包括离合器和制动器等，其作用是在液压油的控制下，实现离合器的接合和分离、制动器的制动和解除制动，以得到相应的档位。

为配合上述几个部分的工作，液压控制系统中还设有一些辅助装置，如油冷却器、蓄压器和单向阀等。

（2）液压泵的功用、组成与工作原理　自动变速器中采用的液压泵有内啮合齿轮泵、叶片泵和转子泵三种形式。

内啮合齿轮泵由主动齿轮、从动齿轮和壳体等组成，如图2-41所示。从动齿轮是一个内齿圈，泵体内有一个月牙形凸台，把主、从动齿轮不啮合的部分隔开，两齿轮轮齿与月牙形凸台间形成了一个个封闭空间。工作时主动齿轮带动从动齿轮转动，这些封闭空间也一起转动，把油从吸油腔（两齿轮脱离啮合的一端）带到压油腔（两齿轮进入啮合的一端）。吸油腔与泵体上的进油口相通，压油腔与泵体上的出油口相通。进油口通过油道与变速器底部的集滤器相连，出油口通过油道接到相应的液压控制阀等处。液压泵不停地转动，就把有一定压力、流量的液压油供给液压控制系统。

图2-41　内啮合齿轮泵的结构与工作原理图

叶片泵由转子、定子和叶片等组成，如图2-42a所示。转子是主动件，转子上装有一些滑动叶片，叶片与安装在泵体上的定子紧密接触。当转子按图示方向旋转时，叶片在离心力的作用下向外甩出，紧贴在定子的内壁上，叶片与定子内壁之间形成月牙形工作腔，其容积

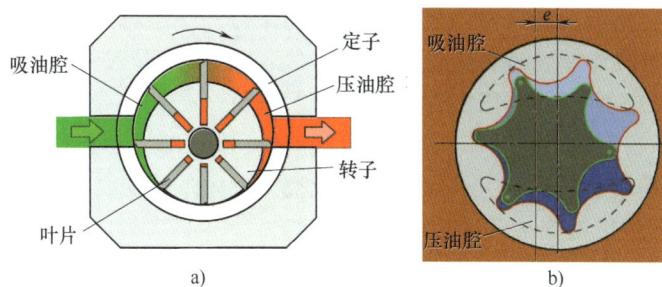

图 2-42　叶片泵和转子泵的结构与工作原理

a）叶片泵　b）转子泵

在进油口侧增大，形成吸油腔，吸入液压油；在出油口侧减小，形成压油腔，压出液压油。

转子泵的内转子齿数比外转子少一个，内转子的各齿顶通常与外转子的齿面滑动接触，当两转子顺时针啮合转动时，左上部分两转子的齿间容积变大，形成吸油腔，右下部分两转子的齿间容积变小，形成压油腔，如图 2-42b 所示。转子泵形状简单，加工容易，寿命长，适于高速转动，但低速效率很低。

使用液压泵时应注意以下事项：

1）发动机不工作时，液压泵也不工作，变速器内无控制油压，故无法采用推车的方式起动发动机。

2）当车辆出现故障而被其他车辆拖曳时，由于发动机不工作，液压泵无法运转，变速器内没有自动变速器油的循环流动，离合器片和制动器片会出现严重的磨损。因此，应采用拖车拖走。

（3）控制机构主要部件的结构与工作原理

1）主调压阀。主调压阀也叫作主油路压力调节阀，其作用是根据发动机转速、节气门开度和变速杆的位置自动调节各液压控制系统的油压，保证各液压控制系统油压稳定。主调压阀由滑阀、反馈阀和调压弹簧等组成，其结构及工作原理如图 2-43 所示。

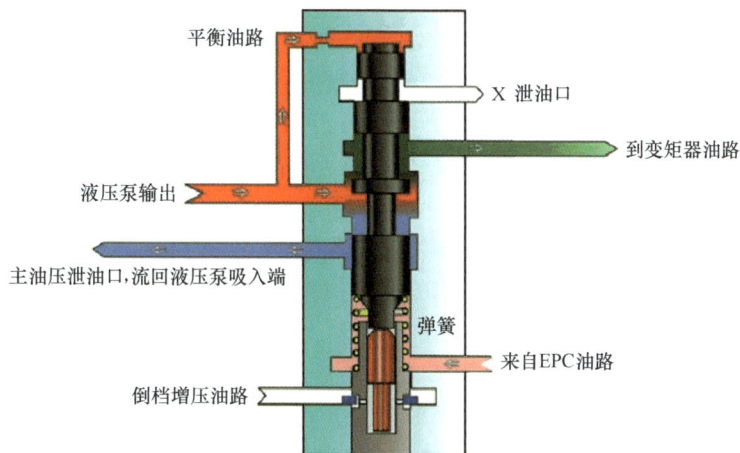

图 2-43　主调压阀的结构及工作原理

不论发动机转速高低，液压泵的泵油压力始终保持在一个稳定的范围内（通常为 0.5~1.0MPa）。经主调压阀调节后的油路压力称为主油路油压。自动变速器的控制系统及变矩器各换档执行元件都是在主油路油压的作用下进行工作的。

2）节气门阀。节气门阀的工作取决于节气门的开度，即发动机的负荷，因此其输出油压由加速踏板的位置决定。节气门阀的作用是产生与节气门开度成正比的节气门油压，传给主调压阀和换档阀，控制主油压和换档操作。节气门阀主要有机械式和真空式两种。

3）手动阀。手动阀属于液压控制系统的选档部分，由变速杆经传动机构进行操纵。手动阀的作用是根据驾驶人的意图（如需要在各档之间进行切换）将主油路液压油送至换档阀或直接送至执行机构进行换档，如图 2-44 所示。

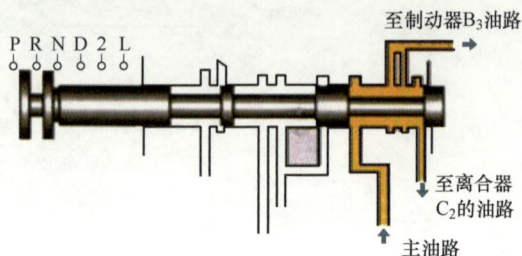

图 2-44　手动阀的结构（处于 R 位）

4）换档阀。换档阀是一种由弹簧和液压油作用的方向控制阀，用于切换通向各换档执行元件的油路，从而实现换档控制。图 2-45 所示为一种液压控制的 2 位换档阀。在换档阀的右端作用着来自速控阀的油压 p_v，在换档阀的左端作用着来自节气门阀的节气门油压 p_z 和换档阀弹簧的弹力 F，换档阀的位置取决于两端控制压力的大小。当换档阀从左端移至右端时，自动变速器升高一个档位；当换档阀从右端移至左端时，则自动变速器降低一个档位。

因为每个换档阀只有两个工作位置，只能在两个档位之间切换，故对四档变速器而言，至少需要有两个换档阀，五档至少需要有三个换档阀，以此类推。

4. 电子控制系统

（1）电子控制系统的组成与工作原理　电子控制系统由输入装置、电子控制单元（ECU）和执行器三部分组成，如图 2-46 所示。ECU 根据发动机和自动变速器上的各种传感器测得的节气门开度、车速和转速等信号，以及各种控制开关传来的当前状态信号，进行运算和分析，然后调用 ECU 内存储器中存储的工作程序，向相应的执行器发出指令，以使各控制阀动作，实现对自动变速器的控制。

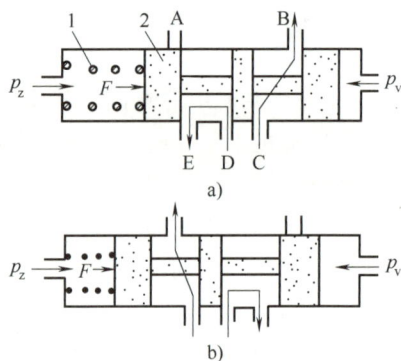

图 2-45　换档阀
a）升档　b）降档

1—弹簧　2—换档阀　A、B—回油口
C—至高档换档执行元件　D—主油路进油口
E—至低档换档执行元件　p_v—速控阀的油压
p_z—节气门的油压　F—弹簧的弹力

（2）输入装置的功用、组成与工作原理　自动变速器电子控制系统的输入装置包括多个传感器和开关，常用的有节气门位置传感器、车速传感器、ATF 温度传感器、超速档开关、模式选择开关、空档起动开关、制动灯开关和强制降档开关等。

1）节气门位置传感器。用于将节气门开启角度转换为电压信号送至 ECU。作为决定换档点和变矩器锁止时机的基本信号之一。节气门位置传感器安装在发动机节气门体上，并与节气门联动。

2）车速传感器。用于产生信号频率与车速成正比的电信号，并输入给自动变速器的

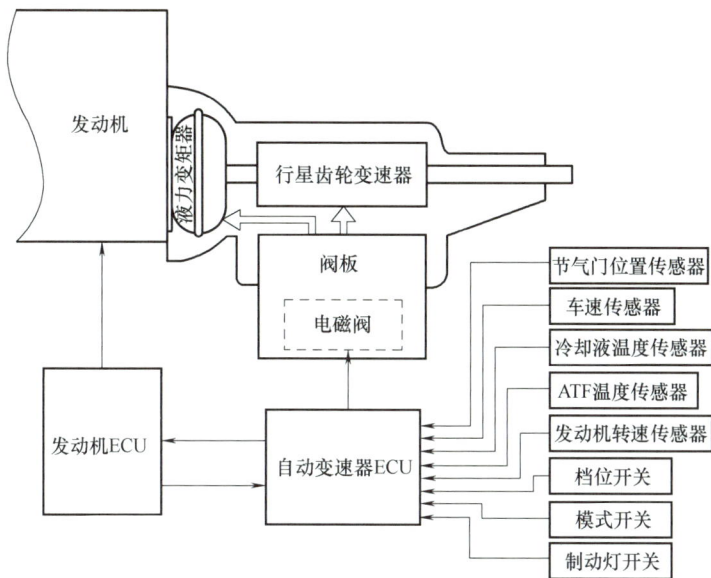

图 2-46 电控液力机械自动变速器电子控制系统的组成

ECU，作为确定换档点和变矩器锁止时机的基本依据之一。车速传感器的种类较多，下面介绍常用的两种车速传感器。

① 磁电式车速传感器。磁电式车速传感器安装在变速器输出轴附近，其主要由永久磁铁和线圈两部分组成，如图 2-47 所示。当输出轴转动时，输出轴上的停车锁止齿轮或感应转子的凸齿不断地靠近和离开车速传感器，使感应线圈内的磁通量发生变化，从而产生交流感应电压。车速越高，输出轴转速就越高，感应电压的脉冲频率也就越高。ECU 按照单位时间内感应出的电压脉冲频率数计算输出轴转速，然后换算成车速。

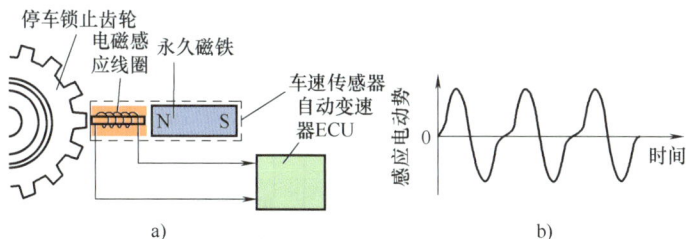

图 2-47 磁电式车速传感器

a）结构 b）信号电压波形

② 霍尔式车速传感器。如图 2-48 所示，永久磁铁的磁力线穿过霍尔元件通向齿轮，这时齿轮的作用相当于一个集磁器。当齿轮处于图 2-48a 所示的状态时，磁力线分散，穿过霍尔元件的磁场相对较弱。当齿轮处于图 2-48b 所示的状态时，磁力线密集，穿过霍尔元件的磁场相对较强，引起霍尔电压的变化。通过齿轮的运动，霍尔元件输出 mV 级的标准正弦电压，经过放大、整流后变换成标准的矩形脉冲电压。根据脉冲数即可计算车速的大小。

3）ATF 温度传感器。安装在自动变速器油底壳内或液压阀阀板上，用于连续监控自动变速器中 ATF 的温度，作为 ECU 进行换档控制和油压控制等的依据。ATF 温度传感器的结构与发动机进气温度传感器相同。

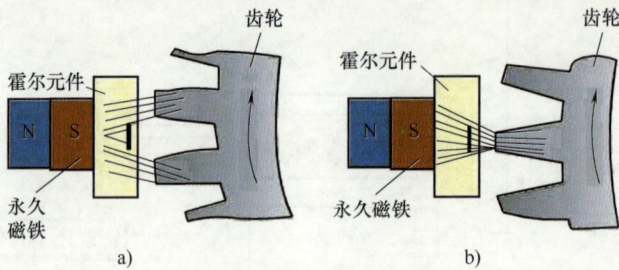

图 2-48　霍尔式车速传感器

　　4）模式选择开关。用于选择自动变速器的控制模式，即选择自动变速器的换档规律，以满足不同路况的使用要求，模式选择开关有普通模式（NORMAL）、动力模式（POW-ER）、经济模式（ECONOMY）、运动模式（SPORT）、雪地模式（SNOW）和手动模式（MANUAL）等可供选择。

　　5）空档起动开关。空档起动开关也称为档位开关，安装在变速器变速杆或手动阀臂轴上，由变速杆进行控制。其作用：当变速杆置于不同的位置时，在仪表盘上点亮相应的档位指示灯，并把选档信息传递给 ECU；在 P 位或 N 位时把信号传递给起动继电器，使点火开关工作；在倒档时使倒档灯点亮；在前进档时，断开起动机，锁止变速杆。

　　6）强制降档开关。强制降档开关主要作用是检测加速踏板是否超过节气门全开位置。

　　7）制动灯开关。制动灯开关向 ECU 提供制动信号，以控制锁止离合器。当踩下制动踏板时，制动信号输入 ECU，此时锁止离合器分离，这样可以防止突然制动时发动机熄火。

　　（3）ECU 的组成与功用　ECU 是电子控制系统的核心，其由接收器、控制器和输出装置三部分组成，其主要功能有控制换档时刻、控制变矩器的锁止离合器、控制发动机转矩、故障自诊断和失效保护。

　　（4）执行器的功用、结构与工作原理　电磁阀是电子控制系统的执行器。通过它们控制液压系统中的换档阀，使离合器和制动器等工作，从而实现自动换档和变矩器锁止。

　　1）开关式电磁阀。作用是开启和关闭自动变速器的油路，它只有全开和全关两种工作状态。

　　2）脉冲式电磁阀。ECU 通过改变脉冲的宽度来改变电磁阀开启和关闭的时间比例，以达到控制油路压力的目的。

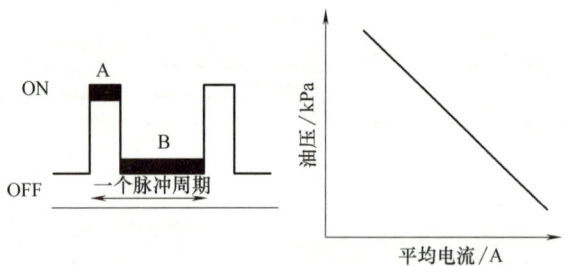

图 2-49　脉冲式电磁阀

一个脉冲周期内，通电时间越长，即电磁阀开启的时间越长，经电磁阀泄出的 ATF 就越多，油路压力就越低，如图 2-49 所示。反之亦然。

三、无级变速器

1. 无级变速器的工作原理与特点

　　（1）无级变速器的工作原理　无级变速器（Continuously Variable Transmission，简称

CVT），采用传动带（链）和工作半径可变的主、从动带轮相配合来传递动力，可以在一定范围内实现传动比的连续改变，从而得到传动系统与发动机工况的最佳匹配，提高汽车的动力性和经济性。

无级变速器的主要结构和工作原理示意图如图 2-50 所示。金属传动带由两束金属环和几百个金属片构成。主动轮组和从动轮组都由可动盘和固定盘组成，与液压缸靠近的一侧带轮（可动盘）可以在轴上滑动，另一侧带轮（固定盘）则固定。可动盘与固定盘都是锥面结构，它们的锥面形成 V 形槽与 V 形传动带啮合。

发动机输出轴输出的动力首先传递到无级变速器的主动带轮，然后通过金属传动带传递到从动带轮，最后经主减速器、差速器传递给车轮来驱动汽车。工作时通过主动带轮与从动带轮的可动盘做轴向移动来改变主动带轮、从动带轮锥面与传动带啮合的工作半径，从而改变传动比（从动带轮与主动带轮的工作半径之比）。可动盘的轴向移动量是由驾驶人根据需要通过控制系统调节主、从动带轮液压缸的压力来实现的。由于主、从动带轮的工作半径可以实现连续调节，从而实现了无级变速。

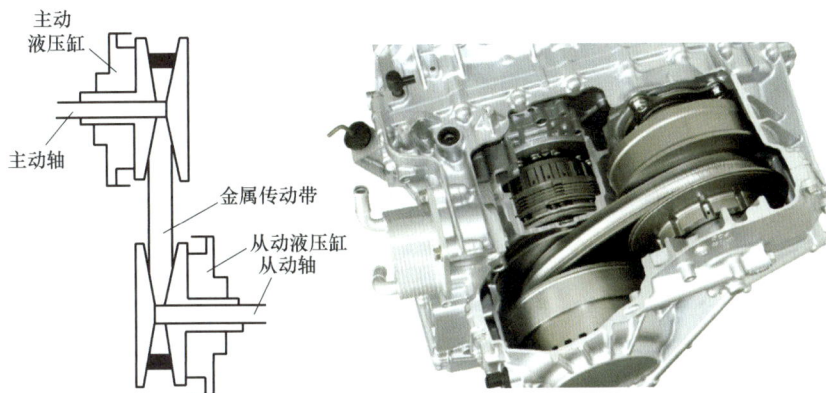

图 2-50 无级变速器的主要结构和工作原理示意图

（2）无级变速器的特点

1）优点：结构简单，体积小；传动比范围宽，容易与发动机形成理想的匹配，从而改善燃烧过程，降低油耗和排放；具有较高的传动效率，功率损失少，经济性好；没有有级变速器的换档过程，动力输出是线性的，驾驶的平顺性好。

2）缺点：成本略高，传动钢带的承载能力有限。

2. 无级变速器的组成

无级变速器一般由变速传动机构、电子控制系统和液压控制系统组成。带轮与传动带是无级变速器最重要的变速装置，其功用是实现无级变速传动，如图 2-51 所示。汽车起步时，主动带轮的锥面较宽、工作半径较小，从动带轮的锥面较窄，工作半径较大，无级变速器的传动比较大，使汽车获得足够大的驱动力行驶，如图 2-51a 所示；随着车速的增加，主动带轮的锥面逐渐变窄、工作半径逐渐增大，从动带轮的锥面逐渐变宽、工作半径相应减小，无级变速器的传动比减小，汽车以更高的速度行驶，如图 2-51b 所示。

有些车型采用的是链传动方式，如图 2-52 所示，其变速传动原理与带式的基本相同。

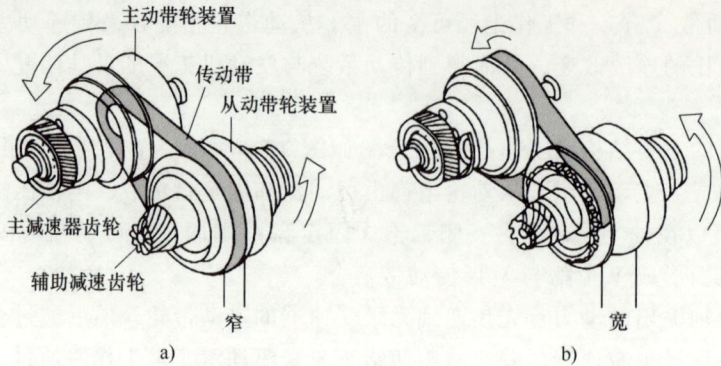

图 2-51　带轮与传动带

a）低速（传动比大）　b）高速（传动比小）

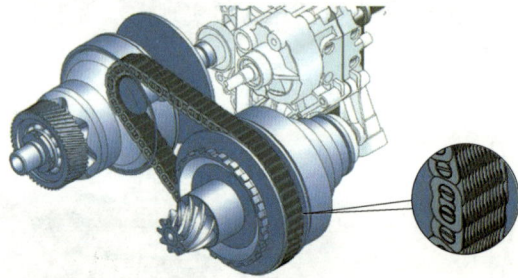

图 2-52　链轮与传动链

四、双离合自动变速器

双离合自动变速器（Dual-Clutch-Transmission，简称 DCT），也称为直接换档变速器（Direct-Shift-Gearbox，简称 DSG）。双离合自动变速器是基于手动变速器发展而来的，并且综合了手动变速器与自动变速器的优点，传动效率高，油耗低；换档时没有动力中断，换档平稳；具有良好的驾驶舒适性、动力性和操控性。

1. 双离合自动变速器的基本工作原理

双离合自动变速器档位按奇、偶数分开布置，形成两个彼此独立的传动单元。每个传动单元的结构都与一个手动变速器相同，各档齿轮都配有手动变速器的同步器和换档拨叉机构，且每个传动单元各配有一个离合器。

离合器分为干式和湿式两种。图 2-53 所示为湿式多片双离合自动变速器的工作原理示意图。传动机构 1 通过离合器 K_1 来选择一、三、五档和倒档，传动机构 2 通过离合器 K_2 来选择二、四、六档，因此，只需通过切换两个离合器的工作状态就可以完成换档操作。离合器的切换和档位变换由控制单元和执行机构进行自动控制。

2. 湿式双离合自动变速器的结构

湿式双离合自动变速器主要由变速传动机构、电子控制系统和液压控制系统等组成。如图 2-54 所示，离合器 1 是外离合器，其内片支架与变速器的输入轴 1 相连，离合器 2 是内离合器，其内片支架与输入轴 2 相连。当离合器 1 或 2 接合时，发动机动力就传递到对应的输入轴上。

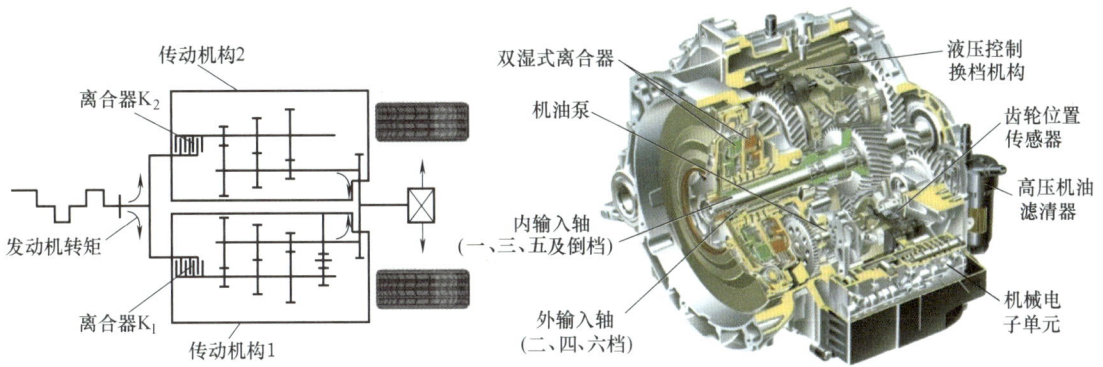

图 2-53　湿式多片双离合自动变速器的工作原理示意图

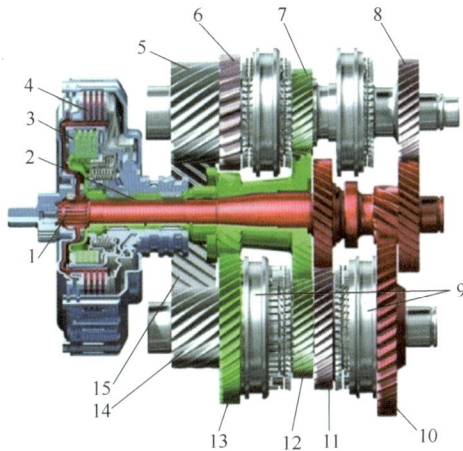

图 2-54　六档湿式双离合自动变速器的机械传动机构

1—输入轴 1　2—输入轴 2　3—离合器 2　4—离合器 1　5、14—输出到差速器　6—倒档齿　7—六档齿
8—五档齿　9—同步器　10—一档齿（啮合）　11—三档齿　12—四档齿　13—二档齿（啮合）　15—差速器

3. 干式双离合自动变速器的结构

在干式双离合自动变速器中，离合器的接合力可来自电动机或液压缸，下面以电动机驱动离合器接合为例进行介绍。这种自动变速器主要由干式双离合器总成、变速传动机构、换档拨叉机构和电子控制系统等组成。

（1）干式双离合器总成　干式双离合器是把两个与手动变速器配用的膜片弹簧式离合器串列在一起，共用一个驱动盘，驱动盘通过轴承支承在变速器的空心输入轴上，如图 2-55a所示。离合器不工作时为分离状态，工作时需通过操纵机构使之接合。当一个离合器接合时，发动机转矩通过飞轮传递给驱动盘，然后经离合器传递给对应的输入轴。

离合器 K_1 的接合过程：如图 2-55b 所示，当 K_1 需要接合时，ECU 给电动机通电，电动机带动减速机构运动，使 K_1 的操纵杆转动，推动接合轴承轴向移动，压向膜片弹簧内端，膜片弹簧外端即带动 K_1 的压盘把从动盘压紧到驱动盘上，动力即可通过 K_1 传递。K_2 的接合过程，如图 2-55c 所示，同理可得。

（2）电子控制系统　干式双离合自动变速器的电子控制系统包括传感器、ECU 和电动

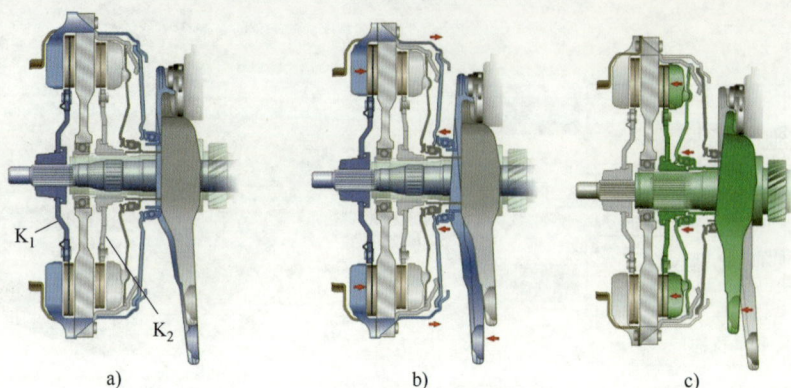

a)   b)   c)

图 2-55   离合器 K₁ 和 K₂ 的接合过程

a）K₁ 和 K₂   b）K₁ 的接合   c）K₂ 的接合

机。ECU 根据传感器的信号，利用四个电动机来控制离合器和换档系统。输入装置主要有两个输入轴转速传感器、输出轴转速传感器和档位传感器。

两个电动机用于控制两个干式离合器，另外两个电动机用于控制两个拨动换档拨叉的内部换档机构。电动机只在相对应的离合器接合和换档时工作，在各个电动机里面集成有位置传感器。ECU 和两个换档电动机集成在一起，ECU 根据各电动机位置传感器的信息知道哪个离合器在传递动力、哪个档位接合。

五、自动变速器的维护

1. ATF 液面高度的检查

1）驾驶汽车，使发动机和自动变速器达到正常工作温度。然后停放在水平地面，并拉紧驻车制动器。

2）使发动机保持怠速运转，踩住制动踏板，把变速杆依次拨入各个档位，并在每个档位上停留几秒，然后回到 P 位。

3）从加油管内拔出自动变速器油尺，擦干净，然后完全推回到加油管中。

4）再次拔出油尺，检查液面高度是否在 HOT 范围内，如图 2-56 所示。当自动变速器处于冷态（温度低于 25℃）时，液面应在 COOL 范围内。若液面高度不符合要求，应及时加注或放油。

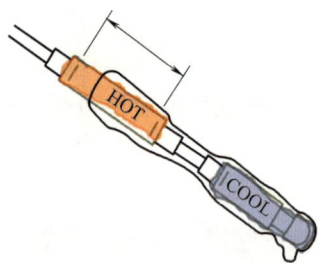

图 2-56   ATF 液面高度的检查

2. ATF 油质的检查

ATF 通常呈红色或粉色、无味、无任何颗粒沉淀或气泡悬浮。进行油质检查时，可用吸附性的白纸擦拭油尺，检查其颜色、气味和杂质。如 ATF 有颜色、气味、状态或黏度的变化，表明已变质，应予以更换。

3. ATF 的更换

1）汽车运行至自动变速器达到正常工作温度后停车熄火。

2）拆下自动变速器油底壳上的放油螺塞，把油底壳内的油放净。

3）拆下油底壳，把油底壳清洗干净；安装好油底壳和放油螺塞。

4）拆下液压油散热器油管接头，用压缩空气把散热器内的残余液压油吹出，再接好管接头。

5）从自动变速器加油管中加入规定牌号的ATF油。

6）起动发动机，检查ATF液面高度。

7）让汽车行驶至发动机和自动变速器达到正常工作温度，再次检查液面高度是否在规定范围内。如过低，应继续加油直至满足规定要求为止。

4. 节气门拉索的检查与调整

1）推动加速踏板连杆，检查节气门是否全开。若节气门不全开，把加速踏板踩到底，旋松调整螺母。

2）拧动调整螺母，使节气门拉索的标记与其套管的距离为0～1mm，然后拧紧调整螺母；复查调整情况。

5. 变速杆位置的检查与调整

把变速杆在各档位间进行切换，检查变速杆是否能平稳而精确地换入各档位；同时，检查档位指示器是否正确地显示档位。若不一致，应进行调整，方法如下：

1）旋松变速杆上的螺母；把控制轴杆向后推到底，然后退回两个槽口至N位。

2）把变速杆定位在N位；稍稍朝R位定位变速杆，拧紧变速杆螺母。

3）起动发动机，确认变速杆从N位换到D位时，汽车前进而换到R位时汽车后退。

6. 档位开关的检查与调整

1）拉紧驻车制动器并把点火开关置于"ON"位置。

2）踩下制动踏板，检查是否当变速杆在N位或P位时发动机能起动，在其他位置不起动。

3）检查并确认当变速杆在R位时倒车灯点亮，倒档警告蜂鸣器鸣响，但在其他位置不起作用。

4）如果发现故障，则应检查档位开关的导通性。

六、自动变速器的性能测试

自动变速器的性能测试主要包括手动换档测试、失速测试、换档时滞测试、油压测试和道路测试等。

1. 手动换档测试

手动换档测试的目的是确定故障是来自机械系统还是电子控制系统。测试时需脱开变速器所有换档电磁阀的线束插接器，此时ECU不能通过换档电磁阀控制换档。变速器的档位只取决于变速杆的位置。如果通过操作变速杆未能换档，可假定存在机械故障。

2. 失速测试

失速测试的目的是通过测量发动机的失速转速，检查发动机的整体性能和自动变速器换档执行机构各元件的工作性能。测试方法如下：

使汽车行驶至发动机和自动变速器均达到正常工作温度，把汽车停放在宽阔而空旷的水平路面上，用三角木塞住前后车轮。拉紧驻车制动器，起动发动机，把变速杆置于D位。

在左脚用力踩住制动踏板的同时，右脚迅速把加速踏板踩到底。当发动机转速不再升高时，读取此时的转速（即失速转速）。然后立即松开加速踏板，把变速杆拨入 P 位或 N 位，让发动机怠速运转 1min 以上，等待油温下降，以防止油液变质。把变速杆换入其他档位，做同样测试。若失速转速高于标准值，表明主油路油压过低或换档执行元件打滑；若失速转速低于标准值，表明发动机动力不足或液力变矩器故障。

3. 换档时滞测试

发动机怠速运转时把变速杆从空档拨至前进档或倒档后，需要有一段时间的时滞或延时才能使自动变速器完成换档工作，这一时间称为自动变速器换档时滞时间。根据换档时滞时间的长短，可判断主油路油压以及换档执行元件的工作是否正常。测试方法如下：

使汽车行驶至发动机和自动变速器均达到正常工作温度，把汽车停放在水平路面上，拉紧驻车制动器。检查发动机怠速转速，确定为正常值。把变速杆从 N 位换至 D 位，用秒表记录从切换变速杆开始到感受到汽车振动为止所需的时间。该时间为 N~D 位的换档时滞时间。把变速杆退回 N 位，让发动机怠速运转 1min 后，再做一次。上述测试共进行三次，取平均值作为 N~D 位的时滞时间。若该时滞时间过长，表明油路油压过低、前进离合器磨损过大或前进档单向离合器工作不良。按照同样的方法测量 N~R 位的时滞。若该时滞时间过长，表明倒档油路油压过低、倒档离合器或倒档制动器磨损过大或工作不良。

4. 油压测试

通过测试液压控制系统各油路的压力，判断液压泵、油压调节阀、节气门阀、电磁阀、速控阀和 ATF 等的工作是否正常，这是自动变速器性能分析和故障诊断的主要依据。

5. 道路测试

道路测试是诊断和分析自动变速器故障最有效的手段之一。自动变速器维修后也应通过道路测试，检查其工作性能，检验修理质量。道路测试的目的是对自动变速器进行综合测试，确定其工作是否正常以及故障部位。测试的内容主要是检查换档车速和转速、换档质量、锁止离合器的工作情况以及换档执行元件有无打滑等。

七、自动变速器的检修

1. 液力变矩器的检修

液力变矩器的外壳采用的是焊接式整体结构，不可分解。液力变矩器内部，除了导轮的单向离合器和锁止离合器压盘之外，没有互相接触的零件，因此在使用中基本不会出现故障。液力变矩器的维修工作主要是清洗和检查。

检查液力变矩器的外部有无损坏和裂纹，轴套外径有无磨损，驱动油泵的轴套缺口有无损伤。若有异常，应更换液力变矩器。把液力变矩器安装在发动机飞轮上，用百分表检查变矩器轴套的径向圆跳动误差。若超差，应采用转换角度重新安装的方法予以校正。

用专用工具检查单向离合器的工作是否正常。在逆时针方向上单向离合器应锁止，在顺时针方向上应能自由转动。若有异常，说明单向离合器损坏，应更换液力变矩器。

2. 行星排与换档执行机构的检修

检查行星排太阳轮、行星齿轮以及齿圈的齿面，若有磨损或疲劳剥落，应更换行星排。检查行星齿轮与行星架的间隙，若超标，应更换止推垫片或行星齿轮与行星架组件。检查单向离合器，若滚子破损、保持架断裂或滚道磨损起槽，应予以更换；若锁止方向出现打滑或自由转动方向出现卡滞，应予以更换。

检查多片离合器的钢片，若有磨损或翘曲变形，应予以更换。检查摩擦片，若有烧焦、金属脱落、翘曲变形或严重磨损，应予以更换。检查活塞，若有拉毛或损伤，应予以更换。检查活塞上单向阀的密封性，若有异常，应予以更换。检查离合器毂，若有异常应予以更换。片式制动器的检查同多片离合器。

3. 液压控制系统的检修

检查液压泵转子和定子各处的间隙，若过大，应予以更换。检查各控制阀阀芯的表面，若有轻微刮痕，可抛光修复。检查阀弹簧的长度，若不符合规定，应予以更换。检查滤油器，若有损坏或堵塞，应予以更换。若控制阀卡死在阀孔内，应更换阀体总成。

4. 电子控制系统的检修

检查车速传感器和输入轴转速传感器的转子是否有断齿或脏污，若有，应清洁。检查转子与传感器体的间隙，应符合规定值。关闭点火开关，拔下传感器插头，用万用表测量对应端子间的电阻值，若不符合规定，应予以更换。把冷却液温度传感器和液压油温度传感器置于盛有水的杯子中，加热杯子中的水，测量不同温度下传感器端子间的电阻。若不符合规定，应予以更换。

把手动控制阀摇臂拨至各个档位，测量档位开关线束插座内各插孔间的导通情况。若不符合规定，应予以更换。

测量开关式电磁阀端子与车身搭铁间的电阻，若不符合规定，应予以更换。把电磁阀与12V蓄电池连接，应有工作响声。否则，应予以更换。测量脉冲式电磁阀端子与车身搭铁间的电阻，若不符合规定，应予以更换。因脉冲式电磁阀电阻较小，在给电磁阀连接蓄电池检查前，应串联一个灯泡。通电后，阀芯应向外伸出，断电后应向内缩回。若有异常，应予以更换。

利用汽车故障诊断仪检测ECU及其控制电路的故障；也可以利用数字式万用表测量ECU插接器各接线端子的工作电压，判断其工作是否正常。

【任务实施】

自动变速器拆装与检修

1. 任务准备
1）场地和设备准备：实训场地布置、自动变速器、拆装工具、课件或微课视频。
2）分组：根据设备数量将学生分成4~6个组，每个组6~8人。

2. 任务步骤
1）各小组观看微课视频，可以课前完成。
2）老师演示自动变速器的拆装过程，学生观看并记录步骤及要点。
3）学生分小组进行自动变速器的拆装和维护，完成工单填写。

3. 任务评价
教师根据表2-9中的任务评价内容及标准为学生打分。

表 2-9 任务评价内容及标准

序号	项目	操作内容	分值	评分标准	得分
1	准备	清点工具、清理工位	5	酌情扣分	
2	拆装	按顺序进行变速器拆装	20	拆装顺序不当扣 1~20 分	
		规范使用工具拆卸	10	操作不当扣 1~10 分	
		整齐摆放拆卸的零件	10	零件或工具掉落扣 1~10 分	
		装配前清洁、润滑零件	10	操作不当扣 1~10 分	
3	检修	检修变速器壳体、行星齿轮系统、湿式多片离合器和制动器检查	20	检修不准确扣 1~20 分	
4	完成时间	80min	10	超时 1~5min 扣 1~5 分 超时 5min 以上扣 10 分	
5	安全文明	无安全隐患，无不文明操作	5	未达标扣 1~5 分	
6	结束	工具清洁归位	5	漏一项扣 1 分，未做扣 5 分	
		清理工作场地	5	清洁不彻底扣 1~5 分，未做扣 5 分	
	总分		100		

【任务工单】

工作页 4 自动变速器拆装与检修

班级		姓名	
地点		日期	

一、资讯

1. 自动变速器一般由 _____、_____、_____、_____组成。

2. 自动变速器液压执行元件包括_____、_____、_____。

3. 自动变速器的液压泵，一般由_____驱动。

4. 自动变速器处于倒档时，其_____固定。

5. 自动变速器中行星齿轮机构的动力由_____输入。

二、计划与决策

请查阅变速器信息，对小组成员进行合理分工，确定变速器拆装计划。

1. 需要的变速器类型：_____。

2. 小组成员分工：_____。

三、实施

1. 变速器准备工作：_____、_____、_____、_____等。

2. 变速器型号：_____。

3. 变速器拆装顺序： _____
_____
_____
_____
_____。

4. 变速器主要部件检修情况记录： _____
_____
_____。

5. 变速器拆装过程中的注意事项： _____
_____。

【复习与思考】

一、判断题

1. 典型的液力变矩器由泵轮、涡轮和导轮组成。　　　　　　　　（　　）

2. 液力变矩器中的锁止离合器可以实现发动机与变速器的直接机械传动。（　　）

3. 单排行星齿轮结构由太阳轮、内齿圈、行星齿轮和制动器组成。（　　）

4. 自动变速器的电子控制系统由计算机、传感器和电磁阀三部分组成。（　　）

5. ATF 的检查包括油面和油质的检查两部分。　　　　　　　　（　　）

二、选择题

1. 液力变矩器泵轮的转速（　　）涡轮的转速。

A. 等于　　　　　　B. 小于　　　　　　C. 大于　　　　　　D. 无规律

2. 自动变速器中的（　　）是用来连接或脱开输入轴、中间轴、输出轴和行星齿轮机构的，实现转矩的传递。

A. 多片离合器　　B. 湿式多片制动器　　C. 单向离合器　　D. 电磁阀

3. （　　）是一个通过变速杆联动装置操纵的滑阀。

A. 速度控制阀　　B. 节气门阀　　　　C. 手动控制阀　　　D. 强制低档阀

4. （　　）的目的是为了全面检查发动机和变速器的性能，因试验时发动机和变速器均为满负荷，故测试时应严格遵守有关规定。

A. 失速测试　　　B. 油压测试　　　　C. 换档时滞测试　　D. 道路测试

5. 当汽车以三档或超速档行驶时，突然将加速踏板踩到底，自动变速器不能立即降低一个档位，致使汽车加速无力，则为（　　）。

A. 无超速档　　B. 无发动机制动作用　　C. 升档迟缓　　D. 不能强制降档

三、简答题

1. 拉维娜式行星齿轮机构由哪些元件组成？它们是怎样连接的？

2. 单向离合器的作用是什么？

3. 液压控制系统中主调压阀的作用是什么？它是如何工作的？

4. 自动变速器的电子控制系统由哪几部分组成？主要执行器是什么？

*5. 搜集不同品牌汽车自动变速器，了解汽车自动变速器发展新技术及其应用现状。

任务五　万向传动装置的检修

【任务描述】

客户驾乘长安福特汽车时发生碰撞事故，客户以为车辆碰撞导致传动轴断裂。经维修技师检查后，发现车辆的转向节或悬架摆臂断裂，传动轴发生了脱落。你知道这是什么原因吗？如果你是那位拥有诚信品质的维修技师，你会如何处理这个问题？

【学习目标】

知识目标	掌握万向传动装置的功用、组成及工作原理 熟悉万向节的类型和应用特点
技能目标	会正确分析诊断万向传动装置的常见故障 会正确拆装、维护万向传动装置
素养目标	培养踏实肯干、认真严谨的职业精神

知识脉络图

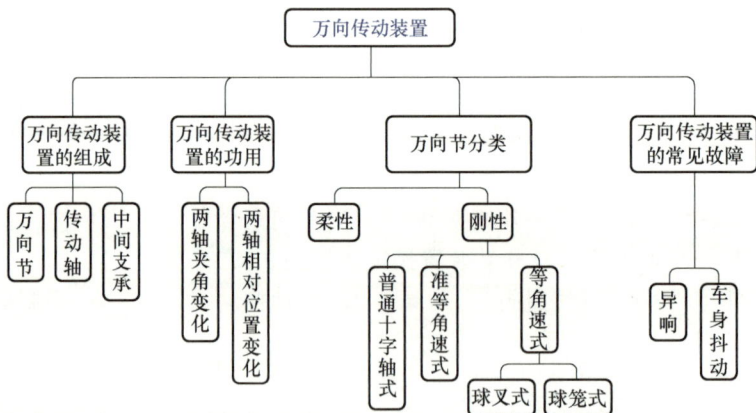

【知识准备】

一、万向传动装置的功用、组成与应用

万向传动装置的功用是在轴间夹角和相对位置经常发生变化的转轴之间可靠地传递动力。它主要由万向节和传动轴等组成。对于传动距离较远的分段式传动轴，为了提高传动轴的刚度，还设置有中间支承，如图 2-57 所示。

万向传动装置在汽车上的应用见表 2-10。

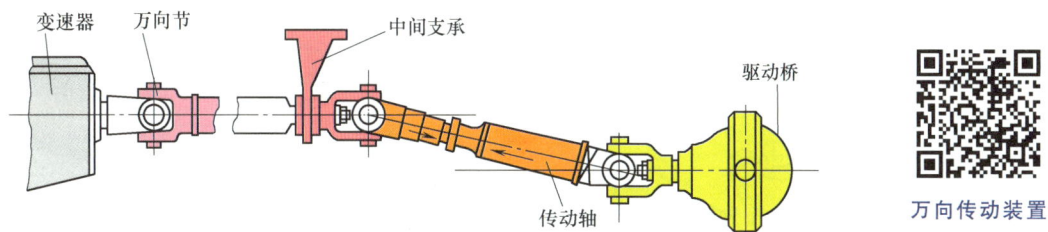

图 2-57　变速器与驱动桥之间的万向传动装置

表 2-10　万向传动装置在汽车上的应用

序号	安 装 位 置	应 用 特 点
1	变速器(或分动器)与驱动桥之间	一般 FR 型汽车变速器(或越野车的分动器)的输出轴线与驱动桥的输入轴线难以布置重合,并且汽车在负荷变化及在不平路面行驶时引起的跳动,会使驱动桥输入轴与变速器输出轴之间的夹角和距离发生变化,故需用万向传动装置连接,如图 2-57 所示
2	变速器与分动器之间	虽然变速器和分动器等都支承在车架上,且它们的轴线也可以设计重合,但为消除车架变形及制造、装配误差等引起的轴线同轴度误差对动力传递的影响,其间也常装有万向传动装置
3	转向驱动桥和断开式驱动桥中	汽车的转向驱动桥需满足转向和驱动的功能,其半轴是分段的,转向时两段半轴轴线相交且交角变化,因此要用万向传动装置。在断开式驱动桥中,主减速器壳固定在车架上,桥壳上下摆动,半轴是分段的,也需用万向传动装置
4	转向操纵机构中	某些汽车的转向操纵机构受整体布置的限制,转向盘轴线与转向器输入轴线不重合,因此在转向操纵机构中装有万向传动装置

二、万向传动装置的构造与工作原理

1. 万向节

万向节按其在扭转方向是否有明显的弹性,可分为刚性万向节和柔性万向节。前者是靠零件的铰链式连接传递动力的;而后者则靠弹性连接来传递动力,且有缓冲减振的作用。刚性万向节又可分为普通十字轴万向节、准等角速万向节和等角速万向节。目前,在汽车上常用的万向节有普通十字轴万向节和等角速万向节。

(1) 普通十字轴万向节　普通十字轴万向节又称为不等速万向节。由于结构简单、传动可靠、效率高而被广泛应用到汽车传动系统上,它允许相邻两轴的最大交角在 15°~20° 的范围内传递动力。

1) 十字轴万向节的结构。如图 2-58 所示,万向节叉上面的孔分别套在十字轴的四个轴颈上。当主动叉转动时,从动叉也随之转动,同时又绕十字轴中心在任意方向摆动。为了减少摩擦损失,提高传动效率,在十字轴轴颈和万向节叉孔之间装有滚针和套筒组成的滚针轴承,用带有锁片的螺钉和轴承盖将套筒固定在万向节叉上,进行轴向定位。为了减少摩擦,润滑轴承,十字轴做成中空的,内有油道,润滑脂从油嘴注入十字轴内腔。为了避免润滑脂流出及尘垢进入轴承,在十字轴轴颈的内端装有油封。

为了防止轴承在离心力的作用下从万向节叉内脱出,轴承应进行轴向定位。万向节轴承的常见定位方式,除了盖板式外,还有内、外挡圈固定式。

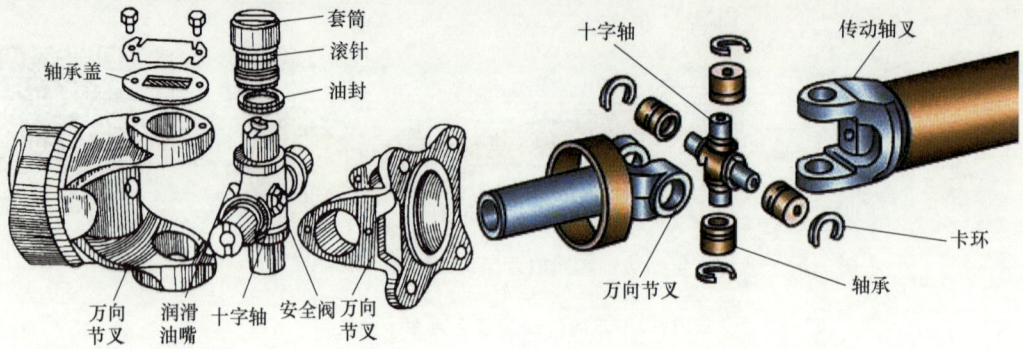

图 2-58 十字轴万向节的结构

2）十字轴万向节的速度特性。十字轴万向节传动具有不等角速度性，即当十字轴万向节的主动叉是等角速度转动时，从动叉是不等角速度转动的。设主动叉轴以等角速 ω_1 旋转，当万向节处于图 2-59a 所示位置时，$\omega_2 = \omega_1/\cos\alpha\,(\omega_2 > \omega_1)$；当主动叉轴转过 90° 至图 2-59b 所示位置时，$\omega_2 = \omega_1\cos\alpha\,(\omega_2 < \omega_1)$。

由此可以看出，当主动叉轴以等角速旋转时，从动叉轴是不等角速的。从图 2-59a 中转到图 2-59b 中的位置时，从动叉轴的角速度由最大值变至最小值；当主动叉轴再转 90° 时，从动叉轴的角速度由最小值变至最大值，可见从动叉轴角速度变化的周期为 180°。从动叉轴的不等速的程度随轴间夹角 α 的加大而加大，而主、从动轴的平均转速是相等的，即主动轴转一圈从动轴也转一圈。所谓"传动的不等速性"是指从动轴在一圈内，其角速度时而大于主动轴的角速度，时而小于主动轴的角速度的现象。

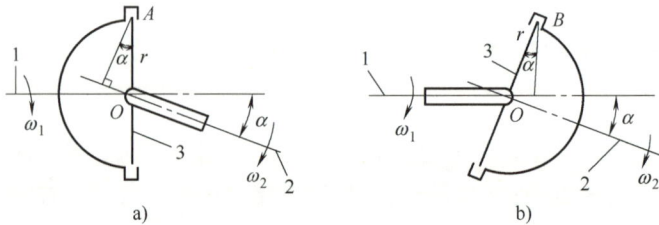

图 2-59 十字轴万向节传动的角速度分析

1—主动叉轴 2—从动叉轴 3—十字轴

3）十字轴万向节的等速排列。单十字轴万向节的不等速性，将会使从动轴及其相连的传动部件产生扭转振动，产生附加的交变载荷，影响零部件的使用寿命。

为实现等角速传动，可将两个普通万向节按图 2-60 所示的排列方式安装。采用两个十字轴万向节，中间以传动轴相连，利用第二个万向节的不等速效应来抵消第一个万向节的不等速效应，从而实现输入轴与输出轴等角速传动。要达到这一目的，必须满足以下两个条件：

① 第一万向节两轴间夹角 α_1 与第二万向节两轴间夹角 α_2 相等。

② 传动轴两端万向节叉处于同一平面内。

（2）等角速万向节 等角速万向节常见的类型有球叉式和球笼式。等角速万向节的基本原理是传力点始终处于两轴交角的平分面上。这一原理可以用一对大小相等的锥齿轮传动原理来说明，如图 2-61 所示。两齿轮夹角为 α，两齿轮接触点 P 点到两轴的垂直距离都等

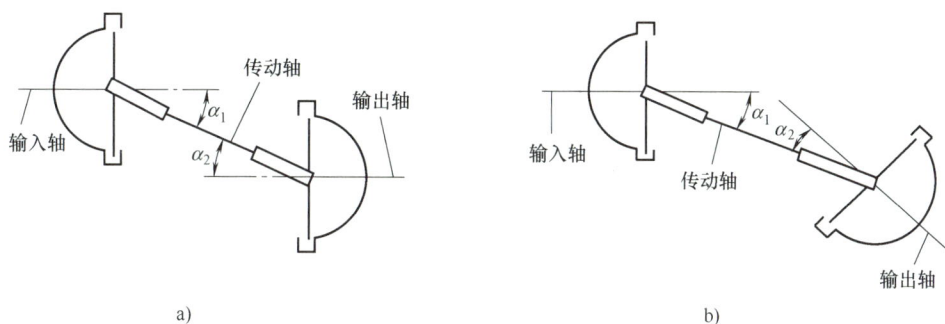

图 2-60　双万向节的等角速传动布置示意图
a）平行排列　b）等腰三角形排列

于 r。在 P 点处两齿轮的圆周速度相等，则两齿轮的角速度也相等。可见，若万向节的传力点在其交角变化时，始终位于两轴夹角的平分面上，就能保证等角速传动。

1）球叉式等角速万向节。如图 2-62 所示，其由主动叉、从动叉、四个传力钢球和定心钢球组成。其主动叉、从动叉分别与内、外半轴制成一体，叉内各有四条曲面凹槽。装合后，形成两条相交的环槽，作为钢球的滚道，四个传力钢球装在槽中，定心钢球装在两叉中心凹槽内，以定中心。

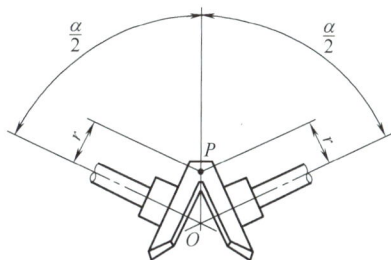

图 2-61　等角速万向节的工作原理图

球叉式等角速万向节及其等角速传动的原理，如图 2-62 所示。主、从动叉曲面凹槽的中心线分别是以 O_1、O_2 为圆心的两个半径相等的圆，且圆心 O_1、O_2 到万向节中心 O 的距离相等（即 $O_1O=OO_2$）。这样，无论主、从动叉以任何角度相交，四个钢球只能位于两交叉凹槽的交点处，从而保证所有传力钢球始终位于两轴交角 α 的角平分面上，因而保证了等速传动。

球叉式等角速万向节结构简单，允许轴间最大交角为 $32°\sim38°$。但由于工作时只有两个钢球传力，而另两个钢球在反转时传力，因此钢球与滚道之间的接触压力大，磨损快，影响其使用寿命。所以，球叉式等角速万向节通常是用在中、小型越野汽车转向驱动桥上。

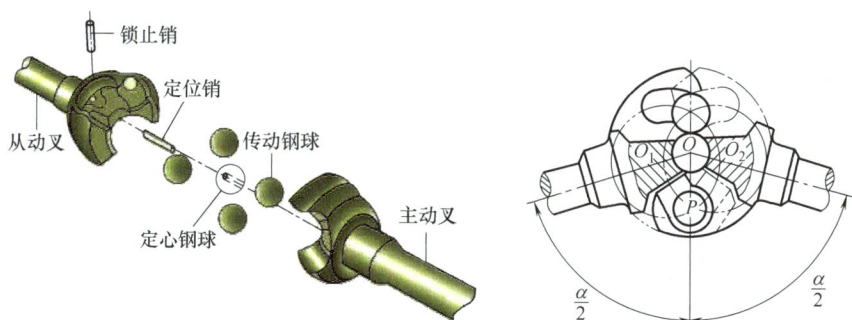

图 2-62　球叉式等角速万向节及其等角速传动原理图

67

2）球笼式等角速万向节。按主、从动叉在传动过程中是否有轴向位移，可分为 RF 型球笼万向节和 VL 型球笼万向节。

① RF 型球笼万向节。如图 2-63 所示，星形套以内花键与主动轴相连，其外表面有六条弧形凹槽，形成内滚道。球形壳的内表面有相应的六条弧形凹槽，形成外滚道。六个钢球分别装在由六组内外滚道所对应的空间里，并被保持架限定在同一个平面内。动力由主动轴及星形套经钢球传到球形壳输出。

RF 型球笼万向节工作时六个钢球都参与传力，故承载能力强、磨损小、寿命长。允许的两轴相交角为 42°～47°，灵活性好。它被广泛应用于各种转向驱动桥和独立悬架的驱动桥。

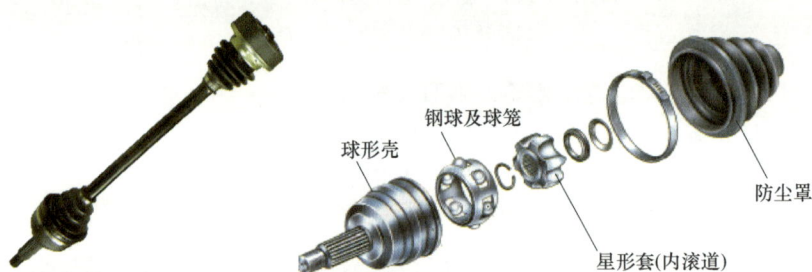

图 2-63　传动轴及 RF 型球笼万向节

② VL 型球笼万向节。如图 2-64 所示，VL 型球笼万向节的内外滚道是圆筒形的，在传递转矩过程中，星形套与筒形壳可以沿轴向相对移动，故可省去其他万向传动装置的传动轴中必须有的滑动花键。这不仅使结构简化，而且由于星形套与筒形壳之间的轴向相对移动是通过钢球沿内外滚道滚动来实现的，阻力较小。VL 型球笼万向节允许两轴最大交角为 15°～21°，轴向伸缩量可达 45mm，寿命长、强度高，不但满足了车轮转向性能的要求，还具有结构简单、尺寸小和重量轻等优点。

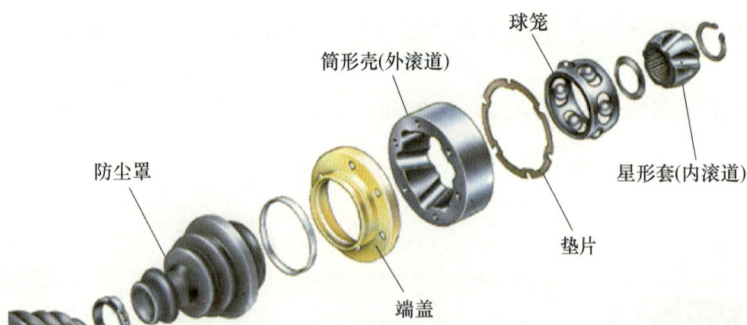

图 2-64　VL 型球笼万向节

2. 传动轴和中间支承

（1）传动轴　传动轴是万向传动装置中的主要传力部件。通常用来连接变速器（或分动器）和驱动桥，在转向驱动桥和断开式驱动桥中，则用来连接差速器和驱动轮。

传动轴有实心轴和空心轴之分。为了减小传动轴的质量，节省材料，提高轴的强度、刚度及临界转速，传动轴多为空心轴，一般用厚度为 1.5～3.0mm 且厚薄均匀的钢板卷焊而成，超重型载货汽车则直接采用无缝钢管。转向驱动桥、断开式驱动桥或微型汽车的传动轴通常制成实心轴。

传动轴过长时，自振频率会降低，易产生共振。为了防止传动轴的共振，常将其分成两段，并加中间支承，以提高传动轴的刚度。传动轴分成两段时，一般把前段称为中间传动轴，后段称为主传动轴。

（2）中间支承　中间支承应能补偿传动轴轴向和角度方向的安装误差，并能适应行驶过程中由于发动机窜动或车架变形所引起的位移。中间支承常用弹性元件来满足上述要求，它主要由轴承、带油封的轴承盖、支架和使轴承与支架间弹性连接的弹性元件组成。

三、万向传动装置的故障诊断

经长期使用后，万向节十字轴的轴颈、轴承、轴承孔、花键轴的键齿和滑动叉的键槽都会发生严重的磨损，会出现传动轴动不平衡、万向节与中间支承松旷、发响等故障。

（1）万向传动装置异响　汽车行驶中发出周期性的响声，车速越高响声越大。

1）故障原因：

① 十字轴、轴承磨损或滚针破碎（或钢球、内外滚道磨损、点蚀），花键配合副磨损，润滑不良。

② 各联接部位紧固螺栓松动。

③ 传动轴动不平衡值逾限。

④ 中间支承吊架紧固螺栓松动，轴承安装不到位，橡胶垫环损坏等。

2）故障诊断与排除：

① 用双手分别握住万向节主、从动部分转动，检查游动角度。游动角度太大，则故障由此引起。给万向节和轴承等处加注润滑脂，响声消失，则故障由缺油引起。

② 检查万向节凸缘盘等各部位联接螺栓是否松动，若有松动，则异响由此引起。

③ 检查传动轴动不平衡。

④ 检查中间支承吊架紧固螺栓和万向节凸缘盘联接螺栓是否松动，若有松动，则异响由此引起。松开夹紧橡胶垫环的所有螺钉，待传动轴转动数圈后再拧紧，若响声消失，则故障因为中间支承安装方法不当；否则，故障可能是由橡胶垫环损坏、轴承技术状况不佳或车架变形等引起的。

（2）车身抖动　汽车在行驶中发出周期性的响声，车速越高响声越大，并伴随有车身振动，手握转向盘有麻木感。

1）故障原因：

① 传动轴弯曲或传动轴管凹陷。

② 传动轴上的平衡片脱落。

③ 伸缩叉安装错位，造成传动轴两端的万向节叉不在同一平面内，不满足等角速传动条件。

④ 传动轴管与万向节叉焊接不正或传动轴未进行动平衡试验和校准。

2）故障诊断与排除：

① 检查传动轴管是否凹陷。有凹陷，则故障由此引起；无凹陷，则继续检查。

② 检查传动轴管上的平衡片是否脱落。如脱落，则故障由此引起；否则继续检查。

③ 检查伸缩叉安装是否正确。若不正确，则故障由此引起；否则继续检查。

④ 拆下传动轴进行动平衡试验。若动不平衡，则应校准，以消除故障；弯曲应校直。

四、万向传动装置的维护

一级维护时，应进行润滑和紧固作业。对万向节的十字轴、传动轴滑动叉、中间支承轴承等加注润滑脂（通常为锂基 2 号润滑脂）；检查传动轴各部螺栓和螺母的紧固情况，特别是万向节叉凸缘联接螺栓和中间支承支架的紧固螺栓等，应按规定的力矩拧紧。

二级维护时，应多方向检查十字轴轴承的间隙。十字轴轴承的配合应用手不能感觉出轴向移动量。对传动轴中间支承轴承，应检查其是否松旷及运转中有无异响，当其径向松旷超过规定或拆检轴承出现黏着磨损时，应更换中间支承轴承。

拆卸传动轴前，车辆应停放在水平的路面上，楔住汽车的前后轮，防止拆卸传动轴时汽车移动而造成事故。在每个万向节叉的凸缘上做好标记，以确保作业后的原位装复，否则极易破坏万向传动装置的平衡性，造成运转噪声和强烈振动。

拆卸传动轴时，应从传动轴后端与驱动桥连接处开始，先把与后桥凸缘联接的螺栓拧松取下；然后把与中间传动轴凸缘联接的螺栓拧下，拆下传动轴总成；接着，松开中间支承支架与车架的联接螺栓；最后拆下前端凸缘盘，拆下中间传动轴。

五、万向传动装置主要部件的检修

1. 传动轴的检修

传动轴的主要损伤形式有弯曲、凹陷或裂纹等，主要检修如下：

1）传动轴轴管不得有裂纹及严重的凹瘪，否则应更换传动轴。

2）检查传动轴弯曲程度。如图 2-65 所示，用 V 形架架起传动轴，使其水平，然后旋转，用百分表在轴的中间部位测量。径向圆跳动公差应符合规定，否则应更换或校正传动轴。

3）检查中间传动轴支承轴颈的径向圆跳动公差应不超过规定值，否则应修复或更换。

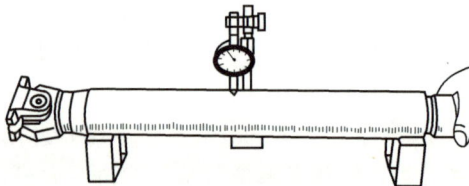

图 2-65　传动轴弯曲程度的检查

4）检查传动轴花键与滑动叉花键、凸缘叉与所配合花键的间隙，轿车应不大于 0.15mm，其他类型的汽车应不大于 0.30mm，装配后应能滑动自如。若超过限值，则应更换传动轴或滑动叉。

2. 万向节叉、十字轴及轴承的检修

1）检查万向节叉和十字轴不得有裂纹，否则应予以更换。

2）检查十字轴颈表面，若有疲劳剥落，磨损沟槽或滚针压痕深度超过规定值时，应予以更换。

3）检查发现滚针轴承的油封失效、滚针断裂、轴承内圈有疲劳剥落时，应予以更换。

4）检查十字轴与轴承的最小配合间隙应符合原厂规定，最大配合间隙应符合规定。

5）检查十字轴与轴承装入万向节叉后的轴向间隙，应符合规定。

3. 中间支承的检修

中间支承的常见故障是橡胶老化和轴承磨损所引起的振动和异响等。

1）检查中间支承轴承的旋转是否灵活，油封和橡胶衬垫是否损坏，否则应予以更换。

2）拆下中间支承前，可以在中间支承周围摇动传动轴，检查中间支承轴承的松旷程度，分解后可进一步检查轴承的轴向和径向间隙应符合原厂规定。

中间支承经使用磨损后，需及时检查和调整，以恢复其良好的技术状况。

4. 传动轴轴管焊接组合件的检修

传动轴轴管焊接组合件经修理后，原有的动平衡已不复存在。因此，传动轴轴管焊接组合件（包括滑动套）应重新进行动平衡试验。传动轴两端任一端的动不平衡量：轿车应不大于 10g/cm，其他车型应不大于表 2-11 的规定。传动轴轴管焊接组合件的平衡可在轴管的两端加焊平衡片，每端最多不得多于 3 片。

表 2-11　传动轴轴管焊接组合件的允许动不平衡量

传动轴轴管外径/mm	≤58	58~80	>80
允许动不平衡量/（g/cm）	30	50	100

【任务实施】

传动轴的拆装与检修

1. 任务准备

1）场地和设备准备：实训场地布置、汽车、举升设备、拆装工具、课件或微课视频。

2）分组：根据设备数量将学生分成 4~6 个组，每个组 6~8 人。

2. 任务步骤

1）各小组观看微课视频，可以课前完成。

2）老师演示传动轴的拆装过程，学生观看并记录步骤及要点。

3）学生分小组进行传动轴的拆装和维护，并完成工单填写。

3. 任务评价

教师根据表 2-12 中的任务评价内容及标准为学生打分。

表 2-12　任务评价内容及标准

序号	项目	操作内容	分值	评分标准	得分
1	准备	准备工具、清理工位、安装防护套等	5	酌情扣分	
2	拆装检修	拆卸万向传动装置	20	拆卸方法不正确扣 10 分，不做标记扣 10 分	
		检修万向传动装置	10	检修不正确每次扣 5 分	
		按顺序装配万向传动装置	20	装配后不能正常转动扣 10 分，装配流程不当扣 5~10 分	
		规范使用工具拆卸	10	操作不当扣 1~10 分	
		整齐摆放拆卸的零件，装配前清洗和润滑零件	10	零件或工具掉落扣 1~10 分	
3	完成时间	80min	10	超时 1~5min 扣 1~5 分 超时 5min 以上扣 10 分	

（续）

序号	项目	操作内容	分值	评分标准	得分
4	安全文明	无安全隐患，无不文明操作	5	未达标扣 1~5 分	
5	结束	工具清洁归位	5	漏一项扣 1 分，未做扣 5 分	
		清理工作场地	5	清洁不彻底扣 1~5 分，未做扣 5 分	
	总分		100		

▷ 【任务工单】

工作页 5　传动轴的拆装与检修

班级		姓名	
地点		日期	

一、资讯

1. 万向节按其在扭转方向是否有明显的弹性，可分为_____和_____。

2. 刚性万向节可分为_____、_____和_____。

3. 普通十字轴万向节两轴交角为_____。

4. 等角速万向节的基本原理是_____始终处于两轴交角的平分面上。

5. 拆卸万向节时，是否需要做好装配记号？_____。

6. 万向传动装置常见的故障有_____、_____、_____。

二、计划与决策

请查阅万向节信息，对小组成员进行合理分工，确定传动轴拆装计划。

1. 需要的车型：_____。

2. 小组成员分工：_____。

三、实施

1. 车辆或传动轴部件准备工作：_____、_____、_____等。

2. 车辆型号：_____。

3. 传动轴拆卸过程：_____

_____

_____

_____。

4. 万向节的类型_____；检修情况记录：_____

_____。

5. 总结传动轴在拆装过程中的注意事项：_____

_____。

【复习与思考】

一、判断题

1. 普通十字轴万向节输入轴和输出轴的夹角越大，则不等速度也越大。 （ ）

2. 球笼式万向节的传力钢球数比球叉式多，所以承载能力强、耐磨、使用寿命长。
（ ）

3. 要求按记号原位装复万向传动装置，其目的是为了安装方便。 （ ）

4. 传动轴弯曲或传动轴轴管凹陷会导致车身抖动，握转向盘的手有麻木感。 （ ）

二、选择题

1. 球叉式万向节每次传力时，（ ）。

A. 只有两个钢球传力   B. 只有三个钢球传力

C. 只有四个钢球传力   D. 五个钢球传力

2. 具有角度和距离双补偿功能的是（ ）。

A. 刚性十字轴万向节   B. RF 型球笼万向节

C. 球叉式万向节   D. VL 型球笼万向节

三、简答题

1. 十字轴万向节有何传动特点？如何实现等速传动？

2. 万向传动装置在安装时应注意哪些问题？

3. 万向传动装置常见的故障有哪些？并试述其故障现象及原因。

*4. 任务描述里提到的悬架摆臂断裂，导致传动轴断裂，通过查阅资料了解结构设计是否存在安全隐患？是否应对该款车辆进行召回，从而保障更多车主的行车安全？

任务六　驱动桥的检修

【任务描述】

有一辆车在 4S 店做常规维护时，接待人员细致询问车主行车环境，车辆在使用过程中存在哪些问题？客户反映，车辆在使用过程中底盘有异响。维修人员发现后驱动桥壳与主减速器壳体接合面处有油迹，检查判定是主减速器油封损坏所致。要为客户解决这个问题，你需要了解驱动桥的构造及其安装调试过程。

【学习目标】

知识目标	掌握驱动桥的功用、组成及类型 熟悉主减速器和差速器的工作原理 熟悉驱动桥的维护要求
技能目标	会对驱动桥进行调整 能对驱动桥常见故障进行正确的诊断并排除
素养目标	培养精益求精的工匠精神

⊡ 知识脉络图

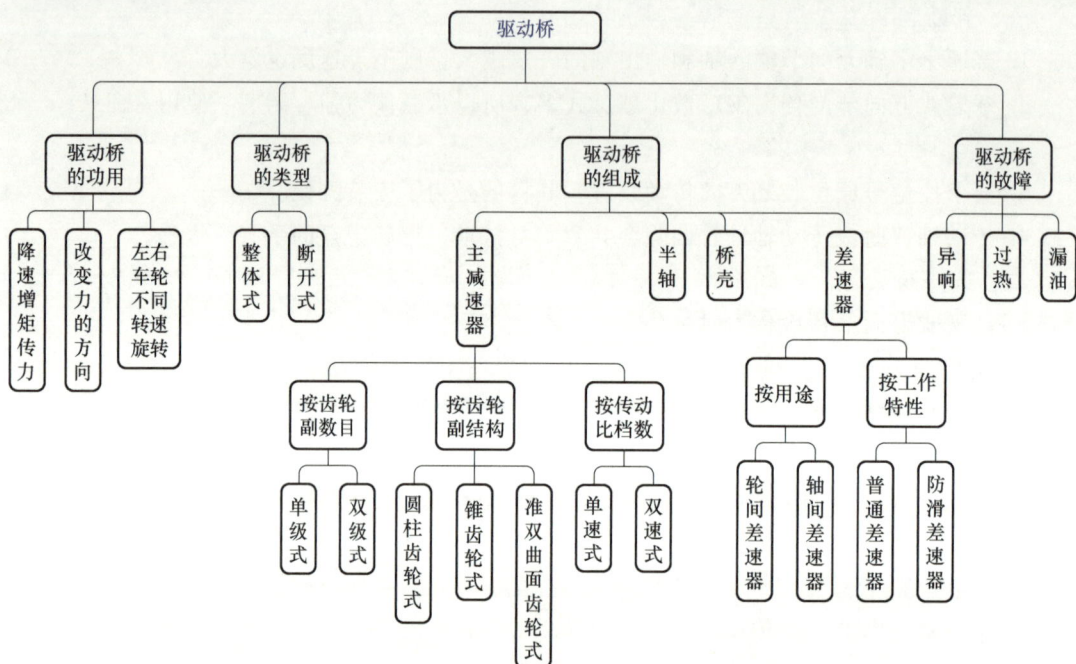

⊡ 【知识准备】

一、驱动桥的功用

驱动桥的功用是把万向传动装置（或变速器）传来的动力经降速增矩、改变动力传递方向（发动机纵置时）后，分配到左右驱动轮，使汽车行驶，并允许左右驱动轮以不同的转速旋转。

二、驱动桥的组成

驱动桥是传动系统的最后一个总成，其由主减速器、差速器、半轴和桥壳等组成，如图 2-66 所示。万向传动装置传来的动力依次经主减速器、差速器和半轴最后传给驱动轮。

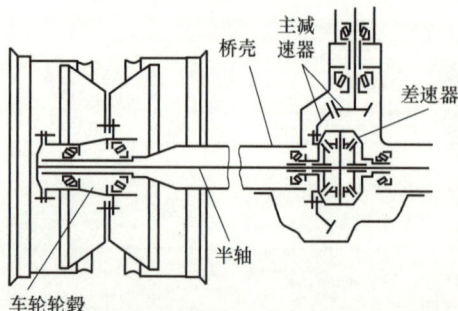

图 2-66 整体式驱动桥示意图

三、驱动桥的类型

驱动桥按悬架结构的不同，可分为整体式驱动桥和断开式驱动桥两种。

整体式驱动桥配用非独立悬架，如图 2-66 所示，其驱动桥壳为一刚性的整体，驱动桥两端通过悬架与车架连接，左右半轴始终在一条直线上，即左右驱动桥不能相互独立地跳动。当某一侧车轮因地面升高或下降时，整个驱动桥以及车身都要随之发生倾斜。

断开式驱动桥配用独立悬架，如图 2-67 所示。其主减速器固定在车架或车身上，两侧的车轮分别通过各自的弹性元件、减振器和摆臂组成的弹性悬架与车架相连。为适应车轮绕摆臂轴上下跳动的需要，差速器与车轮轮毂之间的半轴两端用万向节连接。其特点是两侧车轮可彼此独立地相对于车架上下跳动，提高了汽车的行驶平顺性和通过性。

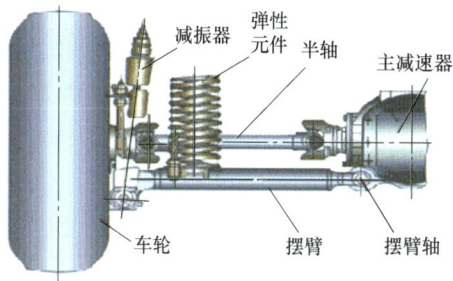

图 2-67　断开式驱动桥示意图

四、主减速器

1. 主减速器的功用与类型

主减速器的功用是把输入的转矩增大并相应降低转速，以及当发动机纵置时还具有改变旋转方向的作用。

按参加减速传动的齿轮副数目分，有单级式主减速器和双级式主减速器。在双级式主减速器中，若第二级减速器齿轮分置于两侧车轮附近，成为独立部件，此种称为轮边减速器。

按主减速器传动比档数分，有单速式和双速式。前者的传动比是固定的，后者有两个传动比供驾驶人选择，以适应不同行驶条件的需要。

按齿轮副结构形式分，有圆柱齿轮式、圆锥齿轮式和准双曲面齿轮式。圆柱齿轮式又可分为轴线固定式和轴线旋转式（即行星齿轮式）。

2. 主减速器的构造与工作原理

（1）单级主减速器　单级主减速器具有结构简单、体积小、重量轻和传动效率高等优点，所以轿车和一般轻、中型载货汽车均采用单级主减速器。

图 2-68 所示为单级主减速器，其由一对双曲面锥齿轮组成。主动锥齿轮与变速器输出轴制为一体，用轴承支承在变速器壳体内。环状的从动锥齿轮通过螺栓与差速器壳连接。差速器壳由一对轴承支承在变速器壳体上。主动锥齿轮轴上的双列圆锥滚子轴承的预紧度无须调整。从动锥齿轮圆锥滚子轴承的预紧度可通过调整垫片来调整。

图 2-68　单级主减速器

（2）双级主减速器　当汽车主减速器需要有较大的传动比时，若采用单级主减速器，难以保证足够的离地间隙，这时需采用双级主减速器。一般一级传动为一对螺旋锥齿轮，若传动比为 25/13 = 1.923；第二级传动为一对斜齿圆柱齿轮，若传动比为 45/15 = 3。主减速器的传动比等于两级齿轮传动比的乘积。

五、差速器

1. 差速器的功用与类型

（1）功用　差速器的功用是当汽车转弯行驶或在不平路面上行驶时，使左右驱动轮能以不同的转速滚动，即保证两侧驱动轮进行纯滚动运动。

当汽车转弯行驶时，内外两侧车轮中心在同一时间内移过的曲线距离不同，外侧车轮移过的距离大于内侧车轮，如图 2-69 所示。若两侧车轮都固定在同一刚性转轴上，两轮角速度相等，则此时外轮必然是边滚动边滑移，内轮必然是边滚动边滑转。同样，汽车在不平路面上直线行驶时，两侧车轮实际移过的曲线距离也不相等。即使路面非常平直，但由于轮胎制造尺寸的误差、磨损程度不同，承受的载荷不同或充气压力不等，各个轮胎的滚动半径实际上也不可能相等。因此，只要各车轮角速度相等，车轮对路面的滑动就必然存在。车轮对路

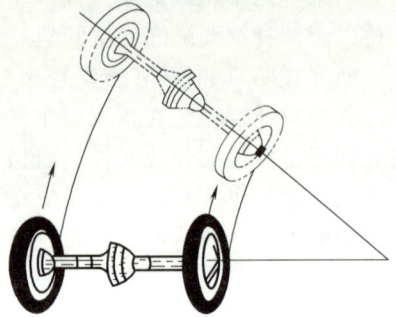

图 2-69　汽车转向时驱动轮运动示意图

面的滑动不仅会加速轮胎磨损，增加汽车的动力消耗，而且可能导致转向和制动性能的恶化。所以，在正常行驶条件下，应使车轮尽可能不发生滑动。为此，在汽车结构上装有差速器。

（2）类型

1）按用途分类。差速器可分为轮间差速器和轴间差速器两大类。

① 轮间差速器是指装在同一驱动桥两侧驱动轮之间的差速器，使两侧驱动轮可用不同角速度旋转，以保证其纯滚动状态。

② 轴间差速器是指装在各驱动桥之间的差速器。使各驱动桥有可能具有不同的输入角速度，以消除各桥驱动轮的滑动现象。

2）按工作特性分类。差速器可分为普通差速器和防滑差速器两大类。

2. 普通齿轮式差速器的构造与工作原理

普通齿轮式差速器有锥齿轮式和圆柱齿轮式两种。由于锥齿轮式差速器结构简单、紧凑，工作平稳，因此目前应用最为广泛。

（1）构造　图 2-70 所示为十字轴式行星锥齿轮差速器。它由四个行星齿轮、十字形行星齿轮轴、两个半轴齿轮、两个半差速器壳和垫片组成。主减速器第二级从动斜齿圆柱齿轮夹在两个半差速器壳之间，用螺栓将它们紧固在一起。十字轴的四个装配孔是左、右两个半差速器壳装合后加工成形，装配时不应周向错位。十字轴的四个轴颈嵌在两个半差速器壳端面半圆槽所形成的孔中，四个行星齿轮分别松套在十字轴的四个轴颈上。

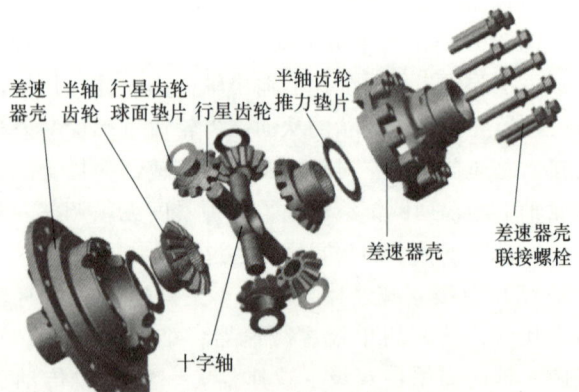

图 2-70　十字轴式行星锥齿轮差速器

两个半轴齿轮分别与四个行星齿轮啮合，以其轴颈支承在差速器壳中，并以花键孔与半轴连接。行星齿轮背面和差速器壳相应位置的内表面，均制成球面，以保证行星齿轮良好的对中性，使其与两个半轴齿轮能正确啮合。行星齿轮和半轴齿轮的背面与差速器壳之间装有推力垫片，用以减轻摩擦面间的摩擦和磨损，延长差速器的使用寿命。使用中还可以通过更换垫片来调整齿轮的啮合间隙。

差速器靠主减速器壳内的齿轮油来润滑，因此差速器壳上开有供润滑油进出的窗孔。工作时，传至差速器壳的动力依次经十字轴、行星齿轮和半轴齿轮传给半轴，再由半轴传给驱动轮。

在轻型载货汽车或轿车上，因传递的转矩较小，故可用两个行星齿轮，如图 2-71 所示。

图 2-71　行星锥齿轮差速器

（2）工作原理

1）差速器的运动特性。行星锥齿轮差速器的运动原理图如图 2-72a 所示，差速器壳 3 与行星齿轮轴 5 连成一体并由主减速器从动齿轮 6 带动一起转动，是差速器的主动件，设其转速为 n_0。半轴齿轮 1 和 2 为从动件，设其转速分别为 n_1 和 n_2。A、B 两点分别为行星齿轮 4 与半轴齿轮 1 和 2 的啮合点。C 点为行星齿轮 4 的中心。A、B、C 点到差速器旋转轴线的距离相等。

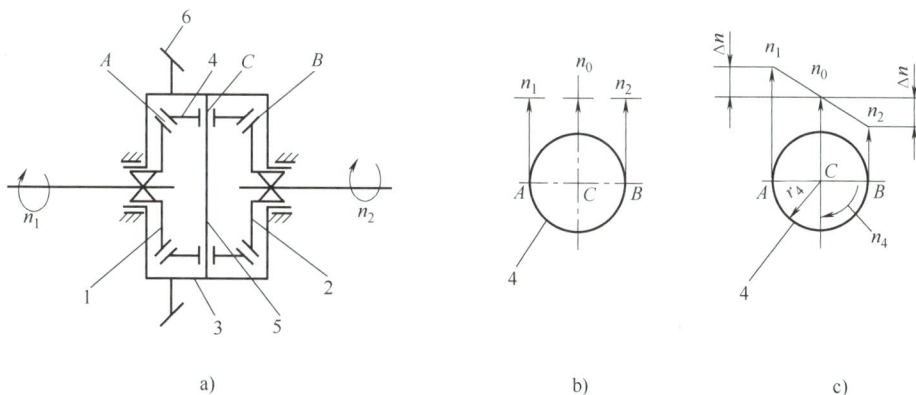

图 2-72　行星锥齿轮差速器运动原理图

1、2—半轴齿轮　3—差速器壳　4—行星齿轮　5—行星齿轮轴　6—主减速器从动齿轮

当两侧驱动轮没有滑转和滑移趋势，即两侧车轮转速相等，汽车直线行驶时两侧车轮所受的行驶阻力相等，通过半轴及半轴齿轮反作用于行星齿轮两啮合点 A、B 的力也相等。这时行星齿轮相当于一个等臂杠杆保持平衡，即行星齿轮不自转，而只能随行星齿轮轴 5 及差

速器壳 3 一起公转。所以，两半轴无转速差，如图 2-72b 所示，差速器不起差速作用，即 $n_1 = n_2 = n_0$，且 $n_1 + n_2 = 2n_0$。

当两侧车轮有滑转和滑移趋势时，两侧车轮所受的行驶阻力不再相等，通过半轴及半轴齿轮反作用于行星齿轮两啮合点的力也不相等。这样，将破坏行星齿轮的平衡，即行星齿轮除了随差速器壳一起公转外，还要绕行星齿轮轴自转。设其自转速度为 n_4，旋转方向如图 2-72c 所示，则半轴齿轮 1 的转速加快，而半轴齿轮 2 的转速减慢。因 $AC = CB$，所以半轴齿轮 1 转速的增加值等于半轴齿轮 2 转速的减小值。设半轴齿轮转速的增减值为 Δn，则两半轴的转速分别为

$$n_1 = n_0 + \Delta n \qquad n_2 = n_0 - \Delta n$$

这就是差速器的差速作用，即汽车在转弯或其他情况下行驶，两侧车轮有滑转和滑移趋势时，行星齿轮即发生自转。借行星齿轮的自转，使两侧车轮以不同的转速在地面上滚动。显然，此时仍有 $n_1 + n_2 = 2n_0$。差速器无论差速与否，两半轴齿轮转速之和始终等于差速器壳转速的两倍，而与行星齿轮自转速度无关。

2）差速器的转矩特性。行星锥齿轮差速器的转矩分配示意图如图 2-73 所示。设主减速器传至差速器壳的转矩 M_0 经行星齿轮轴和行星齿轮传给两半轴齿轮，两半轴齿轮的转矩分别为 M_1 和 M_2。

当行星齿轮不自转时，即 $n_4 = 0$，$M_T = 0$（M_T 为行星齿轮自转时，其内孔和背面所受的摩擦力矩），行星齿轮相当于一个等臂杠杆，均衡拨动两半轴齿轮转动。所以，差速器将转矩 M_0 平均分配给两半轴齿轮，即 $M_1 = M_2 = M_0/2$。

当行星齿轮按图 2-73 中 n_4 方向自转时（即 $n_1 > n_2$），行星齿轮所受的摩擦力矩 M_T 与其自转

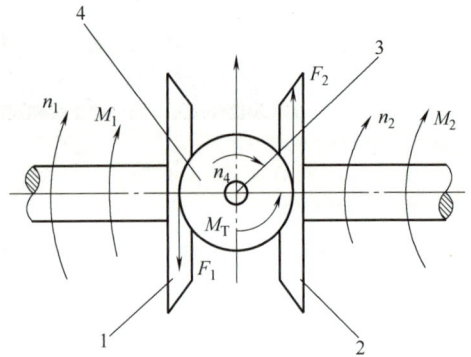

图 2-73　行星锥齿轮差速器的转矩分配示意图
1、2—半轴齿轮　3—行星齿轮轴　4—行星齿轮

方向相反，从而使行星齿轮分别对半轴齿轮 1、2 附加作用了大小相等而方向相反的圆周力 F_1 和 F_2。F_1 使传到转得相对快的半轴齿轮 1 上的转矩减小，而 F_2 却使传到转得相对慢的半轴齿轮 2 上的转矩增加，且 M_1 的减小值等于 M_2 的增加值，等于 $M_T/2$。由于差速器内部摩擦力矩 M_T 很小，可忽略不计，则

$$M_1 = M_2 = M_0/2$$

可见，无论差速器差速与否，行星齿轮差速器都具有转矩等量分配的特性。

当汽车的一个驱动轮处于泥泞的路面因附着力小而打滑时，路面只能对驱动轮作用一个很小的反作用力矩。由于差速器具有等量分配转矩的特性，此时附着力大的驱动轮也只能同样分配小的转矩，以至于总的驱动力不足以克服行驶阻力，所以会使汽车陷入泥泞的路中而不能行驶。为解决上述问题，有的汽车装用防滑差速器。

六、半轴与桥壳

1. 半轴

半轴的功用是把差速器传来的动力传给驱动轮。整体式驱动桥中的半轴为一刚性整轴，

而转向驱动桥和断开式驱动桥中的半轴则分段并用万向节连接。半轴内端一般制有外花键与半轴齿轮连接，其外端通过凸缘与车轮轮毂连接。

半轴的支承形式分为全浮式支承和半浮式支承两种，支承形式不同，其受力情况也不同。

全浮式半轴广泛应用于各型载货汽车上。半轴外端有半轴凸缘，用螺栓紧固在轮毂上。半轴内端用花键与差速器的半轴齿轮连接，半轴与桥壳没有直接联系。全浮式半轴支承便于拆装，只需拧下半轴凸缘上的螺栓，即可将半轴抽出，而车轮和桥壳照样能支承住汽车。

半浮式半轴通常用于承受载荷较小的轿车上。半轴内端用花键与差速器的半轴齿轮连接。半轴外端是锥形的，锥面上切有纵向键槽，最外端有螺纹，轮毂有相应的锥形孔与半轴配合，用键联接，并有螺母紧固。

2. 桥壳

驱动桥的桥壳是支承并保护主减速器、差速器和半轴等部件，使左右驱动轮的轴向相对位置固定，同从动桥一起支承车架及其上面的各种总成。汽车行驶时，承受由车轮传递的路面反力和力矩，并经悬架传给车架。驱动桥的桥壳需有足够的强度和刚度，重量轻，并便于主减速器的拆装和调整。

驱动桥壳可分为整体式桥壳和分段式桥壳两类。整体式桥壳的中部是一个环形的空心梁，两端压入钢制的半轴套管，并用止动螺钉限定其位置，半轴套管外端用以安装轮毂轴承。主减速器和差速器预先装合在主减速器壳内，然后用螺栓将其固定在空心梁的中部前端面上。空心梁后端面的大孔，供检查驱动桥内主减速器和差速器工作情况用。

分段式桥壳一般分为两段，由螺栓将两段连成一体，它由主减速器壳、盖和两个半轴套管及凸缘盘等组成。分段式桥壳比整体式桥壳易于铸造，加工简便，但维修不便。

七、驱动桥的常见故障

在驱动桥工作时，零件承受着不断变化的扭转力、径向力和轴向力，致使驱动桥的技术状况随行驶里程的增加而逐渐变坏。常见的故障有异响、过热和漏油等。

1. 异响

（1）故障现象　汽车行驶时驱动桥发出不正常的响声，可分为驱动时发出的异响、滑行时发出的异响及转弯行驶时发出的异响等。

（2）故障原因

1）润滑油油量不足、油质变差，特别是油内有较大的金属颗粒。

2）驱动桥内轴承损伤、严重磨损松旷或齿轮齿面磨损、点蚀，轮齿变形或折断。

3）主减速器齿轮副严重磨损，啮合面调整不当，啮合间隙太大或太小，啮合间隙不均匀或在维修中未成对更换齿轮副。

4）差速器壳与行星齿轮轴配合松动，行星齿轮轴孔与其轴磨损松旷。

5）半轴齿轮与行星齿轮啮合间隙过大或过小，或半轴齿轮与半轴花键配合松旷。

2. 过热

（1）故障现象　汽车行驶一段里程后，用手探试驱动桥壳中部或主减速器壳，有无法忍受的烫手的感觉。

（2）故障原因

1）润滑油变质、油量不足或牌号不符合要求。

2）轴承预紧度过大或齿轮啮合间隙过小，推力垫片与齿轮背隙过小。

3）油封过紧或各运动副、轴承润滑不良而产生干（或半干）摩擦。

3. 漏油

（1）故障现象　驱动桥加油螺塞、放油螺塞处或油封、各接合面处有明显的漏油痕迹。

（2）故障原因

1）加油螺塞、放油螺塞松动或损坏，通气孔堵塞。

2）油封磨损、硬化，油封装反，油封与轴颈磨成沟槽。

3）接合平面变形、加工粗糙，密封衬垫太薄、硬化或损坏，紧固螺栓松动或损坏。

4）壳体有铸造缺陷或裂纹。

八、驱动桥的维护

驱动桥的主要维护作业项目有外部清洁、检查紧固与调整。

1. 外部清洁

1）检视驱动桥是否漏油或有漏油的痕迹，根据油迹部位来诊断漏油原因。

2）清洁驱动桥外部，注意通气塞的清洁，使通气塞保持畅通。

2. 检查紧固

1）拆下驱动桥放油螺塞，放尽润滑油，拆下后盖。拆下主动锥齿轮凸缘联接螺栓，拆下主减速器总成。

2）将变速器置于空档位置，松开驻车制动器。

3）转动主减速器齿轮，检视齿轮表面有无损伤和不正常的腐蚀、从动锥齿轮是否松动。主、从动锥齿轮的疲劳剥落总面积不得大于齿面的 25%；轮齿的损坏不得超过齿长的 1/5 和齿高的 1/3，且数量不多于三个，也不相邻。

4）用百分表检查齿轮的啮合间隙。主、从动锥齿轮的啮合间隙应符合规定。

5）用百分表检查从动锥齿轮背面的轴向圆跳动量应符合规定，否则应成对更换。

6）检查差速器壳紧固螺栓是否齐全有效、锁止装置是否有效，然后按规定力矩拧紧。

7）检查差速器轴承盖紧固螺母是否齐全有效，按规定力矩拧紧。

8）检查、紧固主减速器壳的紧固螺栓和主动锥齿轮油封座紧固螺栓。

3. 主减速器和差速器的调整

（1）主减速器和差速器的调整项目与顺序

1）主动锥齿轮轴承预紧度的调整。

2）差速器轴承预紧度的调整。

3）主动锥齿轮与从动锥齿轮啮合印痕的调整。

4）主动锥齿轮与从动锥齿轮啮合间隙的调整。

先调整轴承预紧度，再调整齿轮的啮合。

（2）主减速器和差速器的调整步骤

1）主动锥齿轮轴承预紧度的调整。检查主动锥齿轮轴承预紧度是否符合要求，可用弹簧测力计测量转动凸缘盘的力矩，如图 2-74 所示，其读数应为 1.5~3.5N·m。主动锥齿轮轴承预紧度可用两轴承之间的调整垫片来调整。若所测得的力矩大于标准值，则说明轴承的预紧度过大，应增加调整垫片的厚度；反之，应减小调整垫片的厚度。

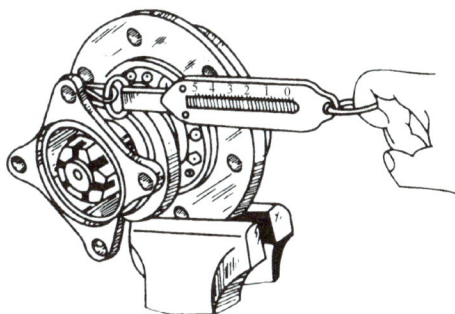

2）从动锥齿轮轴承预紧度的调整。从动锥齿轮固定在差速器壳上，从动锥齿轮轴承就是差速器轴承，调整从动锥齿轮轴承预紧度就是调整差速器轴承的预紧度。调整轴承预紧度时，慢慢转动两侧调整螺母，同时慢慢转动差速器总成，使滚柱处于正确位置。正确的预紧度可用转动差

图 2-74 测量主动锥齿轮轴承预紧力矩

速器总成的力矩来衡量。预紧度调整后，应将调整螺母用锁片锁住。

3）主、从动锥齿轮的啮合印痕和啮合间隙的检查与调整。主、从动锥齿轮啮合印痕和啮合间隙都是利用改变两齿轮装配中心距 A 和 B 来实现的，即通过两齿轮做轴向移动来调整。啮合印痕与啮合间隙既互相联系，又互相矛盾。当改变啮合印痕时，啮合间隙也随之变化，而改变啮合间隙，啮合印痕又随之变化。由此可见，在调整时两者难以同时达到理想状态。此时，应尽量保证啮合印痕，啮合间隙可适当大一点。但最大不能超过啮合间隙的极限值，否则应重新选配齿轮。

① 啮合印痕的检查与调整。在从动锥齿轮相隔120°的三处，每处取 2~3 个轮齿，在轮齿的正反面薄而均匀地涂上红丹油或氧化铅与机油的混合液，然后对从动锥齿轮略施压力转动数圈，观察齿面上所压的红色印痕是否正确。准双曲面齿轮啮合印痕如图 2-75 所示。按图 2-76 所示的规律进行调整，直至符合规定为止。

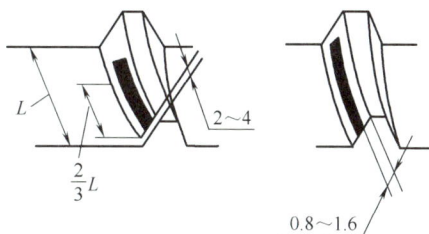

图 2-75 准双曲面齿轮啮合印痕

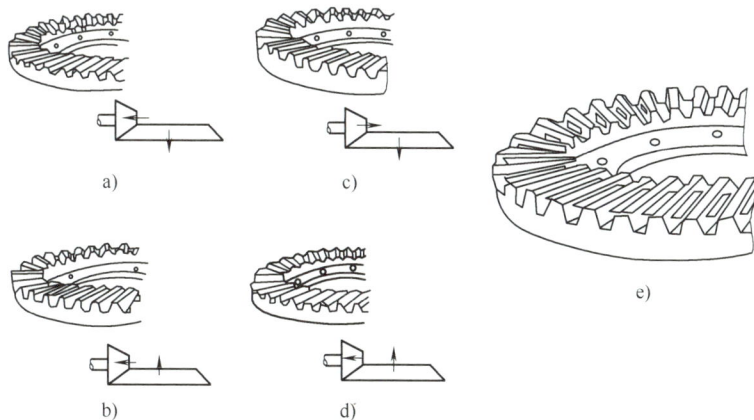

图 2-76 主、从动锥齿轮啮合印痕的调整方法
a）大端接触：主动锥齿轮移向从动锥齿轮 b）小端接触：主动锥齿轮离开从动锥齿轮
c）齿顶接触：主动锥齿轮移向从动锥齿轮 d）齿根接触：主动锥齿轮离开从动锥齿轮 e）正常接触

② 啮合间隙的检查与调整。把百分表抵在从动锥齿轮轮齿大端的凸面，对圆周均匀分布的不少于四个齿进行测量，如图 2-77 所示。或将一根细熔丝放在从动锥齿轮齿面上，转动齿轮挤压熔丝，熔丝的厚度值为啮合间隙值。

通过移动从动齿轮的位置可以调整啮合间隙，当啮合间隙过大时，应使从动齿轮靠近主动齿轮，反之则相反移动。拧动差速器轴承调整螺母可调整从动齿轮的位置，为保持差速器轴承的预紧度不变，一端调整螺母拧松多少，另一端调整螺母则相应拧紧多少。

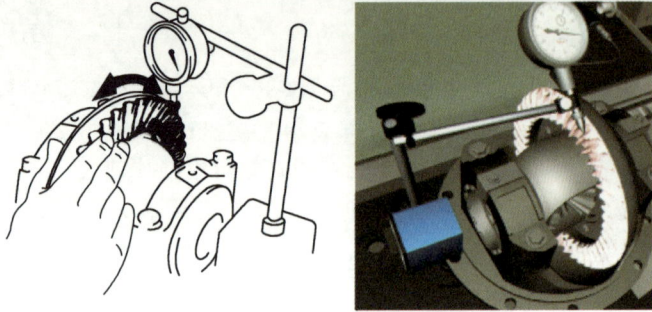

图 2-77　主、从动锥齿轮啮合间隙的检查

4. 驱动桥主要零部件的检修

（1）主减速器锥齿轮副　主减速器主、从动锥齿轮轮齿应无裂纹及明显的剥落现象，齿端缺损不得超过齿长的 1/10 或齿高的 1/5，否则应成对更换主、从动锥齿轮。

（2）差速器　行星齿轮和半轴齿轮应无裂纹、齿面疲劳剥落面积应不大于 15%，齿厚磨损量应不大于 0.2mm，齿轮背面不得有明显的磨损沟槽，否则应予以更换。

1）行星齿轮轴轴颈与行星齿轮内孔的配合间隙大于 0.4mm，或与差速器壳体轴承孔配合松动，应更换行星齿轮轴。

2）行星齿轮与差速器壳的间隙、半轴齿轮与差速器壳的间隙均应符合规定，否则应更换球形止推垫片。

3）差速器支承轴承出现疲劳剥落及烧蚀、轴承外圈与壳体配合松动、里程表驱动齿轮及从动锥齿轮磨损严重、锁紧套筒不能良好锁止等，均应更换新件。

差速器壳体出现裂纹、轴承轴颈磨损与轴承配合松动，应更换新件。

（3）主减速器壳

1）壳体应无裂损，各部位螺纹的损伤不得多于两牙，否则应更换新件。

2）差速器左、右轴承孔同轴度公差应符合规定。

3）圆柱主动齿轮轴承（或侧盖）孔轴线及差速器轴承孔轴线对减速器壳前端面的平行度公差应符合规定。

4）主减速器壳纵轴线对横轴线的垂直度公差应符合规定。

（4）桥壳与半轴套管

1）桥壳和半轴套管不允许有裂纹存在。各部螺纹损伤不得超过两牙。

2）钢板弹簧座定位孔的磨损不得大于规定值，超限时先进行补焊，然后按原位置重新钻孔。

3）整体式桥壳以半轴套管的两内端轴颈的公共轴线为基准，两外端轴颈的径向圆跳动误差超过一定值时应进行校正，校正后的径向圆跳动误差不得大于规定值。

4）分段式桥壳以桥壳的接合圆柱面、接合平面及另一端内锥面为基准，轮毂的内外轴颈的径向圆跳动误差超过规定值时应进行校正，校正后的径向圆跳动误差不得大于规定值。

5）桥壳轴承孔与半轴套管的配合及伸出长度应符合原厂规定。

6）滚动轴承与桥壳的配合应符合原厂规定。

（5）半轴

1）半轴应进行隐伤检查，不得有任何形式的裂纹存在。

2）半轴花键应无明显的扭转变形。

3）半轴花键的侧隙增大量不得大于规定值。

⏩〉〉【任务实施】

主减速器的检查与调整

1. 任务准备

1）场地和设备准备：实训场地布置、驱动桥总成、拆装测量工具、课件或微课视频。

2）分组：根据设备数量将学生分成 4~6 个组，每个组 6~8 人。

2. 任务步骤

1）各小组观看微课视频，可以课前完成。

2）老师演示主减速器的调整过程，学生观看并记录步骤及要点。

3）学生分小组进行主减速器的拆装与调整，并完成工单填写。

3. 任务评价

教师根据表 2-13 中的任务评价内容及标准为学生打分。

表 2-13　任务评价内容及标准

序号	项目	操作内容	分值	评分标准	得分
1	准备	清点工具、清理工位	5	酌情扣分	
2	拆装	按流程进行主减速器的拆装	20	拆装顺序不当扣 1~20 分	
		检查与调整主减速器轴承预紧度	10	判断不正确扣 5 分，操作不当扣 1~10 分	
		检查与调整主减速器啮合印痕	10	判断不正确扣 5 分，操作不当扣 1~10 分	
		检查与调整主减速器齿轮啮合间隙	10	判断不正确扣 5 分，操作不当扣 1~10 分	
		整齐摆放拆卸的零件	10	零件或工具掉落扣 1~10 分	
		装配前清洗和润滑零件	10	操作不当扣 1~10 分	
3	完成时间	60min	10	超时 1~5min 扣 1~5 分 超时 5min 以上扣 10 分	
4	安全文明	设备和人员都安全、无安全隐患	5	未达标扣 1~5 分，有安全事故此项不得分	
5	结束	工具清洁归位	5	漏一项扣 1 分，未做扣 5 分	
		清理工作场地	5	清洁不彻底扣 1~5 分，未做扣 5 分	
		总分	100		

【任务工单】

工作页6 主减速器的检查与调整

班级		姓名	
地点		日期	

一、资讯

1. 主减速器的组成包括 _____。

2. 主减速器的作用是 _____。

3. 为保持差速器轴承的预紧度不变，应一端调整螺母拧松多少，_____。

4. 主减速器有哪些调整项目? _____。

5. 怎样调整主、从动锥齿轮的轴承预紧度、啮合印痕和啮合间隙?

二、计划与决策

请查阅驱动桥信息，对小组成员进行合理分工，确定主减速器调整计划。

1. 需要的驱动桥类型: _____。

2. 小组成员分工: _____。

三、实施

1. 驱动桥准备工作: _____、_____、_____、_____等。

2. 驱动桥型号: _____。

3. 主减速器的拆装注意点: _____

_____

_____。

4. 主减速器检查情况记录:

　　主动齿轮预紧度: _____; 啮合印痕位置: _____;

　　啮合间隙: _____; 间隙标准: _____。

5. 主减速器调整时的注意事项: _____

_____。

【复习与思考】

一、判断题

1. 双级主减速器就是具有两对齿轮传动副的主减速器。　　　　　　　　（　　）

2. 差速器的主要作用是，汽车在转向行驶时，防止左右两驱动轮以不同转速旋转。

（　　）

3. 凡轮毂轴承直接装在半轴上的支承形式称为半浮式半轴。 （　　）

二、选择题

1. 差速器的运动规律是，设一个半轴齿轮的转速为 n_1，另一个半轴齿轮的转速为 n_2，差速器壳的转速为 n_0，则（　　）。

A. $n_1 + n_2 = n_0$　　　　B. $n_1 + n_2 = 2n_0$　　　C. $n_2 - n_1 = n_0$　　　D. $n_1 - n_2 = n_0$

2. 装用普通行星齿轮差速器的汽车，当一个驱动轮陷入泥泞地时，汽车难以驶出的原因是（　　）。

A. 该轮无转矩作用　　　　　　　　　B. 好路面上的车轮得到与该轮相同的小转矩

C. 此时两车轮转向相反　　　　　　　D. 差速器不工作

三、简答题

1. 驱动桥的功用是什么？它由哪几部分组成？其动力是如何传递的？

2. 汽车为什么要设差速器？并简述差速器的工作原理。

3. 驱动桥常见的故障有哪些？产生的主要原因是什么？

项目三

行驶系统检修

本项目主要介绍汽车行驶系统各部件的结构、工作原理、常见故障以及检修方法，包括四个任务。

任务一　行驶系统的认知

【任务描述】

客户李先生的车通过目测有较明显的倾斜，询问后得知李先生最近经常给山上的农家送货，路况比较颠簸，汽车经过长期行驶后，行驶系统的主要零部件会出现变形、裂纹、磨损，连接件出现松动，橡胶垫老化破损，这些情况都会使汽车的乘坐舒适性和行驶安全性下降。你会对行驶系统进行检查与维护吗？

【学习目标】

知识目标	掌握行驶系统的功用、组成及类型
技能目标	会进行行驶系统的基本检查
素养目标	培养精益求精的工匠精神

知识脉络图

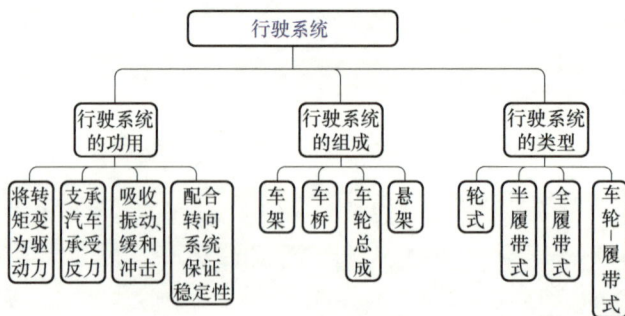

【知识准备】

一、汽车行驶系统的功用

1）接收发动机（电动机）经传动系统传来的转矩，利用驱动轮与路面之间的附着作用产生驱动力，以保证汽车正常行驶。

2）支承汽车的总质量，承受、传递路面作用于车轮上的各向反力及其所形成的力矩。

3）吸收振动、缓和冲击，保证汽车平顺行驶。

4）与汽车转向系统配合工作，实现汽车行驶方向的正确控制，以保证汽车操纵稳定性。

二、汽车行驶系统的组成

轮式汽车行驶系统一般由车架、车桥、车轮总成和悬架组成，如图3-1所示。车架1是全车装配与支承的基础，它把汽车的各相关总成连接成一个整体，并与行驶系统其他部件共同支承汽车的质量，驱动轮4和从动轮5（车轮总成）分别安装在驱动桥3和从动桥6上，支承着车桥和汽车。为了减少汽车在行驶中受到的各种冲击和振动，车桥与车架之间通过后悬架2和前悬架7进行连接。

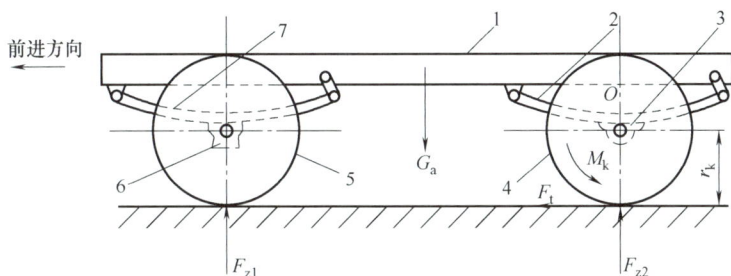

图 3-1　轮式汽车行驶系统的组成和受力情况

1—车架　2—后悬架　3—驱动桥　4—驱动轮　5—从动轮　6—从动桥　7—前悬架

（1）车架　汽车的车架俗称"大梁"，通过悬架装置安装在车桥上，用于安装汽车的各总成和部件，并使它们保持正确的相对位置；同时，承受来自车上和地面的各种载荷。

（2）车桥　车桥通过悬架与车架相连，两端安装车轮，用于传递车架与车轮之间的各种力和力矩。

（3）车轮总成　车轮总成包括车轮与轮胎，简称为车轮或轮胎，位于汽车车身与路面之间，功用是支承汽车和装载的质量，吸收和缓冲汽车行驶时受到的路面冲击和振动，通过轮胎与路面之间存在的附着作用来产生驱动力和制动力，承担越障和起到提高通过性的作用等。

（4）悬架　汽车悬架是车架（或车身）与车桥（或车轮）之间一切传力连接装置的统称，一般都由弹性元件、减振器、导向机构和横向稳定杆等组成。

三、汽车行驶系统的类型

汽车行驶系统的结构形式因车型及行驶条件而不同。汽车行驶系统除了上述轮式行驶系统外，还有半履带式、全履带式、车轮-履带式等类型。

半履带式行驶系统的前桥装有滑橇或车轮，用来实现转向，后桥装有履带，主要用在雪地或沼泽地带行驶。全履带式汽车的前后桥上都装有履带，使汽车的软地面通过能力进一步提高。车轮-履带式行驶系统的履带可拆卸，不装履带时为轮式行驶系统，加装履带后为全履带式行驶系统。

四、汽车行驶系统的受力分析

汽车行驶系统的受力情况分析如图 3-1 所示。在垂直方向上，受到汽车的总重力 G_a，并通过车架、悬架、车桥和车轮传到地面，同时引起的地面垂直反力 F_{z1}、F_{z2} 分别作用于前后车轮上；在水平方向上，发动机或电动机输出的动力通过传动系统传到驱动轮上，产生转矩 M_k，通过轮胎与地面的附着作用，产生推动汽车前进的纵向反力 F_t，此力称为汽车的驱动力；汽车在制动时，产生一个与 M_k 方向相反的制动力矩，作用于车轮上产生一个与汽车行驶方向相反的制动力，迫使汽车减速或停车。

汽车的驱动力 F_t 须克服滚动阻力、空气阻力、坡道阻力、加速阻力之和时，汽车才能保持前进。

五、汽车行驶系统的维护

汽车经过长期行驶后，行驶系统的主要零部件会出现变形、裂纹、磨损，连接件出现松动，橡胶垫老化破损，使汽车的乘坐舒适性和行驶安全性下降。因此，应定期对行驶系统进行检查与维护。

1. 检查车辆的倾斜

目测检查车辆的倾斜情况，如图 3-2 所示。

2. 检查减振器

1）就车检查减振器的减振效果。摇晃车辆，测试减振器的工作状况，如图 3-3 所示，首先进行悬架就车测试，将车辆反复摇动三次或四次，每次推力尽量相同。回弹时注意减振器的阻力和车身回弹的次数。若松手后回弹 1~2 次，车身立即停止回弹，且左右两侧的回弹次数相同，则表明减振器正常。

图 3-2　目测检查车辆的倾斜情况

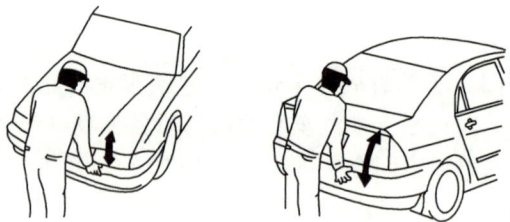

图 3-3　就车检查减振器的减振效果

2）检查螺旋弹簧是否损坏。检查弹簧保护漆层是否有腐蚀、刮伤、划痕或麻点的现象，弹簧座圈上的橡胶垫是否有老化变形或损坏，如图 3-4 所示。

3）检查减振器是否有漏油、老化、变形和破裂等现象，如图 3-5 所示。

4）检查减振器上是否有凹痕，橡胶防尘套和限位块是否有裂纹、老化、破损或其他损坏，减振器上下安装点是否有松动。

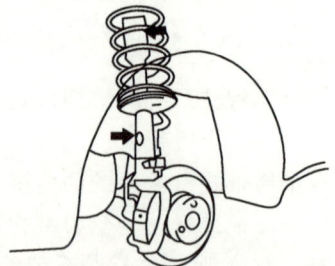

图 3-4　检查螺旋弹簧

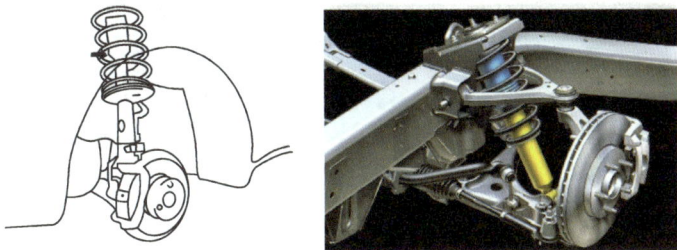

图 3-5　检查减振器

3. 检查横向稳定杆

检查横向稳定杆有无弯曲变形，支承处拉杆是否移位和有无间隙，衬套是否老化、有无裂痕、损坏，连接是否良好。

4. 检查车轮与轮胎

1）检查轮胎胎面和胎壁是否有裂纹、割痕或其他损坏，如图 3-6a 所示。

2）检查轮胎的胎面和胎壁是否嵌入金属颗粒、石子或者其他异物，清洁轮胎，如图 3-6b 所示。

3）用轮胎气压表检查轮胎气压，如图 3-7 所示。

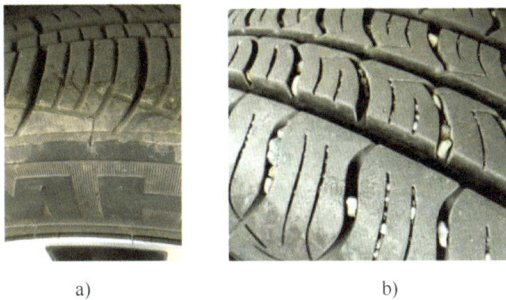

a)　　　　　　　　　　b)

图 3-6　检查轮胎

a）检查裂纹和损坏　b）检查嵌入的异物

图 3-7　检查轮胎气压

4）检查气压后，通过在气门周围涂肥皂水的方式检查轮胎是否漏气。

5）用轮胎深度规测量轮胎胎面花纹的深度，若低于1.6mm，应更换轮胎；或经检查露出磨损极限标志，也应更换轮胎，如图 3-8 所示。

6）检查轮胎花纹是否有异常磨损，检查轮胎的整个外围是否有不均匀磨损或者阶段磨损，主要检查是否存在单侧磨损、双侧磨损、中间磨损、羽状磨损以及环状槽形磨损等。图 3-9 所示为常见的轮胎异常磨损形式。

图 3-8　检查轮胎花纹深度

7）检查车轮轮辋和轮辐是否损坏、腐蚀、变形和跳动。

8）按上述步骤对备用轮胎进行相应的检查。

图 3-9　常见的轮胎异常磨损形式

a）中间磨损　b）双侧磨损　c）单侧磨损　d）羽状磨损　e）环状槽形磨损

5. 检查悬架下摆臂

1）用手摇晃检查下摆臂衬套是否磨损或者有裂纹，检查是否摆动，连接是否牢固。

2）检查下摆臂球头是否有垂直游隙和滑动间隙，如图 3-10 所示。

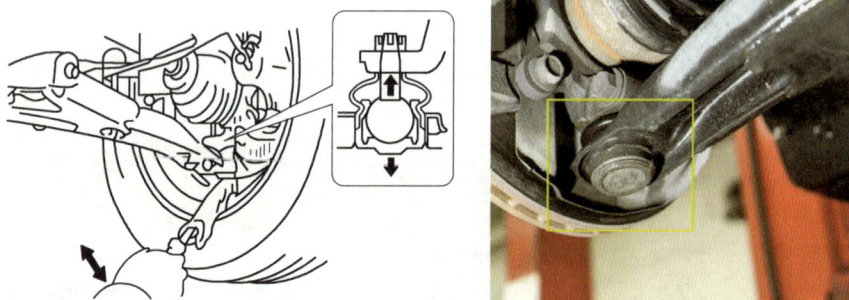

图 3-10　检查下摆臂球头

3）检查下摆臂有无裂纹、变形或损坏，衬套有无破损老化、裂纹，球头销防尘套是否损坏，如图 3-11 所示。

6. 检查车轮轴承

1）检查车轮轴承是否松旷，如图 3-12 所示。

2）检查车轮轴承转动状况和是否有异响，如图 3-13 所示。

7. 检查传动轴

检查传动轴防尘罩是否有裂纹，有无润滑脂溢出。

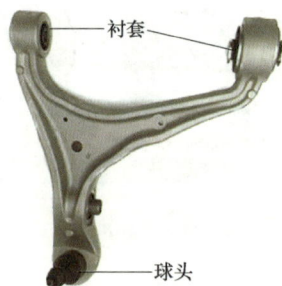

图 3-11　检查悬架下摆臂

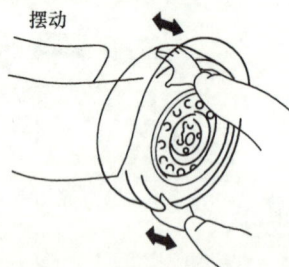

图 3-12　检查车轮轴承是否松旷

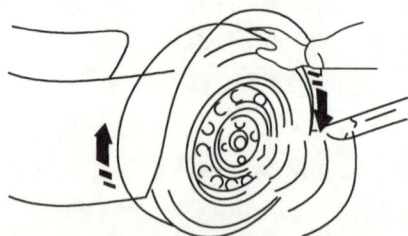

图 3-13　检查车轮轴承转动状况

⏩【任务实施】

行驶系统的认知与检查

1. 任务准备

1）场地和设备准备：实训场地布置、汽车、举升设备、课件或微课视频。

2）分组：根据设备数量将学生分成 4~6 个组，每个组 6~8 人。

2. 任务步骤

1）老师演示或播放视频，行驶系统的认知，学生观看并记录。

2）学生分小组对不同类型的车辆进行行驶系统认知，并完成工单填写。

3. 任务评价

教师根据表 3-1 中的任务评价内容及标准为学生打分。

表 3-1　任务评价内容及标准

序号	项目	操作内容	分值	评分标准	得分
1	准备	清理工位	5	酌情扣分	
		车辆举升准备：查看举升设备的完好性	5	操作不当扣 5 分	
2	观察	行驶系统组成部件：车架、车桥、车轮、悬架	20	认知错误，每次扣 5 分	
3	检查	检查减振器	10	检查不当扣 1~10 分	
		检查轮胎	10	检查不当扣 1~10 分	
		检查横向稳定杆	10	检查不当扣 1~10 分	
		检查车轮轴承	10	检查不当扣 1~10 分	
		检查悬架下摆臂	10	检查不当扣 1~10 分	
4	完成时间	20min	10	超时 1~5min 扣 1~5 分 超时 5min 以上扣 10 分	
5	安全文明	无安全隐患，无不文明操作	5	未达标扣 1~5 分	
6	结束	清理工作场地	5	清洁不彻底扣 1~5 分，未做扣 5 分	
		总分	100		

【任务工单】

工作页 1　行驶系统的认知与检查

班级		姓名	
地点		日期	

一、资讯

1. 汽车行驶系统的功用是 _____

_____。

2. 汽车行驶系统包括的部件有 _____、_____、_____、_____。

二、计划与决策

请查阅相关车型信息，对小组成员进行合理分工，确定行驶系统的检查计划。

1. 需要的车型：_____

2. 小组成员分工：_____

三、实施

1. 用举升器将汽车举到适当高度并锁止。

2. 观察行驶系统各部件位置，简单写出各部件的基本功用。

车架：_____

车桥：_____

车轮总成：_____

悬架：_____

3. 检查行驶系统各部件是否泄漏或破损，并记录检查结果。

1）检查减振器是否漏油。　　□是　□否

2）检查轮胎是否正常磨损。　□是　□否

3）检查横向稳定杆是否正常。□是　□否

4）检查车轮轴承是否正常。　□是　□否

5）检查悬架下摆臂是否正常。□是　□否

4. 车辆复位与清洁

1）解除举升器保险，降下车辆。

2）清洁工位。

【复习与思考】

一、判断题

1. 轮式行驶系统一般由车架、前桥、后桥和悬架等组成。　　　（　　）

2. 所有汽车的悬架组成都包括弹性元件。　　　　　　　　　　（　　）

二、选择题

1. 采用非独立悬架的汽车，其车桥一般是（　　）。

A. 断开式　　　B. 整体式　　　C. 断开式、整体式均可　　D. 其他形式

2. 汽车制动时，前后轴载荷的变化是（　　）。

A. 前轴载荷增加　B. 后轴载荷增加　　C. 前轴载荷减小　　　D. 后轴载荷不变

任务二　车架和车桥的检修

【任务描述】

客户新购置了一辆轿车，在行驶中发现打了转向盘后松手，车子会自动回正，感觉很惊喜。在行驶 1500km 后来店里做新车维护，维修技师发现前轮偏磨有点严重，经检查确定是前轮前束与前轮外倾不匹配造成的。你知道车辆的自动回正和轮胎偏磨是什么原因造成的吗？

【学习目标】

知识目标	掌握车架的功用、类型与构造 掌握车桥的功用、类型与构造 掌握车轮定位参数的功用
技能目标	会进行车轮定位测量与调整
素养目标	培养操作规范的工作作风 培养精益求精的工匠精神

知识脉络图

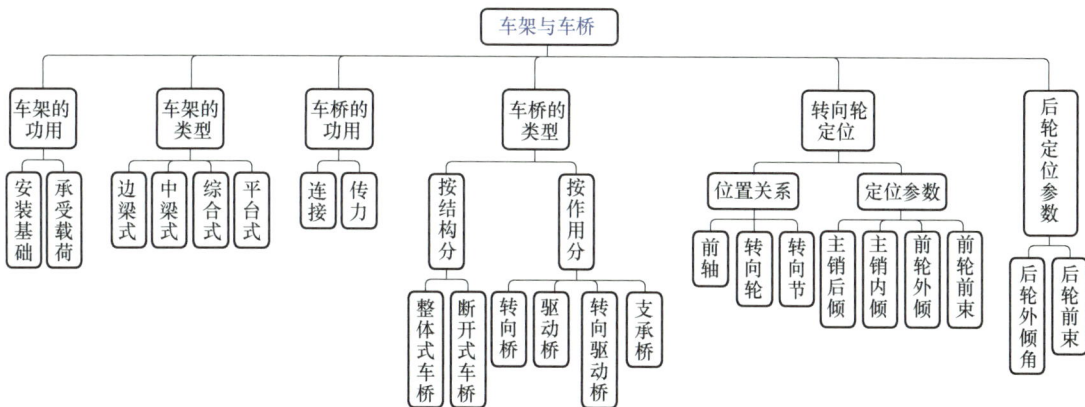

【知识准备】

一、车架的功用与结构

1. 车架的功用

车架是整个汽车的安装基础，其功用是用于安装汽车的各总成和部件，并使它们保持正确的相对位置；同时承受来自车上和地面的各种载荷。

2. 车架的要求

车架是整个汽车的安装基础，承受来自汽车内外的各种载荷，应满足以下要求：具有足

够的强度、适合的刚度；满足汽车总体布置的要求，结构简单；降低汽车质心和获得大的转向角，以提高汽车行驶的稳定性和机动性。

3. 车架的类型与结构

汽车车架按其结构形式可分为边梁式、中梁式、综合式和平台式等几种类型。其中，边梁式应用较普遍，由两根位于两边的纵梁和若干根横梁组成，是用铆接或焊接的方法连接而成的坚固的刚性构架，如图 3-14 所示。纵梁常用低碳合金钢板冲压而成，采用抗弯能力较强的槽形断面，也有的制成 Z 形或箱形断面。有些汽车的纵梁在受力最大的区段或全长采用封闭式断面（箱形或管形），以提高其抗扭刚度。

许多轿车和公共汽车没有单独的车架，而以车身代替车架，主要部件连接在车身上，这种车身称为承载式车身，图 3-15 所示为轿车的承载式车身。

车架构造

图 3-14 汽车边梁式车架

车顶纵梁
发动机挡板
门槛
发动机固定架
底板加强梁

图 3-15 轿车的承载式车身

二、车桥的功用与构造

1. 车桥的功用

车桥通过悬架与车架相连，两端安装车轮，其功用是传递车架与车轮之间的各种力和力矩。

2. 车桥的类型

1）按配用悬架的结构不同，车桥可分为整体式和断开式两种。整体式车桥的中部是刚性实心或空心梁，与非独立悬架配用；断开式车桥为活动关节式结构，与独立悬架配用。

2）按车桥上车轮的作用不同，车桥可分为转向桥、驱动桥、转向驱动桥和支承桥四种类型。转向桥是指用于承载，且起转向作用的车桥，如后轮驱动汽车中的前桥。驱动桥是指用于承载，且起驱动作用的车桥。转向驱动桥是指用于承载、转向和驱动的车桥，如前轮驱动汽车的前桥。支承桥是指只起支承作用的车桥，如前轮驱动汽车的后桥。

3. 车桥的构造

（1）转向桥 汽车的前桥一般是转向桥，其功用是利用转向节的摆动使安装在前端的左右车轮偏转一定的角度来实现转向。转向桥主要由前轴、转向节和主销等部分组成。按前轴的断面形状不同可分为工字梁式转向桥和管式转向桥两种。

1）工字梁式转向桥。如图 3-16 所示，作为主体零件的前轴是用钢材锻造的，其断面形状通常做成工字形，以提高抗弯强度。前轴在两端加粗的拳部有通孔，通过主销与转向节连接。中部下凹使发动机的位置降低，进而降低质心，扩展驾驶人视野，并减小传动轴与变速器输出轴之间的夹角。下凹部分两端的加宽平面，用以安装钢板弹簧。

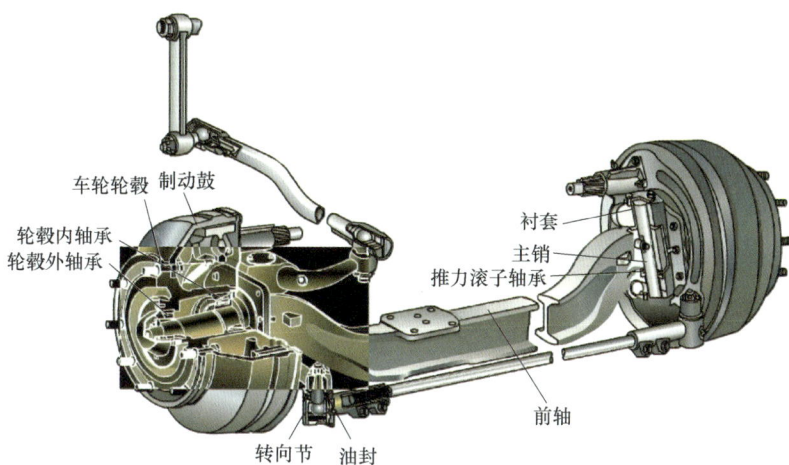

图 3-16　工字梁式转向桥

　　转向节两耳部有通孔，通过主销与前轴连接。转向节可绕转向主销偏转，使车轮偏转，从而实现汽车的转向。转向节内端两耳部通孔内压入减摩衬套，销孔端部用盖板加以封住，并通过转向节上的滑脂嘴注入润滑脂。为使转向灵活轻便，在转向节下耳与前轴拳部之间装有推力滚子轴承。转向节上耳与前梁拳部之间装用调整垫片，用来调整转向节的轴向间隙。转向节根部有一方形凸缘，用以固定制动底板。

　　车轮轮毂通过内外两个推力滚子轴承套装在转向节轴颈上，轮毂轴承的松紧度可以由调整螺母加以调整。轮毂内侧装有油封，以防润滑油进入制动器内。

　　2）管式转向桥。管式转向桥的前轴两端的拳耳与一无缝钢管焊接成一体。这种结构重量轻，加工制造时无须用大型的锻压设备。在转向节上耳的油嘴处注入润滑脂，由油孔进入主销和衬套之间的摩擦表面进行润滑。

　　（2）转向驱动桥　越野汽车、前轮驱动汽车和全轮驱动汽车的前桥，既起转向桥的作用，又起驱动桥的作用，故称为转向驱动桥。

　　转向驱动桥既具有一般驱动桥所具有的主减速器、差速器和半轴，又具有一般转向桥所具有的转向节轴颈和主销等。为保证既能转向又能驱动，与车轮相连的半轴必须分成两段：内半轴（与差速器相连）和外半轴（与轮毂相连），两者之间用等速万向节连接。另外，主销也同样分制成上下两段，固定在万向节的球形支座上，转向节轴颈制成中空的，以便外半轴通过。

　　目前，许多现代轿车采用了发动机前置前轮驱动的布置形式，转向驱动桥多与麦弗逊式独立悬架配合使用，如图 3-17 所示。支柱座上端直接与车身连接，下端通过下摇臂与固定在车身上的副车架铰接，支柱孔内装有轮毂轴承，轮毂压配在轮毂轴承孔中。从发动机来

图 3-17　与麦弗逊式独立悬架配用的转向驱动桥

的动力经主减速器和差速器至左右内等角速万向节和左右两半轴，到左右外等角速万向节，再到左右外半轴凸缘，最后经轮毂带动驱动轮旋转。

三、车轮定位

为保证汽车直线行驶的稳定性、转向轻便性以及转向后能自动回正，减少轮胎和其他机件的损耗，汽车的转向轮、转向节和前轴三者与车架之间的安装应保持一定的相对位置关系，这种安装位置关系称为转向轮定位。

通常，转向轮定位就是指前轮定位，转向轮定位参数包括主销后倾、主销内倾、前轮外倾和前轮前束四个参数。部分汽车还设计有后轮定位参数，即合适的后轮外倾角和后轮前束，使后轮获得合适的侧偏角，可提高汽车高速行驶的操纵稳定性。

1. 主销后倾

（1）定义　在汽车的纵向平面内，主销上部向后倾斜一个角度，称为主销后倾。主销轴线与路面垂线之间的夹角 γ 称为主销后倾角，如图 3-18 所示。

（2）作用　为了保持汽车直线行驶的稳定性，并使汽车转向后，转向轮回正操纵轻便。

（3）原理　主销具有后倾角后，主销轴线与路面交点 a 位于车轮与路面接触点 b 前面，

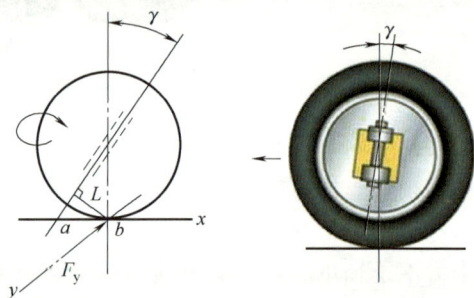

图 3-18　主销后倾角及其作用原理图

当汽车直线行驶时，若转向轮偶然受到外力的作用而稍有偏转（假设向右偏转，如图 3-18 中箭头所示），路面对车轮作用着一个侧向反作用力 F_y，形成一个使车轮绕主销轴线旋转的力矩 $F_y L$，其方向正好与车轮偏转方向相反。在此力矩的作用下，将使车轮恢复到原来中间的位置，从而保证汽车能稳定地直线行驶，故此力矩称为回正的稳定力矩。

主销后倾角并不是越大越好，一般为 $2° \sim 3°$。若此力矩过大，则在转向时为了克服此稳定力矩，驾驶人须在转向盘上施加较大的力（即转向沉重）。为了提高行驶速度，汽车普遍采用扁平低压胎，弹性增加，轮胎变形增加，引起稳定力矩增加，主销后倾角可以减小直至接近于零，甚至为负值。

2. 主销内倾

（1）定义　在汽车的横向平面内，主销上部向内倾斜一个角度，称为主销内倾。主销轴线与路面垂线之间的夹角 β 称为主销内倾角，如图 3-19a 所示。

（2）作用　主销内倾角有使转向轻便以及使车轮自动回正的作用。

（3）原理　主销内倾角使转向轻便，由于主销内倾使主销轴线与路面的交点到车轮中心平面与地面交线的距离 c 减小，如图 3-19a 所示。转向时路面作用在转向轮上的阻力矩减小（因力臂减小），从而可降低转向时驾驶人加在转向盘上的力，使转向操作轻便，同时，也可以减小因路面不平而从转向轮传到转向盘上的冲击力。

主销内倾角的另一个作用是使车轮自动回正。当转向轮在外力的作用下由中间位置偏转一个角度时，车轮的最低点将陷入路面以下，如图 3-19b 所示。但实际上车轮下边缘不可能陷入路面以下，而是将转向轮连同整个汽车前部向上抬起一个相应的高度，这样汽车本身的重力有使转向轮恢复到原来中间位置的效应，即能自动回正。主销内倾角越大，转向轮自动

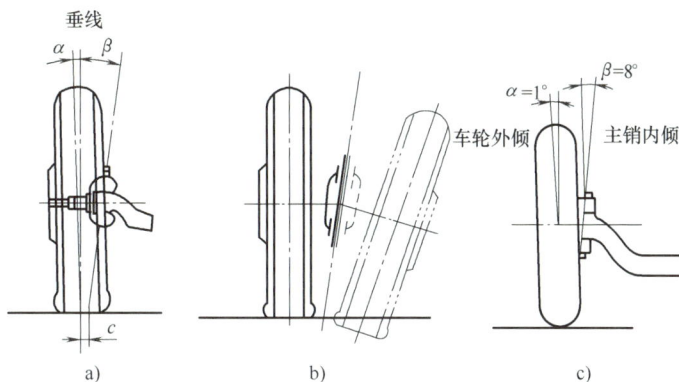

图 3-19　主销内倾角、前轮外倾角及其作用原理图
a）主销内倾角的形成　b）主销内倾角的作用原理图　c）主销内倾角和前轮外倾角

回正的作用就越大；但主销内倾角不宜过大，否则转向变得很沉重，而且加速了轮胎的磨损。主销内倾角一般不大于8°，距离 c 一般为 40~60mm。图 3-19c 所示为主销内倾角和前轮外倾角示意图。主销内倾角通过前轴的设计来保证，由机械加工来实现。加工时将前轴两端的主销孔轴线上端向内倾斜而得到。

汽车转向时，转向轮会围绕主销轴线偏转，如图 3-20a 所示。有些断开式转向桥中没有主销，而采用上、下球头销代替主销，上、下球头销球头中心的连线相当于主销轴线，汽车转向时，转向轮会围绕该轴线偏转，如图 3-20b 所示。

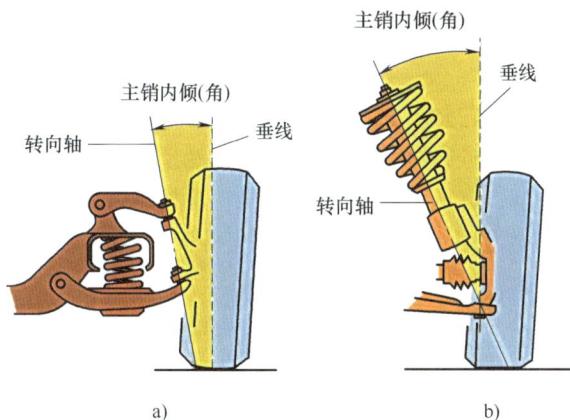

图 3-20　不同悬架的主销内倾角
a）有主销偏转　b）无主销偏转

3. 前轮外倾

（1）定义　转向轮安装在车桥上时，其旋转平面向外倾斜，称为前轮外倾。车轮旋转平面与纵向垂直平面之间的夹角 α 叫作前轮外倾角，如图 3-19a 所示。

（2）作用　提高车轮工作的安全性和转向操纵的轻便性。

（3）原理　汽车在空载时，如车轮正好与路面垂直，则满载时车轮出现内倾，这将加速汽车轮胎的偏磨损。另外，路面对车轮的垂直反作用力沿轮毂的轴向分力将使轮毂压向轮毂外端的轴承，加重了外轴承和轮毂紧固螺母的负荷，缩短了它们的使用寿命，严重时会损坏锁紧螺母而使车轮脱出。车轮外倾与主销内倾相配合可进一步缩短距离 c，如图 3-19a 所示，使汽车转向操作轻便。前轮外倾角是在转向节的设计中确定的，设计时使转向节轴颈的轴线与水平面成一角度，该角度为前轮外倾角，一般为1°左右。

4. 前轮前束

（1）定义　前轮安装时，同一轴上两端车轮的旋转平面不平行，前端略向内束，这种现象称为前轮前束。左右轮后方距离 A 与前方距离 B 之差（A−B）称为前束值，如图3-21所示。

（2）作用　减轻或消除因前轮外倾所造成的不良后果。

（3）原理　车轮有了外倾角后，在滚动时，就类似于圆锥滚动，从而导致两侧车轮向外滚开。由于转向横拉杆和车桥的约束使车轮不可能向外滚开，车轮

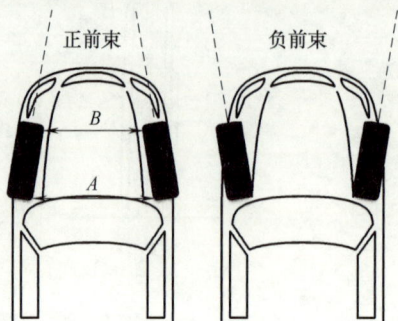

图3-21　前轮前束

将在地面上出现边滚边向内滑移的现象，从而增加了轮胎的磨损。有了前轮前束后，可消除两轮向外滚开的趋势。若前束和外倾角配合适当，前轮前束使车轮在每一瞬时滚动方向接近于向着正前方，从而在很大程度上减轻和消除了由于车轮外倾而造成的轮胎偏磨。

前轮前束可通过改变横拉杆的长度来调整。一般汽车的前束值为0~12mm，也有的汽车为与负前轮外倾角相配合，其前束值为负值，即负前束。

5. 后轮定位参数

（1）后轮外倾角　像前轮外倾角一样，后轮外倾角也对轮胎磨损和汽车操纵性有影响。理想状态是，四个车轮的运动外倾角均为零，这样轮胎和路面接触良好，从而得到最佳的牵引性能和操纵性能。

后轮外倾角不是静态的，它随着悬架的上下移动而变化。车辆加载后悬架下沉就会引起车轮外倾角改变。为了对载荷进行补偿，采用独立后悬架的大多数车辆常有一个较小的正外倾角。对于前轮驱动的汽车，有的采用负的外倾角，这样可以增加车轮接地点的跨度，增加汽车的横向稳定性；同时，可用来抵消当汽车高速行驶且驱动力较大时，车轮出现的负前束，以减少轮胎的磨损。

（2）后轮前束　其定义与前轮前束一样。如果后轮前束不当，后轮轮胎也会被擦伤，另外，还会引起转向不稳定及降低制动效能。后轮驱动车辆的后轮宜采用负前束，独立悬架的后驱动轮应尽可能为负前束。

四、车桥的检查与调整

检查车架的纵、横梁是否有弯曲、断裂与扭曲变形，整个车架是否有扭转、歪斜与变形，车架上的铆钉是否有松动、剪断，车架是否有严重腐蚀等。

1. 转向节与前轴轴向间隙的检查与调整

前轴装复后，一般用塞尺检查上端面与转向节间的间隙，此间隙的大小应符合原厂规定。若间隙大于规定值，可调整垫片的厚度。

2. 前轮最大转向角的检查与调整

前轮转向角调到最大的目的是为了获得最小转弯半径，以保证汽车具有良好的通过性。转向角的简易检查调整方法是：把转向盘向左或向右打到底，前轮应不与翼子板、钢板弹簧

和直拉杆等机件发生碰擦，且一般有 8~10mm 的距离为合适。若需要调整，可通过旋入或旋出转向角限位螺钉或者调整螺栓进行，调整好后拧紧锁紧螺母。

3. 前轮轮毂轴承预紧度的检查与调整

按规定的力矩拧紧车轮轮毂紧固螺母后，车轮在轮毂轴承上应能灵活旋转而无卡滞，故应有合适的轴承预紧度。若轴承预紧度过大，易使车轮旋转卡滞发热。若轴承预紧度过小，在行驶中车轮会摇晃，汽车行驶稳定性和安全性下降。

轮毂轴承预紧度的调整方法：用千斤顶顶起车轮，拆下前轮毂盖，松开锁片，拧下锁紧螺母，取下锁片与

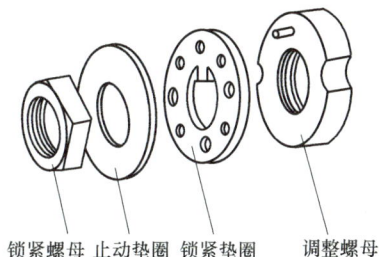

锁紧螺母 止动垫圈 锁紧垫圈 调整螺母

图 3-22 轮毂轴承预紧度调整装置

锁紧垫圈，同时向前后两个方向转动车轮，使轴承的圆锥形滚柱正确地配合于轴承圈的锥面上，如图 3-22 所示。拧紧调整螺母，再反方向旋松约 1~2 个锁紧垫圈的孔位，使调整螺母上的止动销与销环上的邻近孔相重合，再装上锁紧垫圈，拧紧锁紧螺母。汽车行驶一段路程后，用手触试前轮毂，如有过热的现象，需要重新调整前轮轮毂轴承的松紧度。

五、车轮定位的检查与调整

1. 整体式车桥前束值的调整

在整体式车桥中，主销内倾、主销后倾、前轮外倾这三个定位参数由车桥的结构保证，其大小一般不可调，前束值可通过改变转向横拉杆的长度进行调整，如图 3-23 所示。

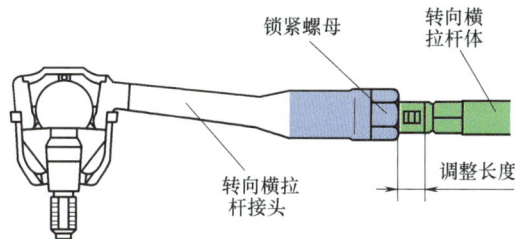

图 3-23 前轮前束的调整

2. 断开式车桥前轮定位参数的调整

有些断开式转向桥的主销内倾以及主销后倾由结构来保证，一般不需要也不能进行调整，但前轮外倾是可以调整的。有些是前轮外倾与主销内倾同时调整，主销后倾可单独调整，前束的调整通过改变转向横拉杆的长度来实现。

3. 车轮定位参数的检测

（1）车轮定位检测的准备工作

1）准备好被检测的车辆，保证车辆停放在水平场地或专用检测台上。

2）车轮在直线位置且无负载。

3）轮胎气压符合规定。

4）转向盘处于直线行驶位置。

5）分别压一下车身的前部和后部，使车辆的悬架弹至正常位置。

6）观察悬架有无明显的变形、漏油、球头是否损坏。若有，要先维修再进行后续工作。

（2）使用车轮定位仪进行车轮定位参数的检测与调整

1）车辆驶上检测平台，使两个前轮停在转角盘中间位置，待车辆停正、停稳后，拉紧驻车制动器；两后轮装上挡块。

2）将车轮定位仪置于被测车辆前方 1.5m 处。

3）把传感器的四个支架分别夹在四个车轮的轮辋上，安装传感器，调整传感器上的水平仪，使传感器调到水平位置，然后锁紧四个传感器。

4）打开车轮定位仪开关，稍后按下主机开关，计算机立即进入初始测量界面。

5）输入客户资料和车辆信息。

6）按照屏幕的提示，将转向盘先对中，然后右转 20°，将转向盘回正后再左转 20°，然后回正。

7）分析不符合规定的车轮定位数据。

8）根据屏幕显示，对不合格项逐项进行调试，直至符合要求。

9）全部调整完毕后，重新进行测试，直至全部符合要求。

▣》【任务实施】

车辆四轮定位的检查与调整

1. 任务准备

1）场地和设备准备：实训场地布置、汽车、举升设备、四轮定位仪、课件或微课视频。

2）分组：根据设备数量将学生分成 4~6 个组，每个组 6~8 人。

2. 任务步骤

1）老师演示或播放视频，车辆的四轮定位操作，学生观看并记录。

2）学生分小组完成四轮定位的实操，并完成工单填写。

3. 任务评价

教师根据表 3-2 中的任务评价内容及标准为学生打分。

表 3-2　任务评价内容及标准

序号	项目	操作内容	分值	评分标准	得分
1	准备	清理工位，准备四轮定位工具	5	酌情扣分	
		车辆举升准备：查看举升设备的完好性	5	操作不当扣 5 分	
2	安装	安装车轮定位仪	20	操作不当，每次扣 5 分	
3	检查	使用车轮定位仪	20	操作不当扣 1~20 分	
		读取四轮定位参数	10	读取不准确，每次扣 5 分	
		调整四轮定位参数	20	调整不当扣 1~20 分	
4	完成时间	30min	10	超时 1~5min 扣 1~5 分 超时 5min 以上扣 10 分	
5	安全文明	无安全隐患，无不文明操作	5	未达标扣 1~5 分	
6	结束	清理工作场地	5	清洁不彻底扣 1~5 分，未做扣 5 分	
		总分	100		

【任务工单】

工作页 2　车辆四轮定位的检查与调整

班级		姓名	
地点		日期	

一、资讯

1. 转向轮定位指的是_____、_____、_____之间的安装位置关系。

2. 转向轮定位参数有_____、_____、_____、_____。

3. 主销内倾能使转向轮自动回正的原因是_____。

4. 前轮前束值的调整，是通过调整_____实现的。

5. 将车轮定位仪置于被测车辆前方_____处。

二、计划与决策

请查阅相关车型信息，对小组成员进行合理分工，确定四轮定位检查调整计划。

1. 需要的车型：_____。

2. 小组成员分工：_____。

三、实施

1. 准备工作：

1）安装防护套。　　　　　　　　　　　　　　　　　　　□是　□否

2）检查四个车轮的胎压是否符合标准胎压，轮胎花纹是否严重磨损。□是　□否

3）将转向盘和后滑板的固定销插好。　　　　　　　　　　□是　□否

4）用举升器将汽车举到适当高度并锁止。　　　　　　　　□是　□否

2. 安装传感器，调整传感器上的水平仪，使传感器调到_____位置，然后_____四个传感器。

3. 打开车轮定位仪开关，记录测量数据：_____

_____。

4. 调试不符合规定的参数，记录调试项目及新数据：_____

_____。

5. 车辆复位与清洁：_____。

【复习与思考】

一、判断题

1. 前轴采用工字梁，主要是为了减轻重量和节省材料。　　　　　　　　　（　　）

2. 主销后倾角是在加工前轴主销孔时形成的，越大越好。　　　　　（　　）

3. 前轮外倾保持汽车直线行驶的稳定性，并使汽车转向回正操纵轻便。（　　）

二、选择题

1. 车架是整个汽车的安装基础，对车架的要求是（　　　）。

A. 具有足够的强度　　　　B. 满足汽车总体布置的要求

C. 具有合适的刚度　　　　D. 以上都是

2. 现代轿车一般采用（　　）。

A. 中梁式车架　　　　　　B. 承载式车身

C. 边梁式车架　　　　　　D. 综合式车架

3. 转向驱动桥多与（　　）悬架配合使用。

A. 非独立　　　　　　　　B. 独立

C. 钢板弹簧

三、简答题

1. 车架的功用是什么？

2. 车桥的功用是什么？有哪些类型？

3. 结合职业能力证书考核要求，总结前轮定位参数检查和调整方法，并进行实操训练。

＊4. 查阅资料，了解吉利、比亚迪等国产品牌最新车型四轮定位参数，并进行比较与分析。

任务三　车轮总成的检修

【任务描述】

　　某品牌轮胎曾在制造过程中使用比重超出国家标准的返炼胶，导致轮胎质量不合格，客户选用后高速行驶出现爆胎。由于厂家在轮胎制造过程中材料配比未遵循国家标准，给购车人的生命财产造成了损失，这种行为违反了职业道德，应该受到谴责。合理选择和使用轮胎是保障驾乘人员安全的重要举措，希望大家通过该案例了解诚信的可贵，掌握轮胎的检查与换位原则。

【学习目标】

知识目标	掌握车轮的构造 熟悉车轮轮辋的类型与规格 熟悉轮胎的类型、结构与规格
技能目标	会进行轮胎的检查与换位 会运用所学知识和经验，为客户提供车轮日常维护的建议
素养目标	培养安全意识和诚信意识

知识脉络图

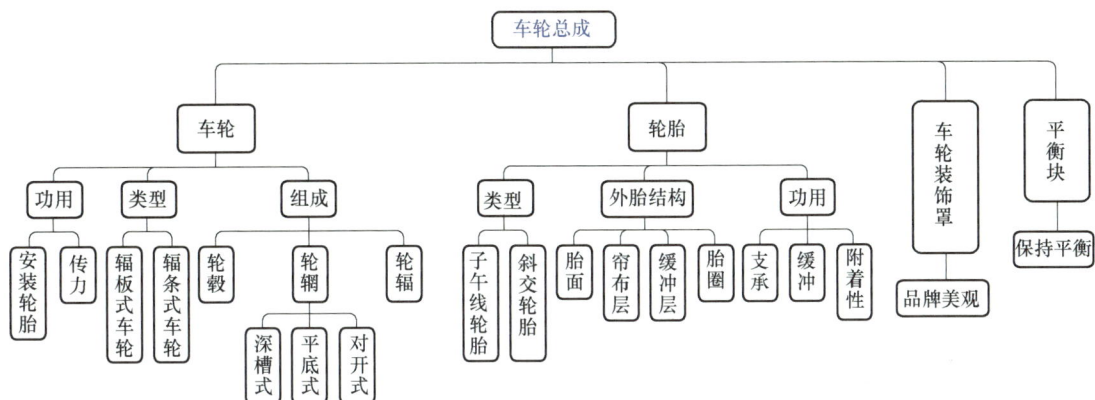

【知识准备】

车轮总成主要由车轮、轮胎等组成，如图 3-24 所示。

一、车轮的构造

1. 车轮的功用与组成

车轮是在轮胎和车桥之间承受负荷的旋转组件，其功用是安装轮胎，传递和承受轮胎与车桥之间的各种作用力和力矩。车轮由轮毂、轮辐和轮辋三部分组成，轮毂中心安装车轴，轮辋外部安装轮胎。

图 3-24　车轮总成

2. 车轮的类型

按照轮辐的构造，车轮可分为辐板式和辐条式两种主要类型。目前，普通轿车和轻、中型载货汽车多采用辐板式车轮，高级轿车和竞赛汽车多采用辐条式车轮。

（1）辐板式车轮　辐板式车轮的轮毂和轮辋是由钢质圆盘（辐板）连接起来的，辐板多数经冲压而成。典型的载货汽车辐板式车轮是由挡圈、嵌入轮胎的轮辋、安装在车轴上的辐板和气门嘴伸出口组成的，如图 3-25 所示。

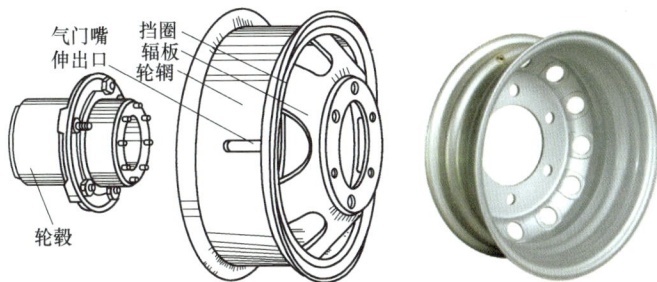

图 3-25　载货汽车辐板式车轮结构图

轮辋与辐板通过焊接的方式连接成一体，辐板通过中心孔和周围分布的螺栓孔安装在轮毂上。载重汽车为了使后轮轮胎承受负荷时不致超负荷，其后桥通常装用双式车轮，如图 3-26 所示，即在轮毂上安装两个可以互换的辐板式车轮。两轮连接关系如图 3-26b 所示，内轮的辐板紧靠着轮毂的凸缘上，用套状内外螺纹螺母拧紧在轮毂的螺栓上。外轮的辐板紧靠着内轮辐板，并用锁紧螺母拧紧在套状内外螺纹螺母的外螺纹上。

汽车车轮是高速旋转部件，为了防止行驶中固定车轮的螺母自行松脱而造成交通事故，有的汽车左右两侧车轮上的紧固螺栓、螺母一般采用旋向不同的螺纹，即左轮使用左旋螺纹，右轮使用右旋螺纹。有些货车使用防止螺母松脱的球面弹簧垫圈，如图 3-26c 所示，左右两侧车轮上的紧固螺母均采用右旋螺纹。

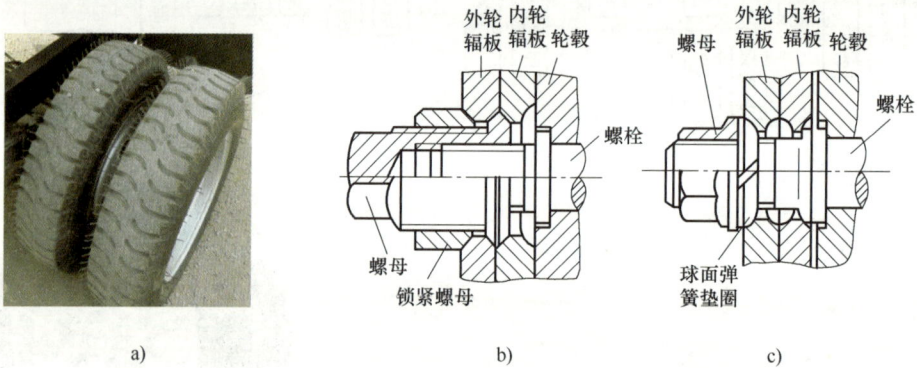

图 3-26 载重汽车双式辐板车轮及固定形式
a）双式辐板车轮实物 b）双螺母固定 c）单螺母固定

（2）辐条式车轮 车轮用辐条把轮辋和轮毂连接起来，辐条可以用铸造件或钢丝制成。铸造辐条通常用于装载质量大的重型载货汽车上，它的轮辐是与轮毂铸成一体的辐条，轮辋用螺栓和特殊形状的衬块固定在辐条上，如图 3-27a 所示。为了使轮辋与辐条很好地对中，在轮辋和辐条上都制有相应的配合锥面。钢丝辐条式车轮如图 3-27b 所示，主要用于极少数追求独特性能的车辆上（如赛车、高级轿车），其特点是价格昂贵，维修安装不便。

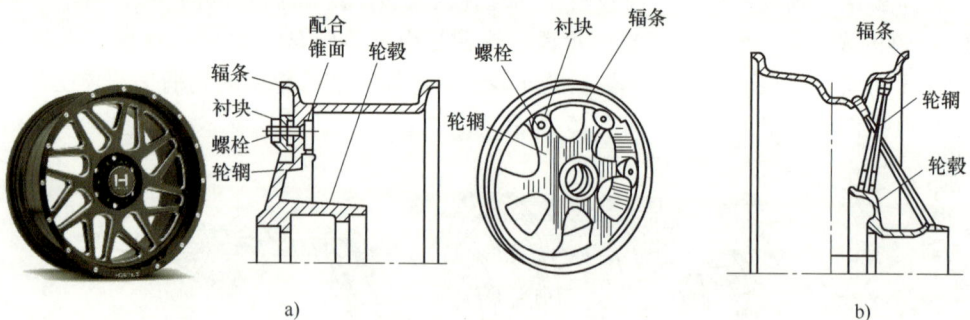

图 3-27 辐条式车轮
a）辐条式车轮实物及示意图 b）钢丝辐条式车轮

3. 轮辋

因为轮辋要与轮胎相配合，故其尺寸以及形式均应符合有关标准的规定。

（1）轮辋的类型 按照轮辋结构特点的不同，常见的轮辋可分为深槽式、平底式和对开式三种形式，如图 3-28 所示。

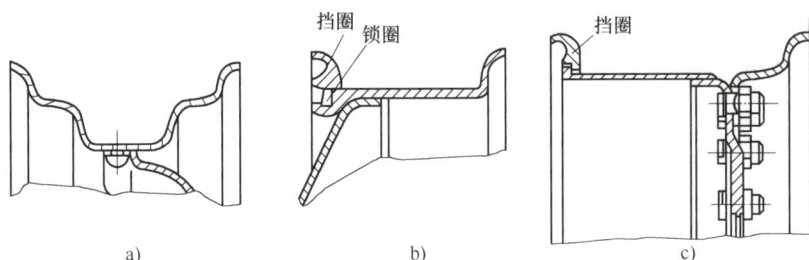

图 3-28 常见轮辋的形式

a）深槽式轮辋 b）平底式轮辋 c）对开式轮辋

深槽式轮辋主要用于轿车和越野汽车上，如图 3-28a 所示，它有带肩的凸缘，用于安装外胎的胎圈，其肩部通常略向中间倾斜，断面中部的深凹槽是为了便于外胎拆装而设的。深槽式轮辋的结构简单，刚度大，重量较轻，适用于尺寸小、弹性较大的轮胎。

平底式轮辋主要用于载货汽车上，如图 3-28b 所示。挡圈是整体的，用一个开口锁圈来限制挡圈的脱出。在安装轮胎时，先把轮胎套在轮辋上，然后套上挡圈，并将它向内推，直至越过轮辋上的环形槽，再把开口的弹性锁圈嵌入环形槽中。此轮辋适用于尺寸较大而弹性较小的轮胎。

对开式轮辋多用于越野汽车。由内、外两部分组成，其内外轮辋的宽度可以相等或不相等，两者通过螺栓联接，如图 3-28c 所示。拆装轮胎时相对较方便，只要拆卸联接螺栓上的螺母，将轮辋内外分开，轮胎即可拆下。

（2）国产轮辋规格 国产轮辋规格用轮辋名义宽度、轮缘高度代号、轮辋结构形式代号、轮辋名义直径和轮辋轮廓类型代号来表示。轮辋名义宽度和轮辋名义直径均用数字表示，单位为 in（以 mm 表示时，要求轮胎与轮辋的单位一致）。轮缘高度代号用一个或几个字母表示，常用代号及对应高度见表 3-3。

表 3-3 轮缘高度代号及其高度

字母	C	D	E	F	G	H	J	K	L	P	R	S	T
高度/mm	15.88	17.45	19.81	22.23	27.94	33.73	17.27	19.26	21.59	25.40	28.58	33.33	38.10

轮辋结构形式代号，用符号 "×" 表示一件式轮辋；用 "-" 表示多件式轮辋，如图 3-29 所示。

轮辋轮廓类型代号用字母表示，不同代号所表示的轮辋轮廓类型如图 3-30 所示。

例如，某轿车车轮的轮辋规格为 6.5J×15，说明轮辋的名义宽度为 6.5in，轮辋的名义直径为 15in，轮缘的高度为 17.27mm，一件式轮辋。

二、轮胎

1. 轮胎的功用

轮胎通常由橡胶制成，其内部充有压缩气体，具有一定的承载能力和合适的弹性；轮胎的胎冠具有各种花纹，以适应各种路面行驶，提高车辆的附着性。轮胎的功用如下：

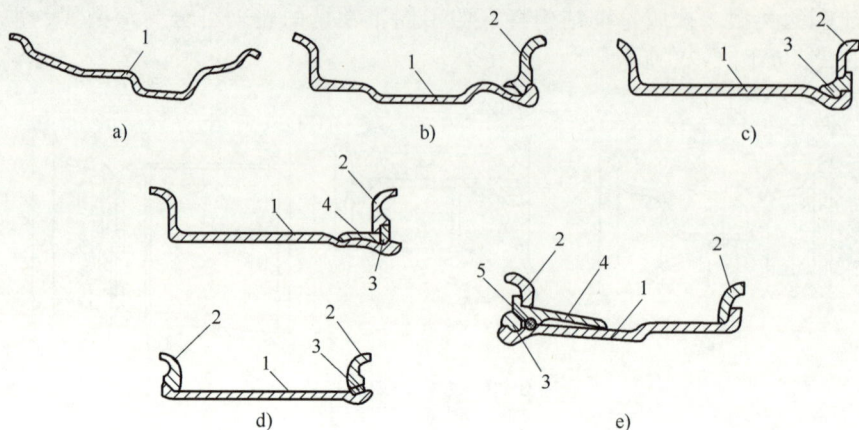

图 3-29 轮辋结构形式

a）一件式轮辋 b）两件式轮辋 c）三件式轮辋 d）四件式轮辋 e）五件式轮辋

1—轮辋体 2—挡圈 3—锁圈 4—座圈 5—密封环

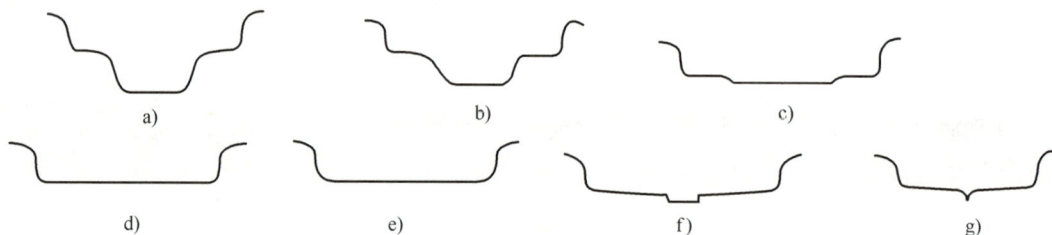

图 3-30 不同代号所表示的轮辋轮廓类型

a）DC-深槽轮辋 b）WDC-深槽宽轮辋 c）SDC-半深槽宽轮辋

d）FB-平底轮辋 e）WFB-平底宽轮辋 f）TB-全斜底轮辋 g）DT-对开式轮辋

1）支承汽车及装载的总质量。

2）保证车轮和路面的附着性，以提高汽车的牵引性、制动性和通过性。

3）与汽车悬架一起减少汽车行驶中所受到的冲击，并衰减由此而产生的振动，以保证汽车有良好的乘坐舒适性和行驶平顺性。

2. 外胎的结构

外胎由胎面、帘布层、缓冲层和胎圈组成，如图 3-31 所示。

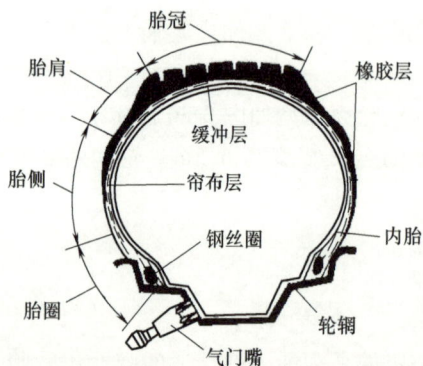

图 3-31 外胎的结构

轮胎构造
与使用

（1）胎面　胎面是轮胎的外表面，可分为胎冠、胎肩和胎侧三部分。

胎冠是轮胎与路面的接触部分，产生摩擦阻力，使车辆行驶和制动。其外部是耐磨的橡胶层，用于保护帘布层和内胎免受路面造成的磨损和外部损伤。为了使轮胎与地面有良好的附着性能，防止纵向、横向滑移，在胎面上制有各种形状的花纹。

胎肩是较厚的胎冠和较薄的胎侧间的过渡部分，一般也制有各种花纹，以提高该部位的散热性能。胎侧也称为胎壁，它由数层橡胶构成，覆盖轮胎两侧，保护内胎免受外部损坏。胎侧在行驶过程中，不断地在载荷作用下弯曲变形。胎侧上标有各种字符、数字和标记，以提供轮胎的性能参数以及相关信息。

（2）帘布层　帘布层也称为胎体，是外胎的骨架，其作用是承受载荷，保持轮胎的形状和外缘尺寸。帘布层通常由多层帘布用橡胶黏合而成。帘布层数越多，轮胎的强度越大，但弹性下降。帘布由经线和纬线织成，帘线有棉帘线、人造丝帘线、尼龙帘线和钢丝帘线等。

（3）缓冲层　缓冲层夹在胎面和帘布层之间，由两层或数层较稀疏的帘布和橡胶制成，弹性较大。缓冲层的作用是加强胎面与帘布层之间的结合，防止汽车紧急制动时胎面与帘布层脱离，并缓和汽车行驶时所受到的路面冲击。

（4）胎圈　胎圈使外胎牢固地安装在轮辋上，有很大的刚度和强度，由钢丝圈、帘布层包边和胎圈包布等组成。

3. 轮胎的类型

1）按胎体结构分，轮胎可分为充气轮胎和实心轮胎两种。汽车多采用充气轮胎。

2）按保持空气方法分，充气轮胎可分为有内胎的轮胎和无内胎的轮胎两种，如图 3-32 和图 3-33 所示。

无内胎轮胎在外观上与有内胎轮胎相似，所不同的是，它没有内胎和垫带，空气直接压入外胎中，由轮胎和轮辋保证密封。无内胎轮胎内壁上有一层硫化橡胶密封层，厚 2~3mm，在密封层正对着胎面的内壁上，还黏附着一层用未硫化橡胶的特殊混合物制成的自粘层，如图 3-33 所示。当轮胎穿孔时，自粘层能自行将孔黏合。在胎圈外侧有一层橡胶密封层（有的制有若干道同心环槽），用以增加胎圈与轮辋贴合的气密性。轮辋底部倾斜且漆层均匀。气门嘴直接固定在轮辋上，其间用橡胶衬垫密封。

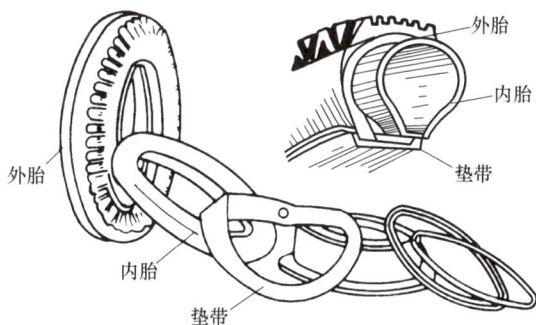

图 3-32　有内胎的充气轮胎

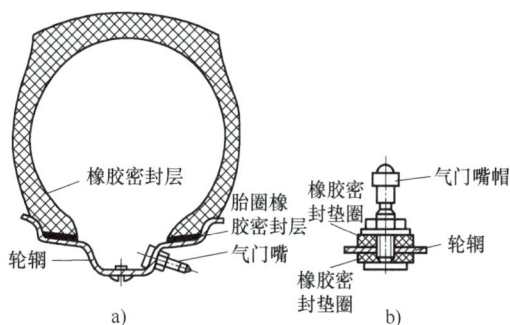

图 3-33　无内胎的充气轮胎

无内胎轮胎只在轮胎爆破时才会失效，而在穿孔时漏气缓慢，保证汽车在一定路程内继续安全行驶。由于无内胎轮胎消除了内外胎之间的摩擦，且散热性好、胎温低、结构简单、重量轻、寿命长、耐刺穿性好，有利于汽车的高速行驶。

3）按轮胎内腔充气压力的大小分，轮胎可分为高压胎（0.5~0.7MPa）、低压胎（0.15~0.45MPa）和超低压胎（0.15MPa 以下）。低压胎弹性好、断面宽、接地面积大，壁薄散热好，从而提高了汽车行驶的平顺性和稳定性，同时延长了轮胎的使用寿命，所以汽车上几乎都使用低压胎；而超低压胎具有特大的断面宽度，在松软的道路上具有良好的行驶能力，在部分高级轿车上得到采用。

4）按胎体帘布层的结构分，轮胎可分为斜交轮胎和子午线轮胎，如图 3-34 所示。

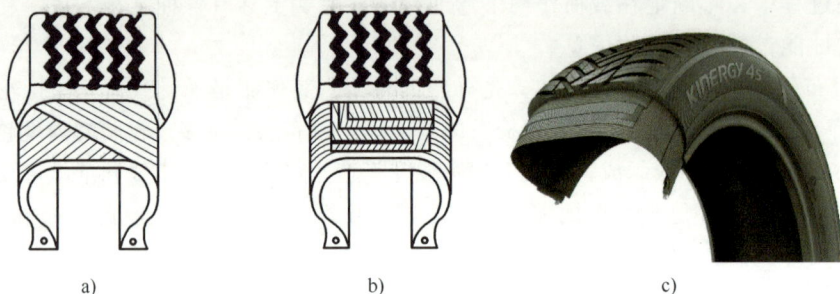

图 3-34　帘布层和缓冲层帘线的排列

a）普通斜交轮胎　b）子午线轮胎　c）子午线轮胎实物

帘布层和缓冲层各相邻层帘线交叉，且与胎面中心线成小于 90° 排列的充气轮胎为普通斜交轮胎，如图 3-34a 所示。

子午线轮胎是用钢丝或纤维植物制作的帘布层，其帘线与胎面中心的夹角接近 90°，并从一侧胎边穿过胎面到另一侧胎边，帘线在轮胎上的分布好像地球的子午线，所以称为子午线轮胎，如图 3-34b 所示。

由于子午线轮胎具有帘线呈子午线环形排列、胎体与带束层帘线形成许多密实的三角网状结构的特点，因此，子午线轮胎帘线的强度得到充分利用，从而使帘布层大量的减少，减轻了轮胎的重量，并大大地提高了胎面的刚性，减少了胎面与路面的滑移现象，提高了轮胎的耐磨性。与普通斜交轮胎相比，子午线轮胎重量轻、弹性大、减振性能好、具有良好的附着性能、滚动阻力小、承载能力大、行驶中胎温低、胎面耐穿刺、轮胎使用寿命长；其缺点是轮胎成本高，胎侧变形大容易产生裂口，且侧向稳定性较差。

5）按轮胎胎面花纹分，轮胎可分为普通花纹轮胎（包括纵向折线花纹和横向花纹）、混合花纹轮胎和越野花纹轮胎等。

普通花纹轮胎的特点是花纹细而浅，花纹块接地面积大，因而耐磨性和附着性较好。其中，纵向折线花纹轮胎滚动阻力小、操纵性能好、噪声小，适合于在较好的硬路面上高速行驶，广泛应用于轿车、客车及载货汽车等各种车辆。横向花纹轮胎有耐磨性好、不易夹石等优点，但滚动阻力大，所以仅用于载货汽车上，如图 3-35a 所示。

混合花纹轮胎由纵向折线花纹和横向花纹组合而成，在好路面和不良路面上都可提供稳定的驾驶性能，广泛应用于客车和载货汽车上，如图 3-35b 所示。

越野花纹轮胎的凹部深而粗，在软路面上与地面的附着性好，越野能力强，适用于矿山、建筑工地及其他一些在松软路面上行驶的越野汽车，如图 3-35c 所示。

4. 轮胎的规格

轮胎的规格可用外胎直径 D、轮辋直径 d、轮胎断面宽度 B 和轮胎断面高度 H 的名义尺

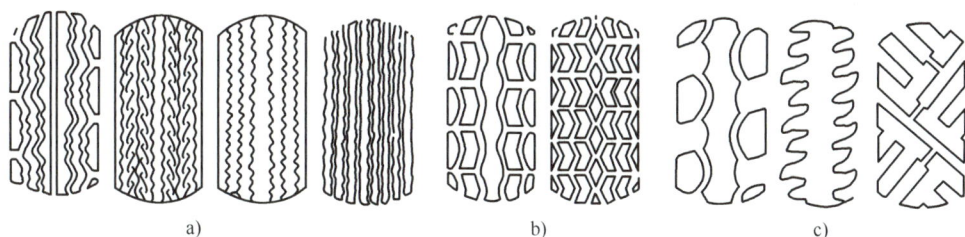

图 3-35 轮胎胎面花纹

a) 普通花纹 b) 混合花纹 c) 越野花纹

寸代号表示，如图 3-36 所示。

（1）斜交轮胎的规格 用 B-d 表示，B 是名义断面宽度代号，d 是轮辋名义直径代号。例如：9.00-20 表示的是轮胎名义断面宽度 9.00in、轮辋名义直径 20in 的低压轮胎。

（2）子午线轮胎的规格 国产子午线轮胎的规格用 BRd 表示，其中，R 代表子午线轮胎。国产轿车子午线轮胎断面宽度 B 已全部采用公制单位（mm），载货汽车轮胎断面宽度 B 有英制单位和米制单位两种，而轮辋直径 d 的单位仍为 in。例如：9.00R20 表示的是轮胎名义断面宽度 9.00in、轮辋名义直径 20in 的子午线轮胎。

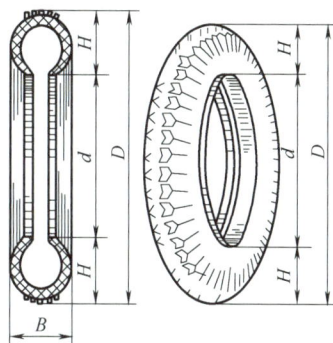

图 3-36 轮胎尺寸标记

D—外胎直径 d—轮辋直径
B—轮胎断面宽度 H—轮胎断面高度

轮胎断面高度 H 与宽度 B 之比称为轮胎的高宽比（以百分比表示），即（H/B）×100%，又称为轮胎的扁平率，如图 3-37 所示。国产轿车子午线轮胎按其扁平率划分系列，有 80、75、70、65、60、55、50、45、40、35、30 和 25 等系列，数字分别表示断面高 H 是断面宽 B 的 80%、75%、70%、65%、60%、55%、50%、45%、40%、35%、30% 和 25%。显然，数字越小，轮胎越扁平。

例如：205/60SR16 表示的是轮胎断面宽度为 205mm、扁平率为 60%、速度等级为 S、轮辋直径为 16in 的子午线轮胎。

我国参照采用了国际标准化组织（ISO）规定的速度标志。根据 GB/T 2978—2014《轿车轮胎规格、尺寸、气压与负荷》规定，轿车轮胎采用 C-Y 共 19 级速度标志符号以及对应的最高行驶速度，见表 3-4。如轿车子午线轮胎 205/60SR16 规格中的 S 表示速度等级为 S，允许的轿车最高行驶速度为 180km/h。

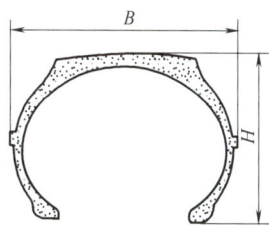

图 3-37 轮胎的高度和宽度比（扁平率）

表 3-4 速度标志表

速度标志	速度/（km/h）	速度标志	速度/（km/h）
C	60	F	80
D	65	G	90
E	70	H	210

（续）

速度标志	速度/（km/h）	速度标志	速度/（km/h）
J	100	R	170
K	110	S	180
L	120	T	190
M	130	V	240
N	140	W	270
P	150	Y	300
Q	160	—	—

三、车轮总成的维护

车轮总成的维护包括日常维护、一级维护和二级维护。

1. 车轮总成的日常维护

日常维护包括出车前、行驶中和收车后的检查，主要是检视车轮和轮胎的气压和有无不正常的磨损和损伤，并及时消除造成不正常磨损和损伤的因素。

2. 车轮总成的一级维护

1）紧固轮胎螺母，检查气门嘴是否漏气、气门帽是否齐全，如发现损坏或缺少，应立即修理或补齐。

2）挖出夹石和花纹中的石子、杂物，如有较深伤洞应用生胶填塞。

3）检查轮胎磨损的情况，如有不正常磨损或起鼓、变形等现象，应查找原因予以排除。

4）如需检查外胎内部，应拆卸解体，如有损伤应及时修补。

5）检查车轮总成搭配和轮辋、挡圈、锁圈是否正常。

6）检查轮胎（包括备胎）气压，并按标准补足。

7）检查轮胎车轮总成有无与其他机件刮碰的现象，备胎架是否完好、紧固，如不符合要求，应予以排除。

8）必要时（如单边偏磨严重）应进行一次轮胎车轮总成换位，以保持胎面花纹磨耗均匀。

3. 车轮总成的二级维护

除执行一级维护的各项作业外，还应：

1）拆卸车轮总成，按标准测量胎面花纹磨耗、周长及断面宽的变化，作为换位和搭配的依据。

2）车轮总成解体检查：

① 胎冠、胎肩、胎侧及胎内有无内伤、脱层、起鼓和变形等现象。

② 内胎、垫带有无咬伤、褶皱的现象，气门嘴、气门芯是否完好。

③ 轮辋、挡圈和锁圈有无变形、锈蚀，并视情况涂漆。

④ 轮辋螺栓轴承孔有无过度磨损或损裂的现象。

3）排除解体检查所发现的故障后，进行装合和充气。

4）高速车应进行车轮总成的动平衡。

5）按规定进行车轮总成换位。

6）如发现车轮总成有不正常的磨损或损坏，应查明原因并予以排除。

四、车轮总成的换位

按时正确的车轮总成换位可使轮胎磨损均匀，延长使用寿命。车轮总成换位应结合车辆的二级维护定期进行。常用的换位方法有交叉换位法、循环换位法和单边换位法三种。

装用普通斜交轮胎的六轮二桥汽车，常用图3-38b所示的交叉换位法，并在换位的同时翻面。四轮二桥汽车采用斜交轮胎也可用交叉换位法，如图3-39a所示。子午线轮胎的旋转方向要始终不变，若逆向旋转，会因钢丝帘线反向变形产生振动，导致平顺性变差，所以子午线轮胎宜用单边换位法，如图3-39b所示。

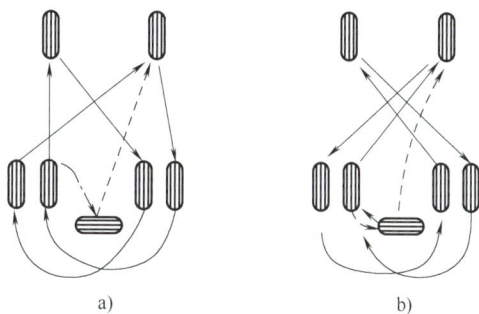

图 3-38　六轮二桥车轮总成换位

a）循环换位法　b）交叉换位法

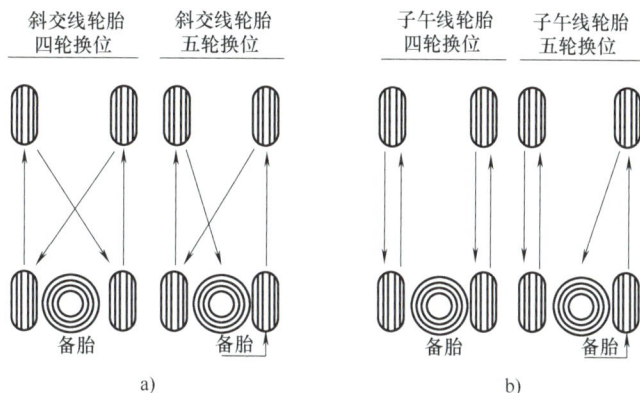

图 3-39　四轮二桥车轮总成换位

a）交叉换位法　b）单边换位法

五、车轮总成的检测

1. 车轮总成动不平衡的检测

车轮动不平衡易造成车轮的跳动和偏摆，使汽车的有关零件损坏，使用寿命缩短，易造成行驶不安全。离车式车轮总成动不平衡的检测和调整一般在车轮动平衡仪上进行，如图3-40所示，对不平衡的车轮总成通过增加平衡重的办法来调整，保持车轮各边缘部分的平衡。

车轮总成动不平衡检测的步骤如下：

1）准备工作。

图 3-40　离车式车轮动平衡仪

① 检查车轮表面是否有污泥沙石、是否卡有金属碎片或异物、是否破损变形、转动起来是否颤抖。

② 在车轮冷却后进行检查和调整轮胎气压。

③ 用专用工具平衡钳拆卸旧平衡块。

2）安装车轮总成。

① 车轮总成安装注意区分内外侧。

② 车轮中心应与动平衡仪转轴对齐。

③ 选择合适的适配器安装，并牢固旋紧适配器。

3）输入车轮数据。

① 从轮辋上读取的数据：轮辋宽度 b、轮辋直径 d。

② 用动平衡仪上的拉尺测量动平衡仪到轮辋边缘的距离 a。

③ 通过控制面板的按键输入 a、b 和 d 的数值。

4）盖上轮胎罩后测量动平衡。

5）根据动平衡仪控制面板上显示的数据进行调整。

调整 IN（内侧）位置：慢转动轮胎到内侧的指示灯全亮时停止，在 IN（内侧）的 12 点正位置加平衡块。调整 OUT（外侧）位置：慢转动轮胎到外侧的指示灯全亮时停止，在 OUT（外侧）的 12 点正位置加平衡块。

6）重新检查并调节动平衡，使不均衡量为 0。

2. 轮胎磨损的检测

国家标准 GB 7258—2017 对轮胎的要求做了以下规定：轿车、摩托车、轻便摩托车和挂车轮胎胎冠上花纹深度不得小于 1.6mm，其他机动车转向轮的胎冠花纹深度不得小于 3.2mm，其余轮胎胎冠花纹深度不得小于 1.6mm。汽车在维护和检测时，应检查轮胎花纹深度以及异常磨损，可以发现轮胎故障的早期征兆和原因，以便及时排除影响轮胎寿命的不良因素，防止早期损坏，确保行车安全。

【任务实施】

车轮总成的检查与换位

1. 任务准备

1）场地和设备准备：实训场地布置、汽车、举升设备、拆装工具、课件或微课视频。

2）分组：根据设备数量将学生分成 4~6 个组，每个组 6~8 人。

2. 任务步骤

1）各小组观看微课视频，可以课前完成。

2）老师演示车轮总成检查过程，学生观看并记录步骤及要点。

3）学生分小组进行车轮总成的检查和换位，并完成工单填写。

3. 任务评价

教师根据表 3-5 中的任务评价内容及标准为学生打分。

表 3-5　任务评价内容及标准

序号	项目	操作内容	分值	评分标准	得分
1	准备	清点工具、清理工位	5	酌情扣分	
2	检查	拆卸车轮轮辋、轮胎	20	拆卸顺序不当扣 1~20 分	
		规范使用工具测量及拆卸	5	操作不当扣 1~5 分	
		整齐摆放拆卸的车轮	5	零件或工具掉落扣 1~5 分	
		检查动平衡	20	操作不当每次扣 1~5 分	
3	换位	按规定进行轮胎换位	20	换位不正确每次扣 10 分	
4	完成时间	80min	10	超时 1~5min 扣 1~5 分 超时 5min 以上扣 10 分	
5	安全文明	无安全隐患，无不文明操作	5	未达标扣 1~5 分	
6	结束	工具清洁归位	5	漏一项扣 1 分，未做扣 5 分	
		清理工作场地	5	清洁不彻底扣 1~5 分，未做扣 5 分	
		总分	100		

🔁》【任务工单】

工作页 3　车轮总成的检查与换位

班级		姓名	
地点		日期	

一、资讯

1. 车轮总成由＿＿＿＿＿＿、＿＿＿＿＿＿、＿＿＿＿＿＿和＿＿＿＿＿＿组成。
2. 轿车一般采用＿＿＿＿＿＿轮辋，载货汽车则一般采用＿＿＿＿＿＿轮辋。
3. 按胎体帘布层的结构分，轮胎可分为＿＿＿＿＿＿轮胎和＿＿＿＿＿＿轮胎。
4. 车轮总成常用的换位方法有＿＿＿＿＿＿、＿＿＿＿＿＿和＿＿＿＿＿＿三种。
5. 子午线轮胎换位采用＿＿＿＿＿＿＿＿＿＿。

二、计划与决策

请查阅车轮信息，对小组成员进行合理分工，确定车轮总成检查与换位计划。

1. 需要的车轮类型：＿＿＿＿＿＿＿＿＿＿＿＿＿＿＿＿＿＿＿＿＿＿＿＿。
2. 小组成员分工：＿＿＿＿＿＿＿＿＿＿＿＿＿＿＿＿＿＿＿＿＿＿＿。

三、实施

1. 准备工作：＿＿＿＿＿、＿＿＿＿＿、＿＿＿＿＿、＿＿＿＿＿、＿＿＿＿＿等。
2. 轮胎型号：＿＿＿＿＿＿＿＿＿＿＿＿＿＿＿＿＿＿＿＿＿＿。
3. 轮胎检查：
1）是否有老化现象和裂纹。　□是　□否
2）轮胎花纹是否严重磨损。　□是　□否

3）花纹深度测量，沿圆周选____点进行测量，记录数据：_____，花纹深度磨损极限为_____，该轮胎是否需要更换：_____。

4. 动平衡检查过程中的注意事项：_____
_____。

5. 轮胎换位：记录换位方法。
_____。

【复习与思考】

一、判断题

1. 轮胎的帘布层层数越多，轮胎的强度越大，但弹性下降。　　　　　　（　　）

2. 按时正确的轮胎换位可使轮胎磨损均匀，延长使用寿命。　　　　　（　　）

二、选择题

1. 深槽式轮辋主要用于（　　）上。

A. 载货汽车　　　　B. 客车　　　　C. 轿车及越野汽车　　　D. 上述车型都可以

2. 子午线轮胎的换位方法是（　　）。

A. 单边换位法　　　B. 交叉换位法　　C. 循环换位法　　　　D. 上述方法都可以

三、简答题

1. 说明某轿车轮辋规格 5.5J×15 的含义。

2. 简述子午线轮胎的结构特点与使用性能。

3. 导致轮胎异常磨损的原因有哪些？

＊4. 查阅资料，了解轮胎制造的新工艺和新材料。

任务四　悬架的检修

【任务描述】

某开载货汽车做生意的客户，他对维修技师反映载货汽车的底盘太硬了，路况稍微不好就非常颠簸，根本没法和轿车的舒适性相比。其实车辆的舒适性与悬架关系非常密切，下面我们就来学习悬架相关的知识，希望通过学习你能给出准确而满意的回复。

【学习目标】

知识目标	掌握悬架的功用、类型及组成 熟悉弹性元件的结构特点 掌握减振器的结构和工作原理 熟悉电控悬架的结构和工作原理
技能目标	会对悬架进行检测和故障排除
素养目标	养成创新意识，敢想敢为、善作善成

知识脉络图

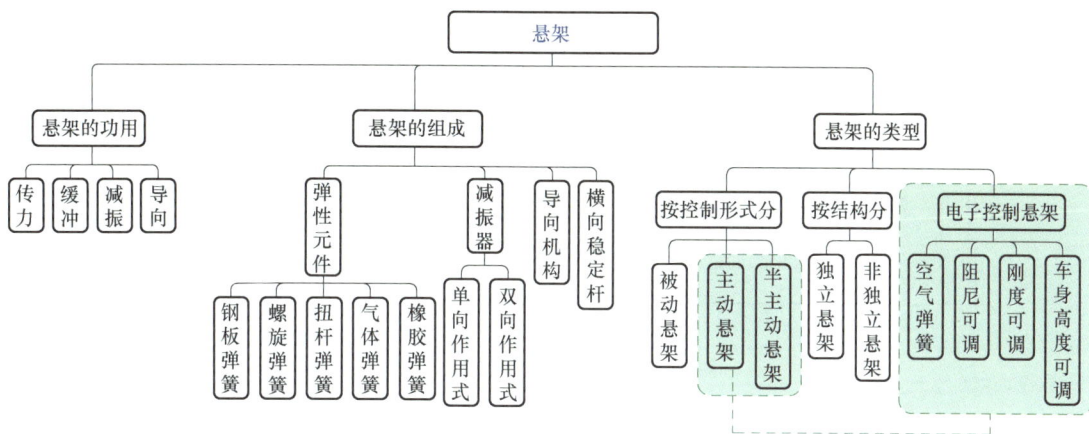

【知识准备】

一、悬架的功用与组成

1. 悬架的功用

汽车悬架是车架（或车身）与车桥（或车轮）之间一切传力连接装置的统称。

汽车悬架的主要功用：连接车架（或车身）和车桥（或车轮），把路面作用到车轮的各种力传给车架（或车身）；缓和冲击，衰减振动，保证乘坐舒适和货物完好；稳定车身的行驶姿势，保证汽车具有良好的操纵稳定性。

2. 悬架的组成

汽车的悬架虽有不同的结构形式，但一般都由弹性元件、减振器、导向机构和横向稳定杆等组成，如图 3-41 所示。

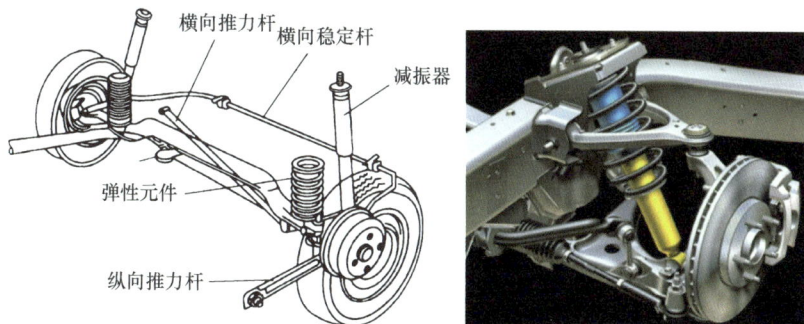

图 3-41　悬架的组成

各组成部分的功用如下：

（1）弹性元件　弹性元件承受并传递垂直载荷，缓和不平路面、紧急制动、加速和转弯引起的冲击。

（2）减振器　减振器用来衰减由于路面冲击引起的振动，提高乘坐舒适性。

（3）导向机构　导向机构用来传递纵向载荷和横向载荷，并保证车轮相对车身的运动关系，通常导向机构包括纵向推力杆和横向推力杆。

（4）横向稳定杆　横向稳定杆防止车身在转向等情况下发生过大的横向倾斜。

上述各部分装置所起作用的侧重点不同，分别起缓冲、减振、导向和防侧倾的作用，但它们的共同任务是传递车架与车轮之间的各种力和力矩，控制车身的各种振动。

3. 悬架的类型

1）按悬架结构的不同，悬架可分为非独立悬架和独立悬架，如图 3-42 所示。

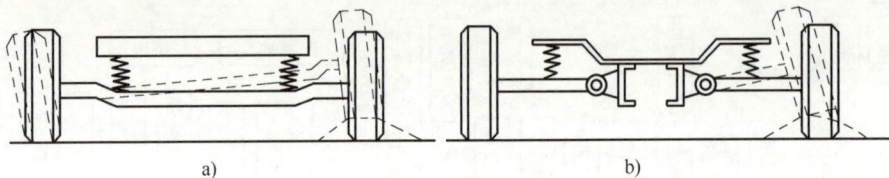

图 3-42　悬架的类型及其示意图
a）非独立悬架　b）独立悬架

非独立悬架的特点是两侧车轮安装于整体式车桥上，车轮连同车桥一起通过弹性元件悬挂在车架（或车身）上，当一侧车轮受到冲击时会直接影响另一侧车轮。独立悬架的特点是两侧车轮分别独立地与车架（或车身）弹性地连接，当一侧车轮受到冲击时，几乎不会直接影响另一侧车轮。

2）按控制形式不同，悬架可分为被动悬架、半主动悬架和主动悬架，如图 3-43 所示。

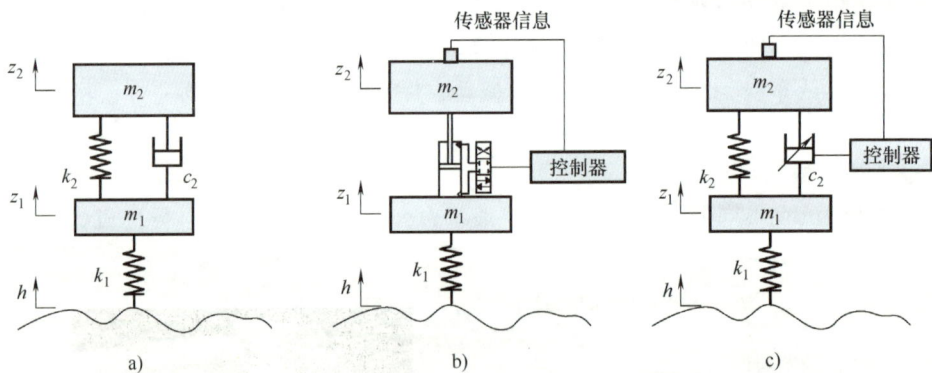

图 3-43　三种悬架系统的结构示意图
a）被动悬架　b）主动悬架　c）半主动悬架
m_1—车桥、车轮等非簧载质量　m_2—车身、乘客等簧载质量　k_1—轮胎刚度　k_2—悬架弹簧刚度
c_2—减振器阻尼系数　h—路面不平度　z_1—非簧载质量位移　z_2—簧载质量位移

被动悬架由传统的弹簧和减振器等特性不随时间而变化的元件组成，其刚度和阻尼系数不能人为地加以控制和调节。半主动悬架和主动悬架可以根据路面和行驶状况自动调整悬架刚度和阻尼系数，从而使车辆能主动地控制垂直振动及其车身或车架的姿态，乘坐舒适性较好，但需要外部能源支持。

二、弹性元件

汽车悬架采用的弹性元件有钢板弹簧、螺旋弹簧、扭杆弹簧、气体弹簧和橡胶弹簧等。

1. 钢板弹簧

钢板弹簧是由若干片长度不等、宽度相等、厚度相等或不等、曲率半径不等的合金弹簧片叠加在一起组合成一根近似等强度的弹性梁，其结构如图 3-44 所示。

钢板弹簧最上面的一片（最长的一片）称为主片，其两端弯成卷耳，内装青铜（或塑料、橡胶、粉末冶金等）材料制成的衬套，用弹簧销与固定在车架上的支架或卷耳作为铰链连接。钢板弹簧的中心部位用 U 形螺栓与车桥固定连接。为保证各片装配时的相对位置，多片钢板弹簧之间是靠弹簧中部的小孔用中心螺栓来连接的。中心螺栓距两端卷耳中心的距离可以相等（对称式钢板弹簧），也可以不等（非对称式钢板弹簧）。此外，还有若干个弹簧夹，其作用是当钢板弹簧反向变形（即车架远离车桥）时，使各片不致分开而由主片单独承载，还可防止各片横向滑动。

钢板弹簧在载荷的作用下变形，各片之间相对滑动而产生摩擦，可以衰减车架的振动，所以可以不装减振器。为防止片间干摩擦，各片之间应涂上较稠的石墨润滑脂进行润滑，并定期维护。钢板弹簧本身还起导向的作用，可不必另设导向机构，结构简单。目前，钢板弹簧主要用于大多数的载货汽车及部分高级轿车的后悬架上，如图 3-45 所示。

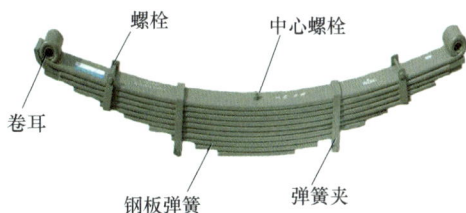

图 3-44　钢板弹簧的结构

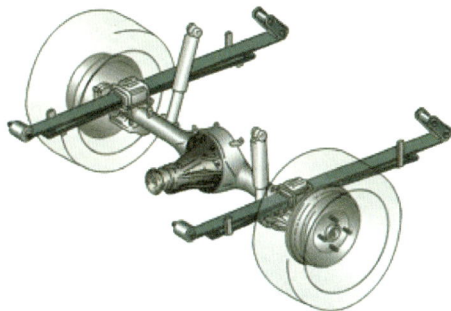

图 3-45　钢板弹簧的安装位置

目前，一些汽车上采用变截面的单片或少片（2~3 片）钢板弹簧，可以减少片与片之间的干摩擦，同时减轻重量。

2. 螺旋弹簧

螺旋弹簧用弹簧钢料卷制而成，多应用于独立悬架。常见的是刚度不变的圆柱形螺旋弹簧，为获得更好的行驶平顺性，目前，汽车也较多采用通过变钢丝直径、螺距、弹簧直径的非线性螺旋弹簧，如图 3-46 所示。

螺旋弹簧只能承受垂直载荷，用它做弹性元件的悬架要加设导向机构，同时螺旋弹簧变形时不产生摩擦力，所以悬架中必须装有减振器用于衰减振动。与钢板弹簧相比，螺旋弹簧具有无须润滑、不忌泥污、安装的纵向空间小及弹簧本身质量小的特点，因此在轿车上广泛采用。

3. 扭杆弹簧

扭杆弹簧为用铬钒或硅锰合金并具有扭转刚性的弹簧钢制成，扭杆断面通常为圆形，少数为矩形或管形。扭杆弹簧的两端制成花键、方形、六角形等形状，以便一端固定在车架上，另一端固定在摆臂上，摆臂与车轮相连，如图 3-47 所示。当车轮跳动时，摆臂便绕着扭杆轴线摆动，使扭杆产生扭转弹性变形，在车轮与车架之间起弹性连接的作用。

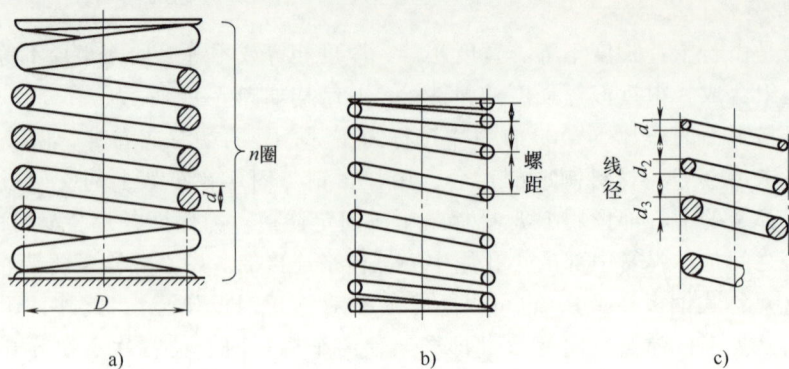

图 3-46　螺旋弹簧

a）普通螺旋弹簧　b）不等螺距螺旋弹簧　c）不等线径螺旋弹簧

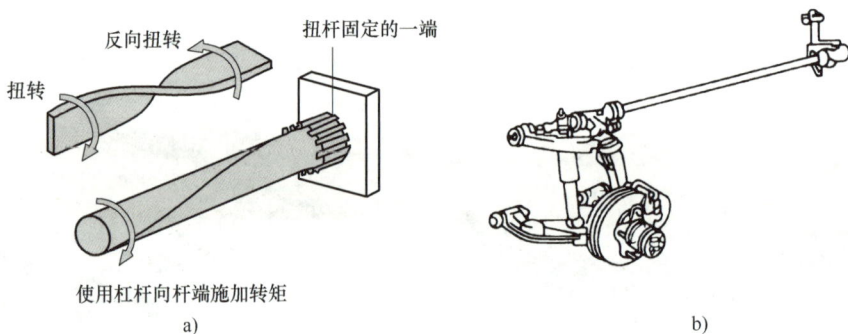

图 3-47　扭杆弹簧

a）工作原理图　b）车上的安装位置

扭杆弹簧在制造时，经热处理后施加一定方向的扭转力矩载荷，使它有一个永久变形，从而具有一定的预应力，以提高其弹性极限。左、右扭杆由于施加的预应力有方向性，装在车上时扭转的方向应与所加的预应力方向相一致。因此，在左、右扭杆做有标记，安装时应加以注意，不要装错。

采用扭杆弹簧做弹性元件的悬架要设导向装置和减振器。与钢板弹簧相比，扭杆弹簧重量较轻、不需润滑、维修简便、刚度可变且车身高度调节方便，节省纵向空间。

4. 气体弹簧

气体弹簧是在一个密闭的容器内充入气体，利用气体的可压缩性实现弹簧的作用。这种弹簧具有较理想的可变刚度特性，因为作用在弹簧上的载荷增加时，容器内的定量气体受压缩，气压升高，弹簧刚度变大；反之，当载荷减小时，弹簧内的气压下降，刚度减小。气体弹簧主要有空气弹簧和油气弹簧两种。

（1）空气弹簧　空气弹簧分为囊式和膜式两种，如图 3-48 所示。

图 3-48　空气弹簧

a）囊式空气弹簧　b）膜式空气弹簧

囊式空气弹簧如图 3-48a 所示，其由夹有帘线的橡胶制成的气囊和密闭在其中的压缩空气构成。气囊外层由耐油橡胶制成单节或多节，节数越多弹簧越软，节与节之间围有钢质腰环，防止两节之间摩擦。气囊上下盖板将空气封于囊内。

膜式空气弹簧如图 3-48b 所示，其由橡胶片和金属压制件组成。它比囊式空气弹簧的弹性曲线更为理想，固有频率更低些，且尺寸小，便于布置。但造价较贵，寿命较短。

（2）油气弹簧　油气弹簧以气体（如氮等惰性气体）作为弹性介质、用油液作为传力介质，一般由气体弹簧和相当于液力减振器的液压缸组成。橡胶隔膜将油与气隔开，充入高压氮气的一侧为气室，与工作缸相通而充满油液的一侧为油室。工作缸内装有活塞和阻尼阀，利用油压和气压辅助实现刚度变化。

由于空气弹簧和油气弹簧只能承受垂直载荷，因此采用这种弹簧的悬架也必须加设导向机构和减振器。

5. 橡胶弹簧

橡胶弹簧就是利用橡胶材料本身的弹性来起弹性支承的作用，它可以承受压缩载荷和扭转载荷。优点是单位质量橡胶弹簧承载量较金属弹簧多，隔音性能好，工作时不需要润滑，具有较好的减振能力。缺点是在高温条件下工作易老化，耐油性较差。目前，橡胶弹簧主要用作发动机的减振装置，也可作为悬架的副簧和缓冲块。

三、减振器

为加速车架与车身振动的衰减，改善汽车的行驶平顺性，大多数汽车的悬架系统内都装有减振器。减振器一般和弹性元件并联安装，如图 3-49 所示。

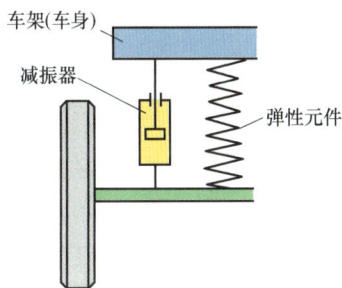

图 3-49　减振器和弹性元件的安装示意图

1. 减振器的工作原理

汽车悬架系统中广泛采用液压式减振器，工作原理：当车身与车桥进行往复相对运动时引起减振器的活塞在缸筒内往复移动，减振器内部的油液便反复地从一个腔通过一些狭小的孔隙流入另一个腔。此时，孔隙与油液间的摩擦及流体分子间的内摩擦便产生了阻尼力。减振器阻尼力随车架与车桥之间的相对运动速度的增减而增减，并与油液黏度、孔道的多少及孔道的大小等因素有关。对汽车减振器的阻尼特性一般有以下要求：

1）在车桥与车架相互移近的过程中，即悬架的压缩行程中，减振器的阻尼力应较小，以便充分利用弹性元件的特性来缓和冲击。

2）在车桥与车架相互远离的过程中，即悬架的拉伸行程中，减振器的阻尼力应较大，以迅速消除振动。

2. 减振器的类型

减振器按作用方式可分为单向作用式减振器和双向作用式减振器。在压缩行程和拉伸行程都能起减振作用的减振器称为双向作用式减振器，只在拉伸行程起减振作用的减振器称为单向作用式减振器。

减振器按结构可分为双筒式减振器和单筒式减振器，减振器按是否充气可分为液压式减振器和充气式减振器，减振器按阻尼力是否可调可分为阻尼力不可调式减振器和阻尼力可调式减振器。

汽车悬架系统中采用的减振器形式有双筒双向作用式减振器、充气式减振器及阻尼力可调式减振器。

3. 双筒双向作用式减振器的工作原理

目前，汽车中普遍采用的双筒双向作用式液压减振器的工作原理图如图 3-50 所示。

在压缩行程时，减振器受压缩。此时，减振器活塞向下移动。位于活塞上方的工作缸有杆腔的容积增大，油压降低；位于活塞下方的工作缸无杆腔的容积减小，油压升高，油液流经流通阀流到工作缸的有杆腔。由于有杆腔被活塞杆占去了一部分空间，因而有杆腔增加的容积小于无杆腔减小的容积，一部分油液推开压缩阀，流回储油缸筒。这些阀对油液的节流作用即形成减振器压缩行程的阻尼力。

在拉伸行程时，减振器的活塞向上移动。工作缸有杆腔油压升高，流通阀关闭，有杆腔内的油液推开伸张阀流入无杆腔。由于活塞杆的存在，自有杆腔流来的油液不足以充满无杆腔增加的容积，致使无杆腔油压降低，甚至产生一定的真空度，这时储油缸筒中的油液推开补偿阀流进无杆腔进行补充。这些阀对油液的节流作用即形成减振器拉伸行程的阻尼力。由于伸张阀的弹簧刚度和预紧力大于压缩阀且拉伸行程的通道截面比压缩行程的通道截面小，所以拉伸行程时产生的阻尼力大于压缩行程时产生的阻尼力，从而达到迅速减振的目的。

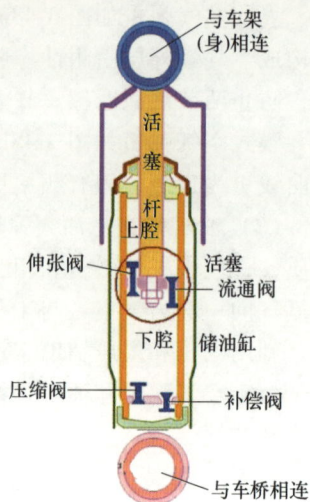

图 3-50　双筒双向作用式液压
减振器的工作原理图

四、导向机构

导向机构也称为传力机构，其主要由上摆臂和下摆臂等连接杆件组成，如图 3-41 所示。通过这些连接杆件可以把弹簧、减振器、稳定杆、车轮和车身等连接起来，起到承受车辆重力以及控制车轮运动的作用。图中的部件球头用于连接前悬架的上摆臂与车身，也可以用于连接前悬架的下摆臂与转向节。

五、横向稳定杆

现代轿车悬架较软，高速行驶转弯时，车身会产生较大侧倾。为了提高悬架的侧倾角刚度，减小横向倾斜，通常在悬架中增设横向稳定杆，其结构如图 3-51 所示。横向稳定杆横置在汽车前部或后部，呈 U 形，中部自由支承在两个固定于车身上的橡胶套筒内，两侧通过连接杆与悬架下摆臂上的弹簧支座相连。

当车身受到振动而两侧悬架变形相同时，横向稳定杆在套筒内自由转动，此时横向稳定杆不起作用。当两侧悬架变形不等，车身相对路面发生侧向倾斜时，横向稳定杆扭转，保持车辆的稳定性。

图 3-51　横向稳定杆的结构

六、非独立悬架与独立悬架

1. 非独立悬架

非独立悬架由于结构简单，工作可靠，广泛应用于载货汽车和客车的悬架上，而用在轿车上往往只作为后悬架。非独立悬架大多采用钢板弹簧或螺旋弹簧作为弹性元件。

（1）钢板弹簧式非独立悬架　钢板弹簧用作非独立悬架的弹性元件，由于它兼起导向装置的作用，并有一定的减振作用，故可使悬架系统简化。

图 3-52 所示为载货汽车的前悬架。悬架中部用两个 U 形螺栓 3 将钢板弹簧固定在车桥上，悬架前端为固定铰链（固定卷耳），它由前钢板弹簧销 15 将钢板弹簧前端卷耳部与钢板弹簧前支架 1 连接在一起（图 3-52 中 B—B），为减少磨损，前端卷耳孔中装有减磨衬套。后端卷耳通过后钢板弹簧吊耳销 14 与后端吊耳 9 和吊耳支架 10 相连，后端可以自由摆动，形成活动吊耳，从而保证弹簧变形时两卷耳中心线间的距离是变化的，以便使钢板弹簧发挥其弹性。

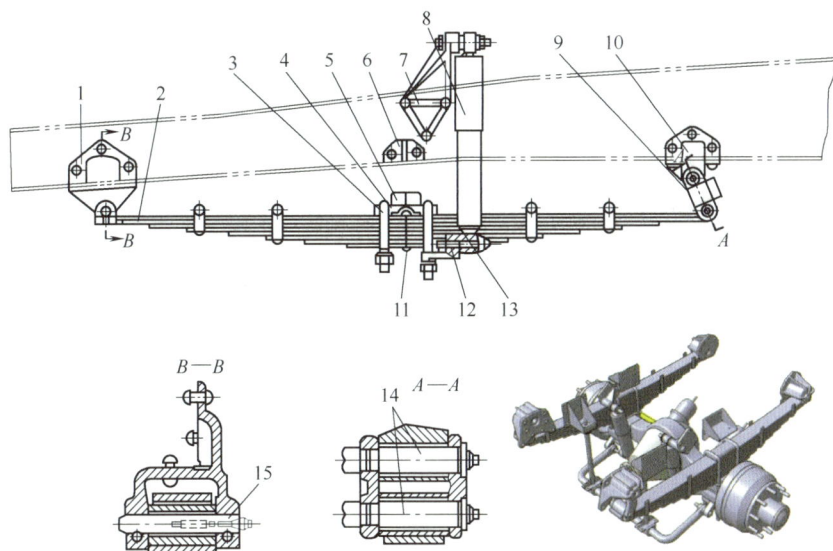

图 3-52　载货汽车的前悬架

1—钢板弹簧前支架　2—钢板弹簧前端　3—U 形螺栓　4—盖板　5—缓冲块　6—限位块
7—减振器上支架　8—减振器　9—吊耳　10—吊耳支架　11—中心螺栓　12—减振器下支架
13—减振器连接销　14—后钢板弹簧吊耳销　15—前钢板弹簧销

钢板弹簧销内设有轴向油道，通过油嘴可将润滑油脂加注到衬套处进行润滑。为加速振动的衰减，改善驾驶人的乘坐舒适性，在载货汽车的前悬架中一般都装有减振器，而后悬架不一定装有减振器。橡胶缓冲块 5 用来限制弹簧的最大变形，并防止弹簧直接撞击车架。

为保持车身固有频率不变或变化很小，悬架刚度应该是可变的，一般措施是在后悬架中加装副钢板弹簧，成为变刚度的钢板弹簧，如图 3-53 所示。在空载或装载质量不大的情况下，副钢板弹簧不承受载荷而由主钢板弹簧单独工作。在重载或满载的情况下，车架相对车桥下移，使车架上的副钢板弹簧滑板式支座与副钢板弹簧接触，即主、副钢板弹簧共同发挥作用，悬架刚度得到提高，保证了车身振动频率不致因载荷增大而变化过大。这种钢板弹簧主要缺点是悬架刚度变化较突然，对汽车行驶平顺性不利。

图 3-53 变刚度钢板弹簧

一些轻型载货汽车的后悬架将副钢板弹簧加装在主钢板弹簧下面，成为渐变刚度的钢板弹簧。这类悬架的特点是副钢板弹簧随着载荷的增加而逐渐参与工作，由于悬架刚度逐渐变化，从而提高了汽车行驶的平顺性。

（2）螺旋弹簧式非独立悬架 螺旋弹簧式非独立悬架常用于轿车的后悬架，由于使用螺旋弹簧作为弹性元件，仅能承受垂直载荷，因此，悬架系统需要安装导向装置和减振器。

2. 独立悬架

独立悬架多采用螺旋弹簧或扭杆弹簧作为弹性元件，其结构类型较多，主要可按车轮的运动方式分为以下三种类型：

1）车轮在汽车横向平面内摆动的横臂式独立悬架，如图 3-54a 所示。

2）车轮在汽车纵向平面内摆动的纵臂式独立悬架，如图 3-54b 所示。

3）车轮沿主销轴线移动的独立悬架，如图 3-54c 所示。

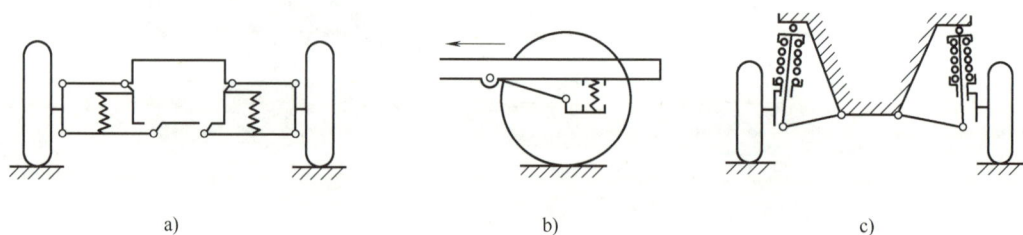

a)   b)   c)

图 3-54 独立悬架的基本类型示意图
a）横臂式独立悬架 b）纵臂式独立悬架 c）车轮沿主销轴线移动的独立悬架

（1）横臂式独立悬架 横臂式独立悬架可分为单横臂式和双横臂式两种，目前采用较多的是双横臂式独立悬架。双横臂式独立悬架的两个摆臂长度可以相等，也可以不等。在等臂长的悬架中，当车轮上下跳动时，车轮平面没有倾斜，但轮距会发生较大的变化，致使轮胎磨损严重。在不等臂长的悬架中，通过合理的杆件长度设计，可将主销内倾角、车轮外倾角、轮距的变化控制在允许范围内，因此不等臂式双横臂独立悬架在汽车上的应用较为广泛。图 3-55 所示为不等臂式双横臂独立悬架。

（2）纵臂式独立悬架 纵臂式独立悬架有单纵臂式和双纵臂式两种。单纵臂式独立悬架不能用于转向轮，因为在车轮上下跳动时主销后倾角变化很大，因此单纵臂式独立悬架都用于后轮。

图 3-56 所示为用于前轮的双纵臂式独立悬架，转向节与两个纵摆臂用铰链连接，纵臂通过纵臂轴与扭杆弹簧连接，扭杆弹簧内端固定在车架上。车轮所受的纵向力、侧向力及力矩由车架上的管状横梁传递给车架。这种悬架的两个纵摆臂一般长度相等，形成平行四连杆机构，因此车轮上下跳动时，车轮的外倾角、轮距、主销的后倾角保持不变，可用于转向轮。

图 3-55 不等臂式双横臂独立悬架

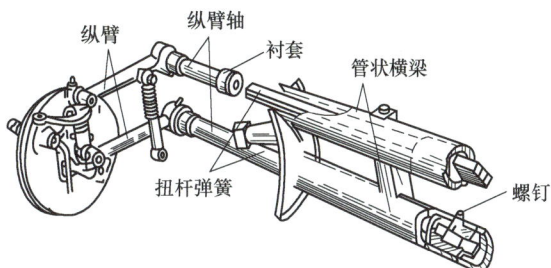

图 3-56 用于前轮的双纵臂式独立悬架

（3）车轮沿主销轴线移动的独立悬架 目前，主要是麦弗逊式独立悬架。麦弗逊式独立悬架由减振器、螺旋弹簧、横摆臂和横向稳定杆等组成，图 3-57 所示为麦弗逊式独立悬架的结构示意图。螺旋弹簧与减振器装于一体，构成悬架的弹性支柱，支柱上端与车身挠性连接（A 点），支柱下端与转向节刚性连接，横摆臂的外端与转向节下端铰接（B 点）。它没有传统意义上的主销，主销的轴线为 AB 的连线，车轮跳动时轮距、车轮外倾角、主销的倾角都有变化，合理的杆系布置可将其控制在很小的范围内。因其结构简单、布置紧凑，用于前悬架时能增大两前轮的内侧空间，故广泛应用于发动机前置前轮驱动轿车的前悬架中。

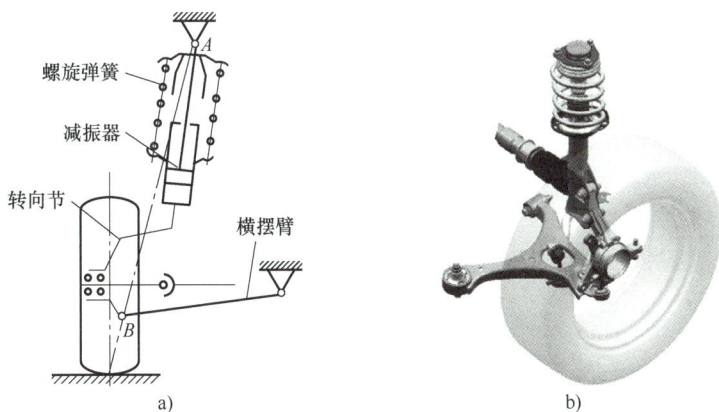

图 3-57 麦弗逊式独立悬架的结构示意图

七、电子控制悬架

电子控制悬架（Electronic Control Suspension，ECS）也称为电子调节悬架（Electronic Modulated Suspension，EMS），其优点是能使悬架随着不同的路况和行驶状态做出相应的调整，既可以使汽车的乘坐舒适性达到令人满意的状态，又可以使汽车的稳定性要求得到满足。

1. 电子控制悬架的功能

（1）调节车身高度　当汽车在不平路面行驶时可提高车身高度，防止汽车与路面碰撞；当汽车高速行驶时，可使车身高度降低，以减小空气阻力和降低重心，提高汽车的操纵稳定性。

（2）调节减振器阻尼力　通过对减振器阻尼力的调节，可防止汽车转向时车身的侧倾、急速起步或加速时车尾的下坐以及制动时车头的下沉等姿态，提高汽车的乘坐舒适性。

（3）调节弹簧刚度　通过调节弹簧的刚度，控制汽车起步时的姿势，以提高汽车的乘坐舒适性和操纵稳定性。

2. 电子控制悬架的组成与工作原理

电子控制悬架一般由传感器以及开关、电子控制单元（ECU）和执行器等组成。传感器主要有车身高度传感器、车速传感器、加速度传感器、转向盘转角传感器和节气门位置传感器等，开关有模式选择开关、高度控制开关和制动灯开关等。执行器有可调阻尼的减振器、可调节弹簧高度和弹性大小的弹性元件以及车身高度调节执行机构等。

电子控制悬架的基本工作原理是：传感器（包括开关）把汽车行驶时的路面状况、车速以及起步、加速、制动和转向等工况转变为电信号，输送给 ECU，ECU 进行综合处理后，输出对悬架刚度、阻尼和车身高度进行调节的控制信号。执行器按 ECU 的控制信号进行动作，及时调节悬架的刚度、阻尼和车身高度。

3. 电子控制悬架主要部件的构造与工作原理

（1）转向盘转角传感器　转向盘转角传感器安装在转向轴上，用于检测转向盘的中间位置、转动方向、转动角度和转动速度。汽车上多采用光电式转角传感器，如图 3-58 所示。

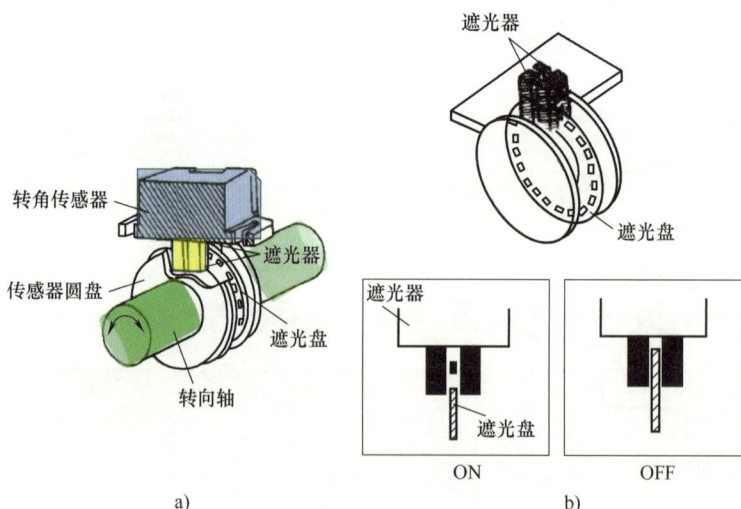

图 3-58　光电式转角传感器的结构与工作原理图

a）结构　b）工作原理图

在转向盘的转向轴上装有一个带窄缝的圆盘，传感器的光电元件（即发光二极管）和光敏接收元件（光电晶体管）相对地装在盘两侧形成遮光器。由于圆盘上的窄缝呈等距均匀分布，当转向盘的转轴带动圆盘偏转时，窄缝圆盘扫过遮光器的中间，使遮光器的输出端进行 ON/OFF 转换，形成脉冲信号，如图 3-58b 所示。ECU 可根据此信号的变化来判断转向盘的转角与转速。同时，由于传感器上两个光电耦合器 ON/OFF 信号变换的相位错开约 90°，可根据检测到的脉冲信号的相位差来判断转向盘的偏转方向。

（2）车身高度传感器　车身高度传感器用于把车身与车桥之间的相对高度变化（悬架变形量的变化）转换为电信号并传送给 ECU。每个悬架上都安装有一个车身高度传感器，通过它监测车身与悬架下臂之间的距离变化，来检测汽车高度和因道路不平而引起的悬架位移量。车身高度传感器常用的有片簧开关式传感器、霍尔式传感器和光电式传感器。

光电式车身高度传感器一般安装在车身与车桥之间，每个光电耦合器共有四组发光二极管和光电晶体管组成。当车身高度变化时（如汽车载荷发生变化），光电耦合器组相对应的发光二极管和光电晶体管上的光线发生 ON/OFF 的转换。光电晶体管把接收到的光线 ON/OFF 转换成电信号，并通过导线输送给悬架的 ECU。ECU 根据光电耦合器 ON/OFF 转换的不同组合变化，检测出不同的车身高度。

（3）加速度传感器　横向加速度传感器主要用于检测汽车转向时，汽车因离心力的作用而产生的横向加速度，并将产生的电信号输送给 ECU，使 ECU 能判断悬架系统的阻尼力改变的大小以及空气弹簧中空气压力的调节情况，以维持车身的最佳姿势。

（4）模式选择开关　驾驶人根据汽车的行驶状况和路面情况选择悬架的运行模式，即悬架的"软""中"或"硬"状态，从而决定减振器的阻尼力大小。常见的有标准和运动两种模式。

（5）高度控制开关　高度控制开关用于选择汽车高度，ECU 检测高度控制开关的状态并相应地使汽车高度上升和下降，有的汽车还有高度控制 ON/OFF 开关，用于开始/停止车高控制。

（6）ECU　悬架 ECU 接收各传感器、开关输入的信号，通过运算处理，控制执行器进行适应性调节，保持车辆的平顺性和操纵稳定性。ECU 电路一般由输入电路、微处理器、输出电路和电源电路等组成，具有提供稳压电源、传感器信号放大、输入信号计算、驱动执行机构和故障检测等功能。

（7）执行器　执行器主要包括阻尼转换执行器、刚度调节执行器和车高控制执行器等。

1）阻尼转换执行器。阻尼转换执行器安装在减振器的上部，由直流电动机、减速齿轮、阻尼调节杆和电磁线圈等组成，如图 3-59 所示。电控悬架 ECU 根据接收到的信号，使直流电动机驱动扇形的减速齿轮左右转动，通过阻尼调节杆带动减振器中的回转阀旋转，有级地改变阻尼孔的开闭，从而改变阻尼系数，即减振阻力。

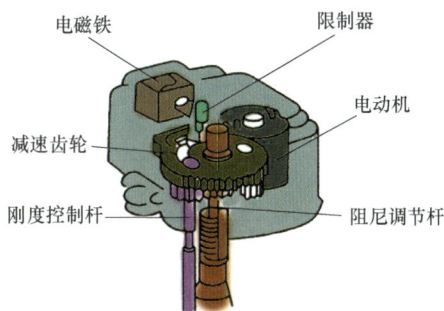

图 3-59　阻尼转换执行器

2）刚度调节执行器。悬架刚度调节是通过刚度调节执行器开闭主气室与副气室的隔板，改变气室的容积而实现的，即增大容积使刚度变小，减小容积使刚度增加。ECU 根据车辆状态信号及时调节悬架刚度，高速行驶转换为大刚度，低速行驶转换为小刚度；在制动时，使前悬架刚度增加，在加速时，使后悬架刚度增加；而转弯时使左右悬架刚度调节，以减少侧倾。

悬架刚度调节执行器由刚度控制阀和执行器等组成，执行器位于减振器的顶部，与阻尼转换执行器组装在一起。刚度控制阀安装在空气弹簧副气室的中部，如图 3-60 所示。刚度控制阀由空气阀芯、阀体和空气阀控制杆组成，空气阀芯在截面上有一个空气孔，外部的阀体在截面上有不同大小的空气孔。

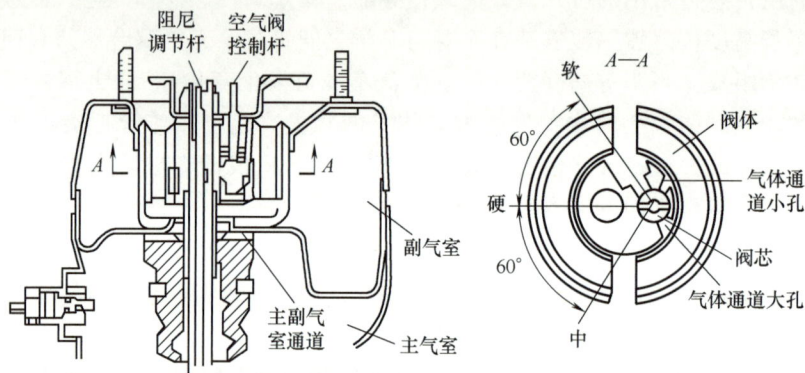

图 3-60　刚度控制阀的结构

当空气阀芯由电动机驱动的控制杆带动旋转到"软"的位置时，空气弹簧主气室的气体经过空气阀的中间孔，阀体侧面的气体通道大孔与副气室相通，此时参与工作的气体容积最大，悬架刚度处于最小状态；当阀芯旋转到"中"的位置时，主气室与副气室的气体经过阀芯的中间孔与阀体侧面的气体通道小孔相互流通，主、副气室之间的气体流量较小，悬架刚度处于中等状态；当阀芯旋转到"硬"的位置时，主气室与副气室的空气通道被阀芯挡住，此时仅仅靠主气室中的气体承担缓冲任务，悬架刚度处于最大状态。

3）车高控制执行器。车高控制是指根据乘员人数、装载质量和汽车的状态自动调节汽车高度，其主要由空气阀、空气压缩机和设置在悬架上的主气室组成。车高控制主要是利用空气弹簧中主气室空气量的多少来进行调节。当 ECU 接收到车身高度传感器、车速传感器、车门开关等信号，经过处理判断，若是增加车高，则控制执行器向空气弹簧主气室充气，增加空气量使汽车高度增加；若是降低车高，则控制执行器打开排气装置向外排气，使空气弹簧主气室的空气量减少而降低汽车高度。车身高度控制原理图如图 3-61 所示。

4）空气弹簧。空气弹簧主要由主气室、副气室、弹性刚度执行机构、阻尼转换执行机构和液压减振器等组成，如图 3-62 所示。悬架上端与车身连接，悬架下端与车轮连接。主气室的容积是可变的，在它的下部有一个可伸展的隔膜，压缩空气进入主气室可升高悬架高度，反之使悬架下降。悬架主、副气室之间有一个通路，可使气体相互流动，改变主、副气室之间气体通路的大小，使主气室被压缩的空气量发生变化，即可改变空气弹簧的刚度。减振器活塞通过中心杆和悬架控制执行器连接，执行器带动阻尼调节杆转动可改变活塞上阻尼孔的大小，从而改变减振器的阻尼系数。

5）可调阻尼式减振器。可调阻尼式减振器主要由缸筒、活塞及活塞杆、阻尼调节杆和回转阀等组成，如图 3-63 所示。活塞杆是一空心杆，在其中心装有阻尼调节杆，调节杆的

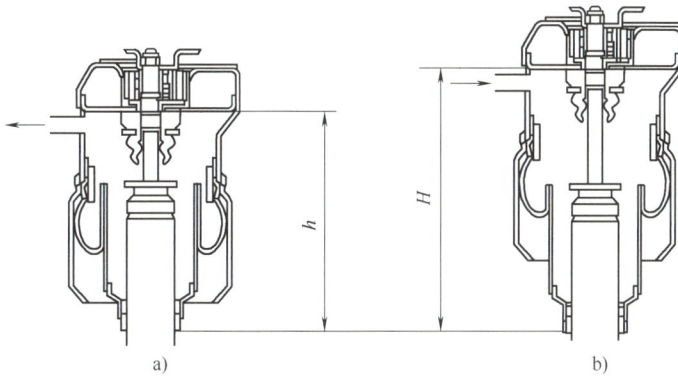

图 3-61　车身高度控制原理图

a）车身低　b）车身高

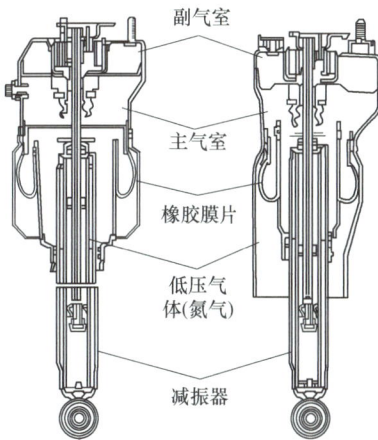

图 3-62　空气弹簧的结构

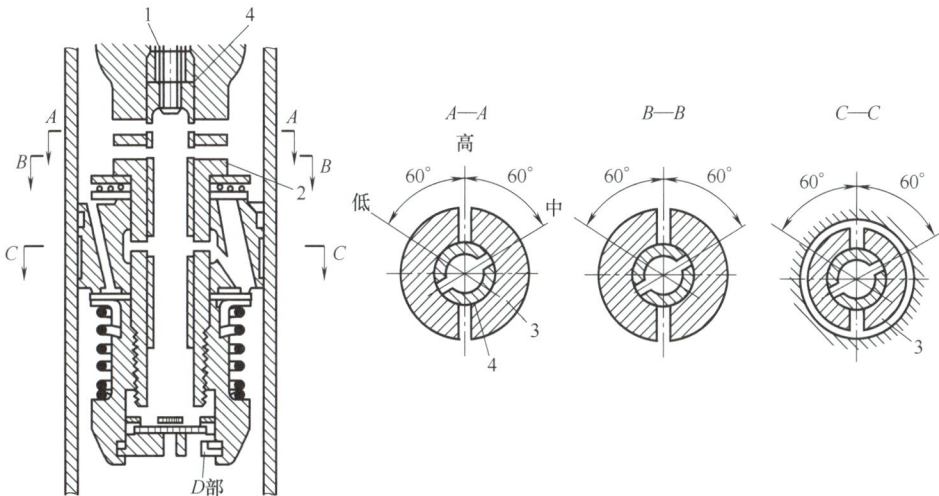

副气室

主气室

橡胶膜片

低压气体(氮气)

减振器

图 3-63　可调阻尼式减振器的结构与工作原理图

1—阻尼调节杆（回转阀控制杆）　2—阻尼孔　3—活塞杆　4—回转阀

上端与执行器相连。调节杆的下端装有回转阀，回转阀上有三个油孔，活塞杆上有两个通孔。缸筒中的油液一部分经活塞上的阻尼孔在缸筒的上下两腔流动，另一部分经回转阀与活塞杆上连通的孔在缸筒的上下两腔流动。

当 ECU 促使执行器工作时，通过阻尼调节杆带动回转阀相对活塞杆转动，回转阀与活塞杆上的油孔连通或切断，从而增加或减少油液的流通面积，使油液的流动阻力改变，以达到调节减振器阻尼力的目的。

八、悬架故障的诊断与排除

1. 被动悬架常见故障的诊断与排除

（1）异响的诊断与排除

1）故障现象。汽车在行驶过程中，特别是道路颠簸、突然制动、转弯时从悬架部位发出的噪声。

2）故障原因。

① 钢板弹簧销、衬套、吊环等磨损过大引起零件间的间隙增大，钢板弹簧疲劳折断或变形，螺旋弹簧失效或折断。

② 前后悬架各部联接螺栓松动，各处橡胶衬套磨损、老化和损坏。

③ 减振器漏油严重或失效。

3）故障诊断与排除。检查钢板弹簧是否已到达疲劳极限，若是应更换老化的部件。

（2）车身倾斜的诊断与排除

1）故障现象。汽车调整后停放在平坦地面上，车身横向或纵向歪斜，汽车行驶中方向自动跑偏。

2）故障原因。

① 螺旋弹簧断裂、弹力下降、左右弹簧刚度不一致。

② 悬架变形。

3）故障诊断与排除。检查弹簧是否有断裂和弹力下降的情况，若不符合要求，则更换弹簧；检查悬架变形情况，必要时予以修理。

（3）行驶跑偏的诊断与排除

1）故障现象。汽车在直线行驶时，驾驶人需不断向一边轻拉转向盘，方能保持直线行驶，否则，汽车自动向另一边跑偏。

2）故障原因。行驶跑偏主要是由于汽车左右两边几何尺寸或滚动阻力不相等所致，具体原因如下：

① 左右两轮气压不等、轮胎磨损情况及规格不等，造成滚动半径不等，汽车自动向滚动半径小的一边跑偏。

② 两前轮的定位角不等。

③ 两前轮轮毂轴承的松紧程度不等。

④ 一边车轮的制动器拖滞。

⑤ 车架变形，一边弹簧折断或过软，某一车桥歪斜等。

⑥ 前束值不准，过大或者过小。

3）故障的诊断与排除。检查车轮定位情况，重新定位。更换车架等。

（4）漏油的诊断与排除　减振器可能发生渗油或漏油，如果发生减振器漏油，那么汽车减振能力就会减弱，直接影响乘坐的舒适性。一般通过目检减振器是否漏油，若漏油明显，应更换减振器。

2. 电控悬架常见故障的诊断与排除

电控悬架常见的故障是悬架的刚度和阻尼控制失灵，主要的可能原因是传感器及其电路、ECU 等，而车身高度控制失灵的主要原因是车身高度控制开关及其电路、车身位移传感器、车身高度控制继电器和 ECU 故障。

【任务实施】

前悬架的拆装与检查

1. 任务准备

1）场地和设备准备：实训场地布置、汽车、举升设备、拆装工具、课件或微课视频。

2）分组：根据设备数量将学生分成 4~6 个组，每个组 6~8 人。

2. 任务步骤

1）各小组观看微课视频，可以课前完成。

2）老师演示悬架拆卸及检查过程，学生观看并记录步骤及要点。

3）学生分小组进行悬架的拆装及检查，并完成工单填写。

3. 任务评价

教师根据表 3-6 中的任务评价内容及标准为学生打分。

表 3-6　任务评价内容及标准

序号	项目	操作内容	分值	评分标准	得分
1	准备	清点工具、清理工位	5	酌情扣分	
2	拆装	根据维修手册,拆装前悬架	20	拆装顺序不当扣 1~20 分	
		规范使用工具	5	工具使用不当扣 1~5 分	
		整齐摆放零部件	5	零件或工具掉落扣 1~5 分	
3	检查	检查缓冲块是否老化、破损	20	检查不当每次扣 10 分	
		检查减振器及螺旋弹簧	20	检查不当每次扣 5 分	
4	完成时间	80min	10	超时 1~5min 扣 1~5 分 超时 5min 以上扣 10 分	
5	安全文明	无安全隐患,无不文明操作	5	未达标扣 1~5 分	
6	结束	工具清洁归位	5	漏一项扣 1 分,未做扣 5 分	
		清理工作场地	5	清洁不彻底扣 1~5 分,未做扣 5 分	
总分			100		

【任务工单】

工作页4 前悬架的拆装与检查

班级		姓名	
地点		日期	

一、资讯

1. 悬架系统的减振器一般和弹性元件_____安装。
2. 螺旋弹簧只能承受汽车的垂直载荷，所以必须装有_____。
3. 由于减振器伸张阀比压缩阀弹簧硬，所以伸张时减振器的阻尼力_____。
4. 双筒双向作用式液压减振器在_____起减振作用。
5. 在电控悬架中，弹性元件一般采用_____。

二、计划与决策

请查阅悬架信息，对小组成员进行合理分工，确定前悬架拆装检查计划。

1. 需要的悬架类型：_____。
2. 小组成员分工：_____。

三、实施

1. 准备工作：_____、_____、_____、_____等。
2. 车辆型号：_____。
3. 悬架拆装过程：_____
_____。
4. 悬架分解注意点：_____。
5. 检查：
1）减振器工作性能是否完好。 □是 □否
2）缓冲块是否老化或破损。 □是 □否
3）螺旋弹簧外观及弹性是否完好。 □是 □否
6. 按顺序装复悬架，整理设备及工具，清洁场地。

【复习与思考】

一、判断题

1. 螺旋弹簧用弹簧钢料卷制而成，仅应用于独立悬架。 （ ）
2. 减振器失效会导致汽车局部摆振。 （ ）
3. 电控悬架一般只能调节车身高度。 （ ）

二、选择题

1. 气体弹簧利用气体的可压缩性实现弹簧的作用，具有较理想的（ ）特性。

A. 不可变刚度　　　　　B. 部分可变刚度　　　　　C. 可变刚度

2. 对于平顺性要求较高的轿车，其悬架常采用的是（　　　）。

A. 独立悬架　　　　　B. 非独立悬架　　　　　C. 平衡悬架　　　　　D. 相关悬架

3. 在（　　　）时，需要拆检钢板弹簧，并在片间涂抹石墨润滑脂。

A. 日常维护　　　　　B. 一级维护　　　　　C. 二级维护　　　　　D. 汽车小修

三、简答题

1. 汽车悬架一般由哪几部分组成？各部分的作用是什么？

2. 汽车悬架常用的弹簧元件有哪几种？比较它们的优缺点。

3. 采用螺旋弹簧和扭杆弹簧的悬架上为什么必须装有减振器？

4. 简述双筒双向作用式液压减振器的工作原理。

＊5. 结合职业能力证书考核要求，将悬架系统部件检修方法进行整理，并进行实操训练。

转向系统检修

本项目主要介绍汽车转向系统各部件的结构、工作原理、常见故障以及检修方法，包括四个任务。

任务一 转向系统的认知

【任务描述】

客户李先生反映，他轻轻打转向盘时感觉车轮转动量很小，转向反应不灵敏。维修技师进行了试车，转向盘确实有松旷的现象。只见维修技师轻轻转动转向盘，在转向轮就要开始移动时，使用钢直尺测量转向盘外缘的移动量。你能否和维修技师一样对转向系统进行检修？

【学习目标】

知识目标	掌握转向系统的功用和类型 掌握机械转向系统和动力转向系统的组成与工作原理 熟悉转向系统的基本参数
技能目标	会对转向系统做基本维护
素养目标	培养安全意识和劳动意识

知识脉络图

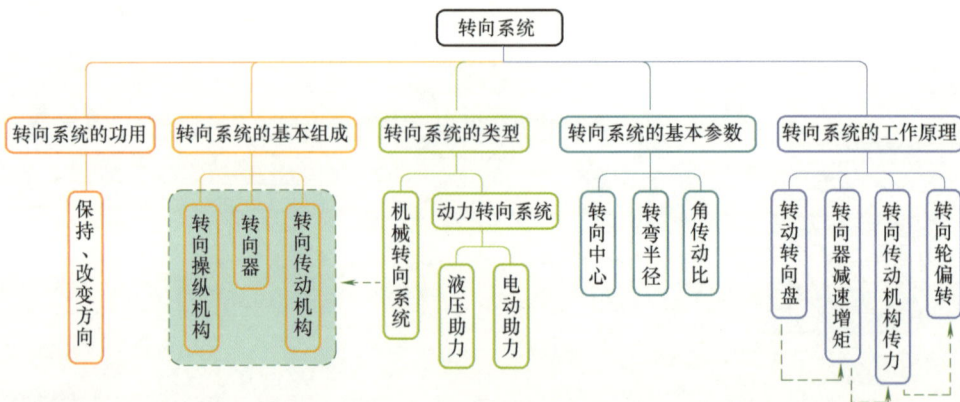

📑》【知识准备】

一、转向系统概述

1. 转向系统的定义与功用

由驾驶人操纵使转向轮偏转和回位，用来改变行驶方向的机构称为汽车转向系统。转向系统的功用是按照驾驶人的意愿改变汽车的行驶方向和保持汽车的行驶方向。

2. 转向系统的分类

按转向能源的不同，转向系统可分为机械转向系统和动力转向系统两大类。机械转向系统以驾驶人的体力作为转向动力源。动力转向系统除了以驾驶人的体力作为转向动力源外，还以汽车发动机或电动机作为辅助转向动力源。

二、转向系统的组成与工作原理

1. 机械转向系统的组成与工作原理

机械转向系统由转向操纵机构、转向器和转向传动机构三大部分组成，如图 4-1 所示。

1）转向操纵机构的功用是操纵转向器和转向传动机构使转向轮偏转。转向盘、转向轴、转向万向节和转向传动轴都属于操纵机构。

2）转向器的功用是增大由转向盘传到转向轮的力，并改变力的传递方向。

3）转向传动机构的功用是把转向器输出的力和运动传给转向轮，使两侧转向轮偏转，实现汽车转向。在图 4-1 中，转向摇臂、转向直拉杆、转向节臂、转向节、转向梯形臂、转向横拉杆都属于传动机构。

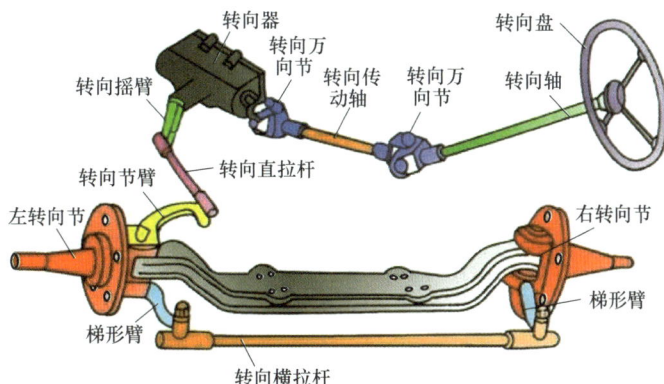

图 4-1 机械转向系统示意图

汽车转向时，驾驶人转动转向盘，通过转向轴将转向力矩输入转向器。经转向器减速后的运动和增大后的力矩经转向横拉杆传递给固定于转向节上的转向节臂，使转向节及装于其上的转向轮偏转。

2. 动力转向系统的组成与工作原理

动力转向系统是在机械转向系统的基础上加设一套转向助力装置而构成的。图 4-2 所示为一种液压式动力转向系统示意图。其中，储油罐、转向助力泵、齿轮齿条式转向器内部的转向控制阀和转向动力缸都属于转向助力装置。

采用动力转向系统的汽车，在正常情况下转向时，驾驶人操纵机械转向系统一方面提供转向所需的一小部分能量，另一方面则同时带动转向助力装置工作，由发动机或电动机通过转向助力装置提供转向所需的大部分能量。在转向助力装置失效时，驾驶人仍能通过机械转向系统完成转向任务。

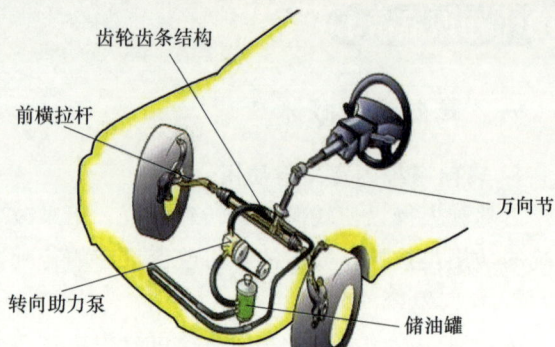

图 4-2　液压式动力转向系统示意图

三、转向系统的基本参数

1. 转向中心与转弯半径

汽车转向时，内侧车轮和外侧车轮滚过的距离是不相等的。为了避免转向时车轮边滚边滑的现象，要求转向时所有车轮均进行纯滚动。显然，只有在转向时所有车轮的轴线都相交于一点 O 时才能实现。此交点 O 称为汽车的转向中心，如图 4-3 所示。

由图 4-3 可见，汽车转向时，内侧转向轮偏转角 β 大于外侧转向轮偏转角 α。在车轮为刚性车轮的假设条件下，α 与 β 的理想关系式为

$$\cot\alpha = \cot\beta + B/L$$

式中　B——两侧主销轴线与地面相交点之间的距离（可近似认为是转向轮轮距）；

　　　L——汽车轴距。

由转向中心 O 到外侧转向轮与地面接触点的距离称为汽车转弯半径。转弯半径越小，则汽车转向所需场地就越小。

2. 转向梯形

两侧转向轮的这一理想关系是通过转向梯形保证的，如图 4-4 所示。转向机构的这一设计可以基本保持汽车转向时，所有的车轮都处于纯滚动状态，内侧转向轮的偏转角 β 大于外侧转向轮的偏转角 α。

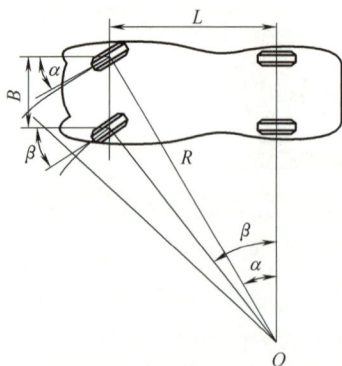

图 4-3　双轴汽车转向示意图

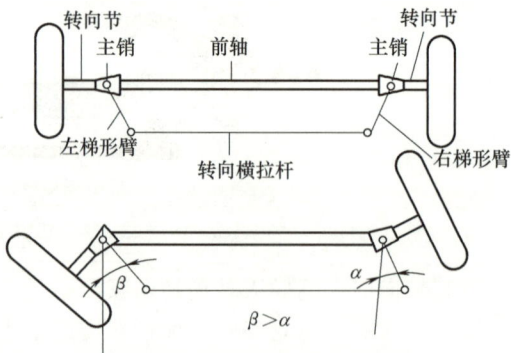

图 4-4　转向梯形机构

3. 转向系统的角传动比

转向盘的转角增量与安装在转向盘同侧的转向轮相应转角增量之比称为转向系统角传动

比，用 i_ω 表示。i_ω 越大，则为了克服一定的地面转向阻力矩所需的转向盘上的转向力矩便越小，驾驶人需加于转向盘上的力就越小，转向操纵越轻便。但 i_ω 过大将导致转向操纵灵敏性降低。所以，选取 i_ω 时既要保证转向轻便，又要确保转向灵敏。

四、转向系统的维护

1. 转向信号灯和指示灯的检查

扳动转向开关，转向信号灯和指示灯应点亮。转向盘回正后，转向灯应熄灭。

2. 转向操纵机构的检查

用弹簧秤或转向参数测量仪测量转向盘的转动阻力，其读数应符合规定。

检查转向盘的自由转动量，方法为：在配备动力转向系统的车辆上，起动发动机；机械转向系统则无须起动发动机。把转向轮转到直线行驶的位置，轻轻转动转向盘，在转向轮就要开始移动时（或感觉到阻力时），用钢直尺测量转向盘外缘的移动量，应符合规定。

3. 横拉杆球头的检查

检查横拉杆球头应不松旷、防尘套应无开裂或破裂、横拉杆体应无弯曲或损坏。

4. 液压助力转向系统的检查

（1）系统密封性的检查　系统密封性的检查应在热车时进行。把转向盘朝左、右两侧转至极限位置固定，以使油管内产生最大压力，目测检查转向控制阀、液压泵、油管接头等的密封是否良好。如有渗漏，应更换密封件。

（2）转向油液面高度的检查　转向油液面高度的检查方法如下：

1）把车辆停放在水平路面上，使前轮处于直线行驶位置。起动发动机，使其达到正常的工作温度。

2）使发动机怠速运转约 2min，左、右转几次转向盘，使转向油温度达到 40~80℃，关闭发动机。

3）观察转向油罐的液面，此时液面应处于上限与下限之间。液面低于下限时，应加油使液面至上限位置。对于用油尺检查的汽车，应拧下带油尺的封盖，用布将油尺擦净，把封盖再次插入油罐内拧紧，然后重新拧出，观察油尺上的标记，标记应处于上限与下限之间。

（3）转向液压泵压力的检查　转向液压泵压力的检查方法如下：

1）把量程为 15MPa 的压力表和节流阀串接到转向液压泵和转向控制阀之间的管路中。

2）起动发动机，保持发动机怠速运转，转动转向盘数次。如需要，向转向油罐中补充转向油。

3）迅速关闭节流阀（5~10s），并读取压力值。若压力足够大，说明转向液压泵正常；否则，应检查安全阀和溢流阀是否完好，若不正常应更换溢流阀、安全阀或液压泵。

（4）转向液压泵传动带张紧力的检查与调整　把车辆停在干燥路面上，运转发动机使转向油温度上升到正常温度，左右转动转向盘。若传动带打滑，则说明传动带张紧力不够或液压泵内有机械损伤。也可关闭发动机，用约 100N 的力从传动带的中间位置按下，传动带的挠度应为 10mm 左右，否则应调整或更换传动带。

◆》【任务实施】

转向系统的维护

1. 任务准备

1）场地和设备准备：实训场地布置、汽车、举升设备、课件或微课视频。

2）分组：根据设备数量将学生分成 4~6 个组，每个组 6~8 人。

2. 任务步骤

1）各小组先进行观察，认识转向系统的各组成部件。

2）老师演示或播放微课视频，学生观看汽车转向系统的维护。

3）各小组进行转向系统的维护，并完成工作页填写。

3. 任务评价

教师根据表 4-1 中的任务评价内容及标准给学生打分。

表 4-1　任务评价内容及标准

序号	项目	操作内容	分值	评分标准	得分
1	准备	清点工具、清理工位	5	酌情扣分	
2	转向系统的维护	转向信号灯和指示灯的检查	10	检查不到位扣 1~10 分	
		转向盘转动阻力和自由转动量的检查与调整	20	检查不到位扣 1~20 分	
		转向横拉杆球头的检查	10	检查不到位扣 1~10 分	
		液压助力转向系统密封性的检查	10	检查不到位扣 1~10 分	
		转向油液面高度的检查	10	检查不到位扣 1~10 分	
		转向液压泵压力与传动带张紧力的检查	10	检查不到位扣 1~10 分	
3	完成时间	80min	10	超时 1~5min 扣 1~5 分　超时 5min 以上扣 10 分	
4	安全文明	无安全隐患，无不文明操作	5	未达标扣 1~5 分	
5	结束	工具清洁归位	5	漏一项扣 1 分，未做扣 5 分	
		清理工作场地	5	清洁不彻底扣 1~5 分，未做扣 5 分	
		总分	100		

【任务工单】

工作页 1　转向系统的维护

班级		姓名	
地点		日期	

一、资讯

1. 汽车转向系统是指_____。
2. 汽车转向系统分为_____和_____。

二、计划与决策

请查阅相关车型信息，对小组成员进行合理分工，确定转向系统的维护计划。

1. 车辆品牌及型号：_____。
2. 小组成员分工：_____。

三、实施

1. 车辆钥匙准备、工具和量具、举升设备安全检查等。
2. 机械转向系统的维护情况记录：_____
_____。
3. 测得的转向盘自由转动量是：_____。
4. 测得的转向液压泵压力是：_____。

【复习与思考】

一、判断题

1. 汽车转向时，内侧转向轮的偏转角小于外侧转向轮的偏转角。　　　（　　）
2. 转向系统的角传动比越大，转向越省力，越灵敏，所以转向系统的角传动比应越大越好。　　　（　　）

二、选择题

1. 汽车转向系统的功用是（　　）汽车的行驶方向。
A. 改变　　　　　B. 改变和保持　　　　　C. 保持　　　　　D. 操纵
2. 汽车转向时，内侧转向轮的偏转角（　　）外侧转向轮的偏转角。
A. 等于　　　　　B. 大于　　　　　C. 小于　　　　　D. 大于或等于

三、简答题

1. 简述机械式转向系统的工作过程。
2. 写出转向梯形理论特性关系式，并说明各符号的含义。

任务二　机械转向系统的检修

【任务描述】

客户反映，向左打转向盘时转向器（转向机）有异响，维修技师进行了试车，发现情况确实如此。经初步检查，该车辆采用的是齿轮齿条式转向器，齿轮与齿条啮合间隙过大，需要进行更换或调整，你能否和维修技师一起对转向器进行检修与调整？

【学习目标】

知识目标	了解转向操纵机构的组成与功用 掌握转向器的结构与工作原理 熟悉转向传动机构的组成
技能目标	会熟练拆装与调整各类转向器
素养目标	养成精益求精的工匠精神和较强的安全意识

知识脉络图

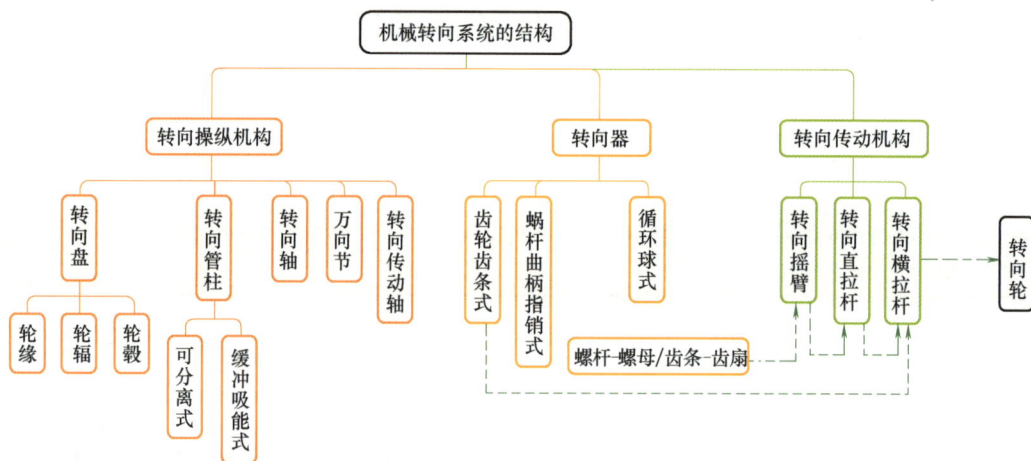

【知识准备】

机械转向系统由转向操纵机构、转向器和转向传动机构组成，参见图4-1。

一、转向操纵机构

转向操纵机构主要由转向盘、转向管柱、转向轴、万向节以及转向传动轴等组成，如图4-5所示。转向管柱中部用橡胶垫和半圆形冲压支架固定在驾驶室前围板上，下端插入支座的孔中，支座则固定在转向操纵机构支架上。

转向轴穿过转向管柱，其下端支承在转向管柱支座中的轴承上，上部则通过转向轴衬套支承在转向管柱的内壁上，其上端用螺母与转向盘相连接。转向轴通过万向传动装置与转向器中的传动件相连。下万向节与转向传动轴用滑动花键相连接。

图4-5 转向操纵机构的结构

1. 转向盘

转向盘用于产生转向操纵力，它主要由轮缘、轮辐和轮毂组成，常见的有三根辐条式和四根辐条式，如图4-6所示。轮辐和轮缘的心部有钢、铝或镁合金制的骨架，外表通过注塑方法包覆有一定形状的塑料外层或合成橡胶，以改善操纵转向盘的手感，并提高驾驶人安全性。转向盘与转向轴一般是通过花键或带锥度的细花键连接，端部通过螺母轴向压紧固定。

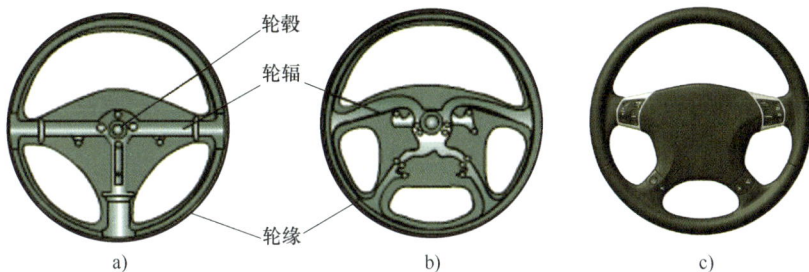

图4-6　转向盘的结构以及外观
a）三根辐条式　b）四根辐条式　c）外观

在转向盘空转阶段，为消除间隙、克服弹性变形所空转的角行程称为转向盘自由转动量。转向盘自由转动量对于缓和路面冲击以及避免使驾驶人过度紧张是有利的，但不宜过大，以免过分影响转向灵敏性。

在转向盘上安装有电喇叭、安全气囊和巡航系统的控制开关等，在转向盘转动时，这些电子元件也一起转动。因此，转向盘下部安装有螺旋线束，以保证上述元件的正常工作。

2. 转向管柱

转向管柱主要由转向柱管和转向轴组成。转向轴把驾驶人作用于转向盘的转向操纵力传给转向器；转向柱管安装在车身上，用于支承转向轴和安装其他部件。一般而言，转向柱管上安装有转向灯、远近光和刮水器等的控制开关、点火开关以及锁芯、转向柱锁等。

转向柱管上还安装有能够改变转向盘倾斜角度和轴向位置的机构，使驾驶人可以在一定的范围内调节转向盘的位置。

转向管柱（转向盘）倾斜角度调整机构如图4-7所示。当向下扳动手柄时，锁紧螺栓的

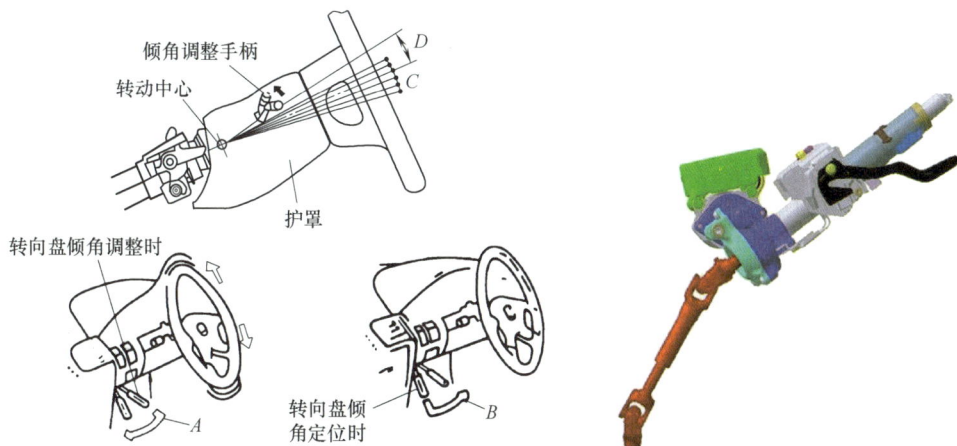

图4-7　转向管柱倾斜角度调整机构
A—转向盘倾角调整时　B—转向盘倾角定位时　C—分段调整的各档位置　D—转向盘倾角调整范围

螺纹放松，转向管柱能以下托架上的枢轴为中心在穿有螺栓的支架长孔范围内上下移动。转向管柱的位置确定后，向上扳动调整手柄，从而将转向管柱定位，转向盘位置调整完成。

转向管柱（转向盘）轴向位置调整机构如图4-8所示。转向管柱分为上下两段，两者通过花键连接。上转向管柱由调节螺栓通过楔状限位块夹紧定位。调节螺栓的一端拧有调节手柄。需要调整转向管柱的轴向位置时，先向下推动调节手柄扳开限位块，再轴向移动转向盘，调到合适位置后，向上拉紧调节手柄，将上转向管柱锁紧定位。

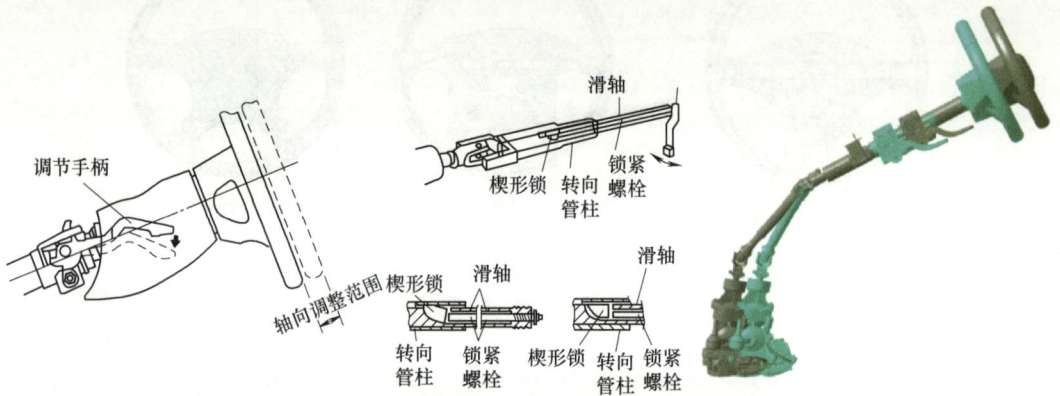

图4-8 转向管柱轴向位置调整机构

除手动调节外，调整机构中还可利用电动机来调节转向管柱的倾斜或轴向伸缩。

3. 安全转向管柱

为了提高汽车行驶的安全性，有效防止汽车发生碰撞时转向盘对驾驶人的伤害，有些汽车在转向操纵机构上增设了相应的安全装置，这些装置主要安装在转向管柱上。目前，安全转向管柱主要有可分离式安全转向管柱和缓冲吸能式安全转向管柱两种类型。

可分离式安全转向管柱的结构如图4-9所示。它有效防止转向盘对驾驶人的伤害，但这种转向操纵机构本身不包含吸能装置。

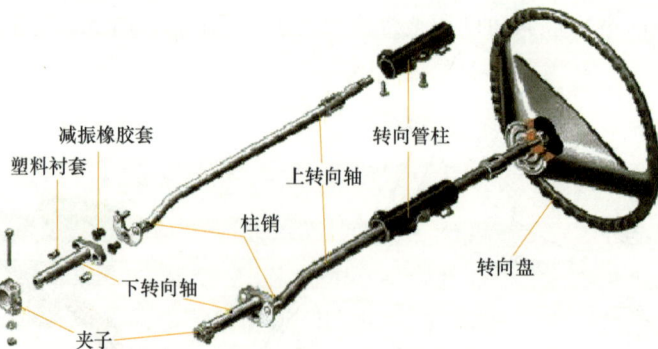

图4-9 可分离式安全转向管柱的结构

缓冲吸能式安全转向管柱能从结构上使转向轴和转向轴套管在受到冲击后轴向收缩并吸收冲击能量，从而有效地缓和转向盘对驾驶人的冲击，减轻驾驶人所受伤害的程度。

图4-10所示为钢球滚压变形式安全转向管柱。

当汽车发生碰撞时，转向器总成对转向管柱施加轴向冲击力，将连接上、下转向轴的塑料销钉切断，下转向轴便沿上转向轴向上滑动。上转向轴和上转向柱管的空间位置没有因冲击而上移，故可使驾驶人免受伤害。如果驾驶人的身体因惯性撞向转向盘，则连接橡胶垫与柱管托架的塑料销钉被切断，托架脱离橡胶垫，上转向轴和上转向柱管连同转向盘、托架一起，相对于下转向轴和下转向柱管向下滑动，从而减缓了对驾驶人胸部的冲击。在上述两次冲击过程中，上、下转向柱管之间均产生相对滑动。因为钢球的直径稍大于上、下柱管之间的间隙，所以

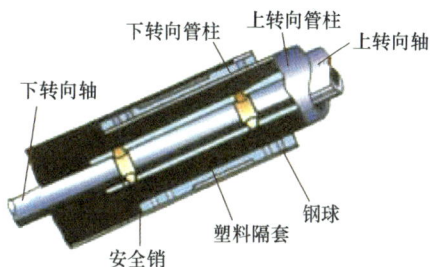

图 4-10　钢球滚压变形式安全转向管柱

滑动中带有对钢球的挤压，冲击能量就在这种边滑动边挤压的过程中被吸收。

二、转向器

按照传动副的结构形式不同，转向器可分为齿轮齿条式、循环球式和蜗杆曲柄指销式。

1. 齿轮齿条式转向器

齿轮齿条式转向器具有结构简单、传动效率高、操纵轻便、重量轻、不需要转向摇臂和转向直拉杆等优点，广泛应用于轿车和轻型、微型载货汽车上。

齿轮齿条式转向器主要由转向器壳体、转向齿轮和转向齿条等组成，如图 4-11 所示。转向器通过转向器壳体的两端用螺栓固定在车身（车架）上。齿轮轴通过轴承支承在壳体中，其上端通过花键与转向轴上的万向节（图中未画出）相连，其下部是与轴制成一体的转向齿轮。转向齿轮是转向器的主动件，与它相啮合的从动件，即转向齿条水平布置，齿条背面装有压簧垫块。在压簧的作用下，压簧垫块将齿条压靠在齿轮上，保证两者无间隙啮合。调整螺钉可用来调整压簧的预紧力。压簧不仅起消除啮合间隙的作用，而且还是一个弹性支承，可以吸收部分振动能量，缓和冲击。

转向传动机构及转向器

转向器安装位置

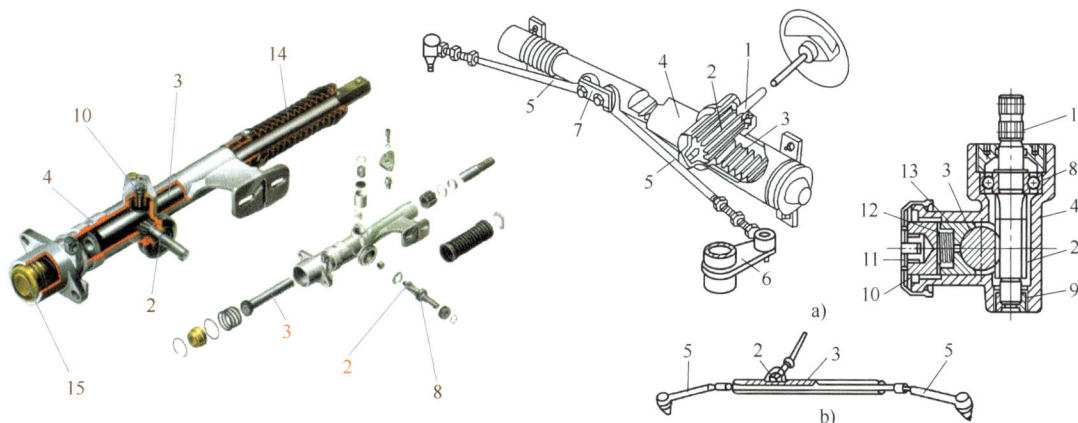

图 4-11　齿轮齿条式转向器的结构

1—齿轮轴　2—转向齿轮　3—转向齿条　4—转向器壳体　5—转向横拉杆　6—转向节　7—横拉杆支架　8—球轴承
9—滚柱轴承　10—调整螺钉　11—罩盖　12—压簧　13—压簧垫块　14—防尘护套　15—挡块组件

齿轮齿条式转向器可分为中间输出式（图 4-11a）和两端输出式（图 4-11b）两种。转向齿条 3 的中部或两端，通过横拉杆支架 7 与转向横拉杆 5 连接。转动转向盘时，转向齿轮 2 转动，与之相啮合的转向齿条沿轴向移动，从而使左、右转向横拉杆分别带动两侧的转向节转动，使转向轮偏转，实现汽车转向。

在汽车使用或维护过程中，可能需要检查齿轮轴承的预紧度和传动副的啮合间隙。使用扭力扳手测量齿轮轴承的预紧力矩，应符合规定，否则，应进行调整。齿轮与齿条的啮合间隙则通过改变齿条垫块压簧预紧力的方式来调整。

2. 循环球式转向器

循环球式转向器中一般有两级传动副，第一级为螺杆螺母传动副，第二级为齿条齿扇传动副，如图 4-12 所示。

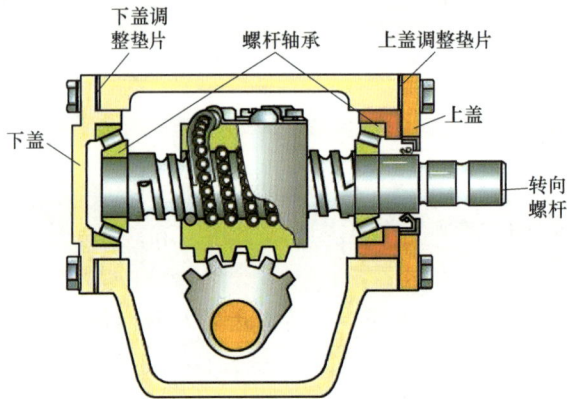

图 4-12　循环球式转向器的结构

循环球式转向器的正传动效率很高（可达 90%～95%），故操纵轻便，使用寿命长。但其逆传动效率也很高，容易将路面冲击力传到转向盘。不过，对于较轻型的、前轴载质量不大而又经常在良好路面行驶的汽车而言，这一缺点影响不大。

检查循环球式转向器转向螺杆的轴承预紧度时，要求转向螺杆转动灵活，轴向没有间隙。若不符合规定，应增减上盖或下盖处的调整垫片厚度进行调整。检查传动副的啮合间隙时，应使齿扇与齿条处于中间啮合位置（汽车直行位置）。此时，啮合间隙应符合规定；若不符合规定，应旋转侧盖上的调整螺钉进行调整。

三、转向传动机构

与齿轮齿条式转向器配用的传动机构由转向横拉杆和转向节等组成，与循环球式转向器配用的传动机构由转向摇臂、转向直拉杆、转向横拉杆和转向节等组成。

1. 转向摇臂

转向摇臂的功用是把转向器输出的力和运动传给转向直拉杆或转向横拉杆，进而推动转向轮偏转。图 4-13 所示为常见转向摇臂的结构形式，其大端具有三角细花键锥形孔，用以与转向摇臂轴外端相连接，并用螺母固定；其小端带有球头销，以便与转向直拉杆进行空间铰链连接。转向摇臂安装后从中间位置向两边摆动的角度应大致相等，故在把转向摇臂安装到摇臂轴上时，两者相应的角位置应正确。为此，在摇臂大孔外端面上和摇臂轴的外端面上各刻有短线，或在两者的花键部分上都少铣一个齿，作为装配标记。装配时应将标记对齐。

2. 转向直拉杆

转向直拉杆的功用是将转向摇臂传来的力和运动传给转向梯形臂或转向节臂。如图 4-14 所示，转向直拉杆的前端与转向摇臂连接，转向直拉杆的后端与转向节臂连接。直拉杆为空心钢管，在两端变粗，用于安装球头销。

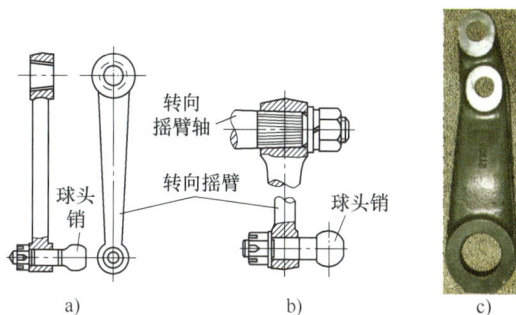

图 4-13　常见转向摇臂的结构形式
a）转向摇臂　b）大端、小端　c）实物

3. 转向横拉杆

转向横拉杆的功用是连接左右梯形臂或转向节臂，并使其协调工作。转向横拉杆由转向横拉杆体和两端的横拉杆接头组成，转向横拉杆体用钢管或钢杆制成，它的两端有正、反螺纹（一端为右旋，另一端为左旋），如图 4-15 所示。转动螺纹时，即可改变横拉杆的长度，从而调整转向轮的前束值。

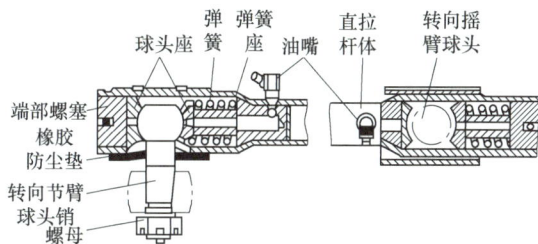

图 4-14　转向直拉杆的结构

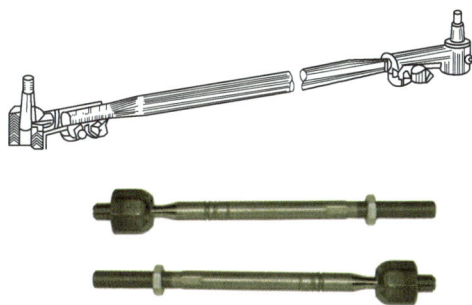

图 4-15　转向横拉杆的结构

⏩【任务实施】

转向器的拆装与检修

1. 任务准备

1）场地和设备准备：实训场地布置、齿轮齿条式转向器、循环球式转向器、课件或微课视频。

2）分组：根据设备数量将学生分成 4~6 个组，每个组 6~8 人。

2. 任务步骤

1）各小组先进行观察，认识齿轮齿条式转向器和循环球式转向器。

2）老师演示或播放微课视频，学生观看各转向器的拆装与检修过程。

3）各小组进行转向器的拆装、检查与调整，并完成工作页填写。

循环球式转向
器的拆检

3. 任务评价

教师根据表 4-2 中的任务评价内容及标准给学生打分。

表 4-2　任务评价内容及标准

序号	项目	操作内容	分值	评分标准	得分
1	准备	清点工具、清理工位	5	酌情扣分	
2	转向器的拆装与检修	拆解与检查齿轮齿条式转向器	20	操作不到位扣 1~20 分	
		装配与调整齿轮齿条式转向器	20	操作不到位扣 1~20 分	
		拆解与检查循环球式转向器	15	操作不到位扣 1~15 分	
		装配与调整循环球式转向器	15	操作不到位扣 1~15 分	
3	完成时间	80min	10	超时 1~5min 扣 1~5 分 超时 5min 以上扣 10 分	
4	安全文明	无安全隐患,无不文明操作	5	未达标扣 1~5 分	
5	结束	工具清洁归位	5	漏一项扣 1 分,未做扣 5 分	
		清理工作场地	5	清洁不彻底扣 1~5 分,未做扣 5 分	
	总分		100		

【任务工单】

工作页 2　转向器的拆装与检修

班级		姓名	
地点		日期	

一、资讯

1. 轿车广泛采用的转向器是＿＿＿＿＿＿＿＿＿＿＿＿。

2. 循环球式转向器是＿＿＿＿个传动比的转向器。

3. 调整转向器传动副啮合间隙时,应使传动副处于＿＿＿＿＿＿位置。

二、计划与决策

请查阅相关车型信息,对小组成员进行合理分工,确定转向器拆装、检查与调整计划。

1. 车辆品牌及型号：＿＿＿＿＿＿＿＿＿＿＿＿＿＿＿＿＿＿＿＿＿＿＿＿。

2. 小组成员分工：＿＿＿＿＿＿＿＿＿＿＿＿＿＿＿＿＿＿＿＿＿＿＿＿。

三、实施

1. 场地、工具安全检查等。

2. 简述齿轮齿条式转向器的拆装步骤：_____

_____

_____。

3. 循环球式转向器装配注意事项：_____

_____。

4. 循环球式转向器传动副啮合间隙的检查与调整方法：_____

_____。

【复习与思考】

一、判断题

1. 调整转向器传动副的啮合间隙，可以调整转向盘的自由行程。　　　　　（　　）

2. 在调整转向器转向间隙时，应能使传动副处于啮合位置。　　　　　（　　）

二、单选题

1. 没有吸能作用的安全转向操纵机构是（　　）。

A. 缓冲吸能式　　　B. 网状管柱变形式　　　C. 钢球滚压变形式　　　D. 可分离式

2. 一般而言，横拉杆两端球头销的螺纹旋向（　　）。

A. 都是左旋　　　　　　　　　　　　B. 都是右旋

C. 左侧左旋，右侧右旋　　　　　　　D. 右侧左旋，左侧右旋

三、简答题

1. 简述汽车机械转向系统的工作过程。

2. 转向操纵机构中有哪些安全装置？

3. 简述循环球式转向器的工作过程。

任务三　动力转向系统的检修

【任务描述】

　　客户的汽车在涉水后转向报警，车辆无助力，转向盘打不动。车间维修技师诊断发现动力转向系统（EPS）无通信，更换转向器后装车测试，动力转向系统依然无通信。技术总监带领维修技师重新仔细分析故障码，LIN配电器：继电器15N-状态矛盾，基本判定车辆供电出现问题。测量动力转向系统模块无供电，沿着电路继续往上查看，最后确认是后部配电盒故障导致动力转向系统无通信，维修后部配电盒后故障消失。

【学习目标】

知识目标	掌握动力转向系统的功用与类型 掌握液压式和电动式动力转向系统的工作原理
技能目标	能够对动力转向系统进行检修和常见故障的诊断与排除
素养目标	养成遵守劳动安全与环境保护的规定习惯及开拓创新的职业品格

知识脉络图

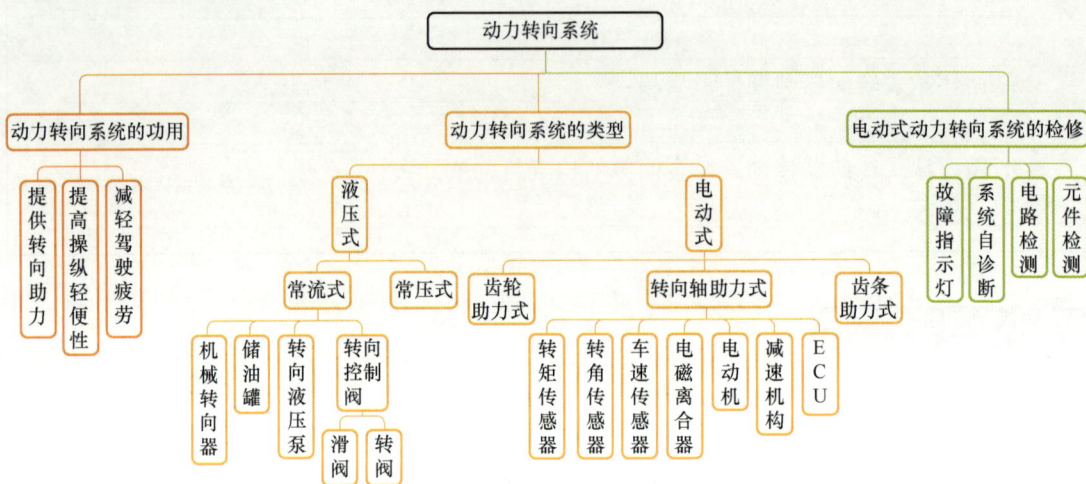

【知识准备】

一、动力转向系统的功用与类型

1. 动力转向系统的功用

汽车动力转向系统是在驾驶人的控制下，借助于转向液压泵、空气压缩机或电动机所产生的驱动力来实现车轮转向。动力转向系统的功用主要如下：

1）在保证转向灵敏性不变的前提下，提高转向操纵轻便性，提高响应特性。

2）在汽车转弯时，减少驾驶人对转向盘的操纵力。

3）在原地转向时，提供必要的助力。

4）限制车辆高速或在薄冰上的助力，保证车辆高速时的行车安全，减少对转向盘的冲击。

2. 动力转向系统的类型

常见的动力转向系统按动力介质的不同分为液压式和电动式两类。普通液压式动力转向系按转向控制阀阀芯的运动方式可分为转阀式和滑阀式，按液流形式可分为常压式和常流式。

二、普通液压式动力转向系统的组成与工作原理

图4-16所示为普通液压式动力转向系统，其转向加力装置主要由储油罐、转向液压泵（助力泵）和转向控制阀等组成。

1. 储油罐

储油罐的功用是储存、滤清并冷却液压式动力转向系统的工作油液。

2. 转向液压泵

转向液压泵是液压式动力转向系统的动力源，由发动机驱动，其功用是把发动机的机械

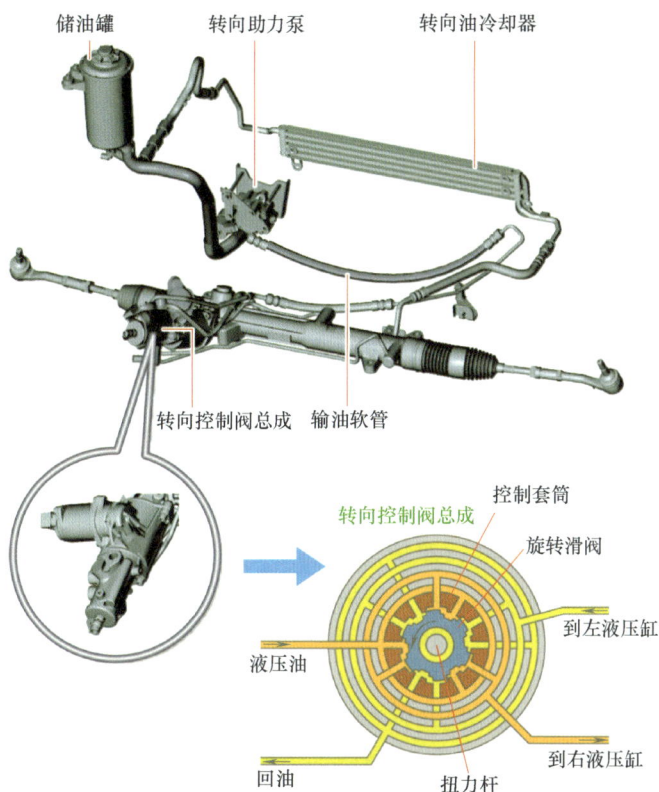

储油罐　　转向助力泵　　转向油冷却器

转向控制阀总成　　输油软管

转向控制阀总成

控制套筒
旋转滑阀
到左液压缸
液压油
回油　　扭力杆　　到右液压缸

图 4-16　普通液压式动力转向系统

能转换为驱动转向动力缸的液压能。转向液压泵的结构类型有多种，常见的有齿轮式、叶片式、转子式和柱塞式等。目前，汽车上多采用齿轮式和叶片式，其结构参见自动变速器液压泵。

3. 转向控制阀

转向控制阀主要有转阀和滑阀两种类型。

（1）转阀　阀体绕其圆心转动来控制油液流量的转向控制阀称为回转式转向控制阀（转阀），其主要由阀体、阀套、阀芯及扭杆等组成，如图 4-17 所示。

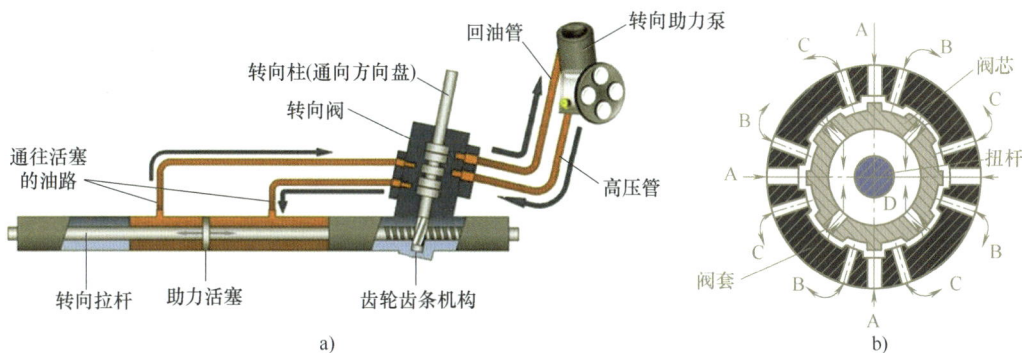

回油管　　转向助力泵
转向柱(通向方向盘)
转向阀
通往活塞的油路
高压管
转向拉杆　　助力活塞　　齿轮齿条机构

阀芯
扭杆
阀套

a)　　　　　　　　　　　　　b)

图 4-17　转阀的结构
A—进油口　B—通转向动力缸右腔　C—通转向动力缸左腔　D—出油口

（2）滑阀 阀体沿轴向移动以控制油液流向的转向控制阀称为滑动式转向控制阀（滑阀），其结构与工作原理图如图 4-18 所示。

三、电动式动力转向系统的组成与工作原理

1. 电动式动力转向系统的工作原理与特点

电动式动力转向系统是利用电动机作为动力源，ECU 根据各种输入信号，控制电动机转矩的大小和方向。电动机的转矩由电磁离合器通过减速机构减速增矩后，加在汽车的转向机构上，使之得到一个与行驶工况相适应的转向力。其特点如下：

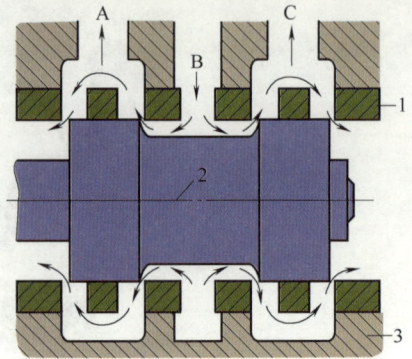

图 4-18 滑阀的结构与工作原理图
1—阀套 2—阀体 3—壳体
A—通转向动力缸 B—通转向液压泵
C—通转向动力缸

1）质量小，装配性好。电动式动力转向系统通常把 ECU、电动机、离合器和减速装置等装配成一个整体，结构紧凑、尺寸小、质量小；且电动机独立于发动机工作，易于整车布置和装配。

2）路感好，应用广。电动式动力转向系统可以使汽车在各种速度下都能得到满意的转向助力，以获得良好的路感，适用于各种汽车。

3）能耗低，污染少。电动式动力转向系统仅在需要转向时，电动机才参与工作，动力消耗和燃油消耗量少，且没有液压式动力转向系统的油管和接头，不存在油液泄漏问题，对环境污染少。

2. 电动式动力转向系统的类型

按照电动机布置位置的不同，电动式动力转向系统可以分为转向轴助力式、齿轮助力式和齿条助力式等类型，如图 4-19 所示。

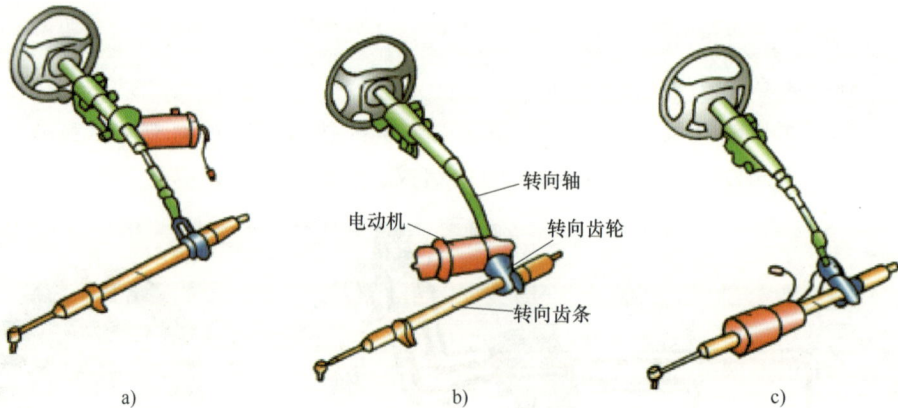

图 4-19 电动式动力转向系统的类型
a）转向轴助力式 b）齿轮助力式 c）齿条助力式

3. 电动式动力转向系统的组成与工作原理

图 4-20 所示为转向轴助力式转向系统的基本组成，其加力装置主要由转矩传感器、转角传感器、车速传感器、电动机、电磁离合器、减速机构和 ECU 等组成。

（1）转矩传感器　转矩传感器的作用是检测驾驶人作用在转向盘上的转向力矩以及转向方向等参数，并将其转变为电信号输送给 ECU，以作为控制电动机助力大小和方向的主要依据。转矩传感器常用的有电磁感应式和滑动电阻式两种。

图 4-21 所示为电磁感应式转矩传感器的结构以及工作原理图。在输出轴的极靴上分别绕有 A、B、C、D 四个线圈，当汽车直行（转向盘处于中间位置）时，扭力杆的纵向对称面正好处于图示输出轴极靴 AC、BD 的对称面上。当 U、T 两端加上连续的输入脉冲电压信号 U_i 时，由于通过每个极靴的磁通量相等，所以在 V、W 两端检测到的输出电压信号 $U_0 = 0V$。

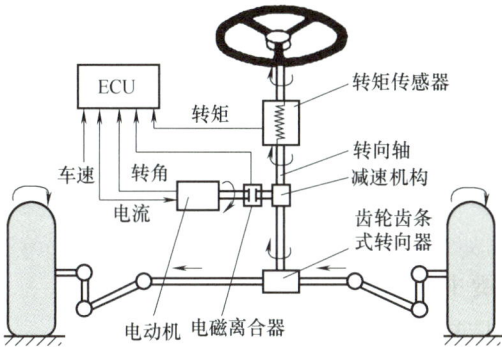

图 4-20　转向轴助力式转向系统的基本组成

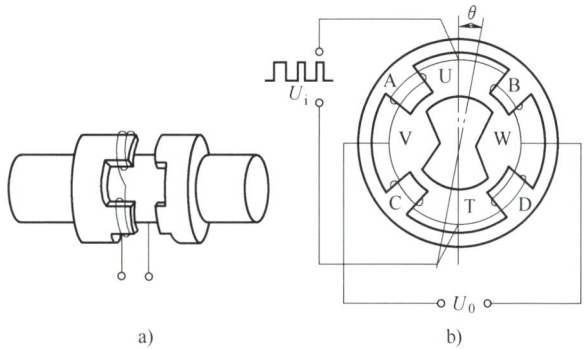

图 4-21　电磁感应式转矩传感器的
结构以及工作原理图

a）结构图　b）工作原理图

当汽车转向时，扭力杆和输出轴极靴之间发生相对扭转变形，各个极靴的磁通量发生变化，于是在 V、W 之间出现了电位差，电位差与扭力杆的扭转角和输入电压 U_i 成正比。所以，通过测量 V、W 两端的电位差就可以测量出转矩值。

（2）转角传感器　转角传感器安装在转向轴上，用于检测转向盘转动的角度和方向，可输出一个表示 ±720° 转向盘旋转角度的信号，ECU 利用这个信息计算出驾驶人所要求的方向。常用的转向盘转角传感器有霍尔式和磁阻式等，图 4-22 所示为霍尔式转向盘转角传感器。

（3）电动机　转向助力电动机是一种永磁电动机，与离合器和减速齿轮安装在一起。电动机的输出转矩是通过控制其输入电流来实现的，而电动机的正转和反转则是由 ECU 输出的正反转触发脉冲控制的。

（4）电磁离合器　电磁离合器安装在电动机和减速机构之间，用于控制电动机动力的输出和中断，其结构如图 4-23 所示。当电流通过集电环进入离合器线圈时，主动轮产生电磁吸力，带花键的压板被吸引与主动轮压紧，电动机的动力经过电动机转轴、主动轮、压板、花键、从动轴传给减速机构。

由于转向助力的工作范围限定在一定速度区域内，所以离合器一般设定一个速度范围。如果超过设定的速度，离合器便分离，电动机也停止工作。当助力系统发生故障时，离合器会自动分离，这时仍可进行手动转向。

（5）ECU　ECU 是控制系统的核心，主要包括 ROM、RAM、微处理器（CPU）、A-D（模拟-数字）转换器、转换器、I/F（电流/频率）转换器、放大电路、动力监测电路和驱动电路等。

图 4-22　霍尔式转向盘转角传感器

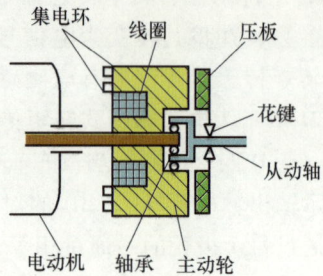

图 4-23　电磁离合器的结构

当转矩传感器和转角传感器的信号经 A-D 转换器处理后，微处理器就在其内存中寻找与该信号相匹配的电动机电流值，然后将此值输送给 D-A 转换器进行数字模拟转换，处理后的模拟信号再送给限流器，由限流器决定电动机驱动电路电流值的大小和方向。

ECU 还具有故障自诊断功能。当发生电气系统故障时，控制电路停止向电动机和电磁离合器供电，自动停止助力。同时，ECU 以故障码的形式记忆故障内容，并使故障指示灯点亮，以通知驾驶人动力转向系统发生故障。维修时可读取故障码，找出故障原因。

四、电动式动力转向系统的检修

1. 检修要求和注意事项

1）轮胎尺寸、规格与气压应符合规定。

2）发动机的怠速转速应符合规定，运转应稳定。

3）在维修过程中，当点火开关处于"ON"位置时，不要随意断开蓄电池接线，否则会丢失控制模块中储存的信息，也不要拆卸或安装控制模块及其插接器。

4）必须使用维修手册中要求的检测工具，否则可能损坏控制系统的零部件。

2. 检修方法和步骤

（1）故障指示灯的检查　当点火开关处于"ON"位置时，故障指示灯应点亮，发动机起动后指示灯熄灭为正常。指示灯不亮时，应检查灯泡是否损坏，熔断丝和导线是否断路。若发动机起动后，指示灯仍亮时，首先应考虑系统是否处于保险状态（只有常规转向工作，无电动助力），然后进行自诊断操作。

（2）系统自诊断　电动式动力转向系统具有故障自诊断以及储存故障码的功能，利用故障诊断仪可对其进行故障自诊断，读取故障码。

（3）电路检测　如果故障现象确实存在，那么无论在自诊断时是否检测到故障码，都需要进行相应的电路检测。如果检测到故障码，则可按故障提示进行相关元件以及电路的检测；如果没有检测到故障码，则进行整个系统电路的检测。可使用万用表对系统电路进行检测。

（4）元件检测　拔下转矩传感器插接器，用万用表欧姆档测量转矩传感器相应端子之间的电阻，其值应符合规定。若不符合规定，应更换转矩传感器。用万用表直流电压档测量相应端子之间的电压，其值应符合规定。若不符合规定，应更换转矩传感器。

用万用表检查电动机相应端子之间的电阻值，其值应符合规定，否则更换电动机总成。给电动机加上蓄电池电压时，应听到电动机转动的声音；如果没有声音，应更换电动机总成。

把蓄电池的正、负极分别接到电磁离合器的两个端子上，在接通与断开的瞬间，离合器应有工作的声音。如果没有声音，表明电磁离合器有故障，应更换转向器总成。

如果在自诊断系统中出现代表 ECU 故障码，则说明 ECU 可能损坏；如果没有出现故障码但怀疑 ECU 有故障，可采用换件的方式进行检查。如果更换 ECU 后故障排除，则说明原ECU 损坏。

▣》【任务实施】

电动式动力转向系统的检修

1. 任务准备
1）场地和设备准备：实训场地布置、汽车、举升设备、课件或微课视频。
2）分组：根据设备数量将学生分成 4~6 个组，每个组 6~8 人。

2. 任务步骤
1）各小组先进行观察认识电动式动力转向系统的各组成部件。
2）老师演示或播放微课视频，学生观看电动式动力转向系统的检修过程。
3）各小组进行电动式动力转向系统的检修，并完成工作页填写。

3. 任务评价
教师根据表 4-3 中的任务评价内容及标准给学生打分。

表 4-3 任务评价内容及标准

序号	项目	操作内容	分值	评分标准	得分
1	准备	清点工具、清理工位	5	酌情扣分	
2	检修电动式动力转向系统	检查故障指示灯	10	检查不到位扣 1~10 分	
		系统自诊断	10	操作不当扣 1~10 分	
		检测电路	25	检测不到位扣 1~25 分	
		检测元件	25	检测不到位扣 1~25 分	
3	完成时间	60min	10	超时 1~5min 扣 1~5 分 超时 5min 以上扣 10 分	
4	安全文明	无安全隐患，无不文明操作	5	未达标扣 1~5 分	
5	结束	工具、仪器清洁归位	5	漏一项扣 1 分，未做扣 5 分	
		清理工作场地	5	清洁不彻底扣 1~5 分，未做扣 5 分	
		总分	100		

【任务工单】

工作页 3　电动式动力转向系统的检修

班级		姓名	
地点		日期	

一、资讯

1. 转向液压泵是由＿＿＿＿＿＿＿＿＿＿＿＿驱动的。

2. 在电动式动力转向系统中，电动机可作用在＿＿＿＿＿＿＿＿＿＿＿＿＿。

3. 在电动式动力转向系统中，离合器的功用是＿＿＿＿＿＿＿＿＿＿＿＿＿。

二、计划与决策

请查阅相关车型信息，对小组成员进行合理分工，确定电动式动力转向系统的检修计划。

1. 车辆品牌及型号：＿＿＿＿＿＿＿＿＿＿＿＿＿＿＿＿＿＿＿＿＿＿＿＿＿＿＿＿＿。

2. 小组成员分工：＿＿＿＿＿＿＿＿＿＿＿＿＿＿＿＿＿＿＿＿＿＿＿＿＿＿＿＿＿。

三、实施

1. 车辆钥匙准备、举升设备安全检查等。

2. 利用故障诊断仪读取故障码的方法：＿＿＿＿＿＿＿＿＿＿＿＿＿＿

＿＿＿＿＿＿＿＿＿＿＿＿＿＿＿＿＿＿＿＿＿＿＿＿＿＿＿＿＿＿＿＿＿＿＿＿

＿＿＿＿＿＿＿＿＿＿＿＿＿＿＿＿＿＿＿＿＿＿＿＿＿＿＿＿＿＿＿＿＿＿＿。

3. 转向盘转角传感器、转矩传感器的阻值：＿＿＿＿＿＿Ω，电压：＿＿＿＿＿＿V。

4. 电动机的检测方法：＿＿＿＿＿＿＿＿＿＿＿＿＿＿＿＿＿＿＿＿＿＿＿＿＿

＿＿＿＿＿＿＿＿＿＿＿＿＿＿＿＿＿＿＿＿＿＿＿＿＿＿＿＿＿＿＿＿＿＿＿＿

＿＿＿＿＿＿＿＿＿＿＿＿＿＿＿＿＿＿＿＿＿＿＿＿＿＿＿＿＿＿＿＿＿＿＿。

【复习与思考】

一、判断题

1. 当汽车直线行驶时，转向动力缸不起助力作用。　　　　　　　　（　　　）

2. 转向控制阀没有渐进随动的作用。　　　　　　　　　　　　　　（　　　）

3. 在电动式动力转向系统中，电动机是执行器。　　　　　　　　　（　　　）

二、选择题

1. 当汽车不转向时，动力转向系统中转向控制阀保持（　　　）状态。

A. 开启　　　　　B. 半开半闭　　　　　C. 关闭

2. 在电动式动力转向系统中，电动机是由（　　　）驱动的。

A. ECU　　　　　B. 发动机　　　　　C. 油泵

三、简答题

1. 动力转向系统的主要功用是什么？

2. 简述电动式动力转向系统电子元件的检测方法。

＊3. 结合职业能力证书考核要求，将电动转向控制系统检测及部件检修方法进行整理，并进行实操训练。

任务四 转向系统的故障诊断与排除

【任务描述】

客户反映，打转向盘时有卡滞，转向操纵轻便性变差。维修技师与客户一同试车，发现高速笔直行驶 1h 左右，稍打转向盘会有卡滞的感觉。待出现卡滞后，低速行驶或原地打转向盘也会有卡滞，让车辆停驻一会儿又会恢复正常。将转向柱拆卸，转动转向柱，可以感受到卡滞的感觉，与试车过程中的卡滞现象相同。经过维修技师认真排查，确定最终的原因是转向柱中的轴承发卡。

【学习目标】

知识目标	熟悉转向系统技术状况的评价参数 掌握机械转向系统的常见故障现象及其原因 掌握动力转向系统的常见故障现象及其原因
技能目标	能进行转向系统的检修及故障诊断
素养目标	养成精益求精的工匠精神 培育创新意识，增强自主创新能力

知识脉络图

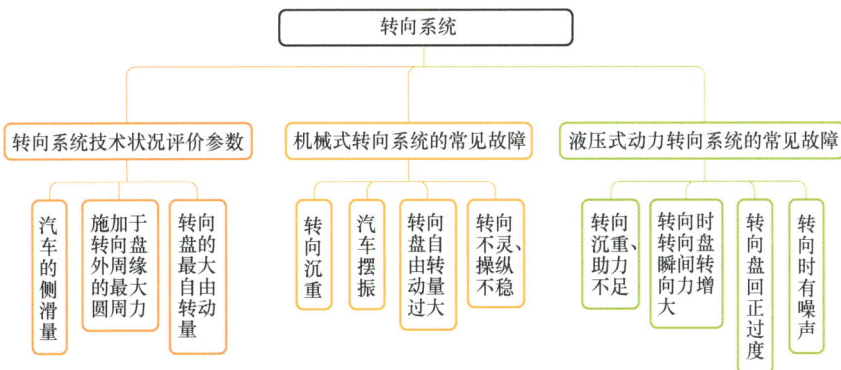

【知识准备】

一、汽车转向系统技术状况的变化

GB 7258—2017《机动车运行安全技术条件》规定转向系统技术状况的主要评价参数有以下三项：

1. 汽车的侧滑量

汽车二级维护前检测汽车转向轮的横向侧滑量。采用侧滑仪检测时，汽车以 3～5km/h速度的低速行驶，使被测车轮垂直通过滑动板，汽车的侧滑量应<5m/km。否则，表明汽车

的操纵性能已变差。

2. 施加于转向盘外周缘的最大圆周力

施加于转向盘外周缘的最大切向力不得大于245N。否则，表明汽车操纵的轻便性变差。

3. 转向盘的最大自由转动量

转向盘的最大自由转动量：最高设计车速≥100km/h时，不超过20°；最高设计车速<100km/h时，不超过30°。若自由转动量过大，则说明转向系统配合松旷，会引起前轮摆动、转向沉重、转向盘抖动等多种故障。

汽车各级维护和修理竣工后，转向系统的技术状况都必须符合GB 7258—2017的规定。

二、机械式转向系统的常见故障与诊断

1. 转向沉重

（1）故障现象　在转动转向盘时，感到沉重费力。

（2）故障原因　由于各部位间隙过紧、运动机件变形、缺油以及其他方面的原因，造成机件运动阻力增大甚至运动发卡，具体原因如下：

1）转向器方面：啮合间隙过小，转向器各轴承轴向间隙过小，转向器缺油，转向轴弯曲、柱管凹陷导致与转向轴碰擦等。

2）转向传动机构方面：各拉杆球头销配合处过紧，或者缺油，横、直拉杆或者转向节变形，转向节止推轴承缺油、损坏，或者轴承轴向间隙过小。

3）其他原因：前轮胎气压过低，前轮定位失准，前轮毂轴承过紧，前桥或者车架变形。

2. 汽车摆振

（1）故障现象　汽车出现转向盘发抖，车头在横向平面内出现左右振动、行驶不稳等现象。汽车摆振有两种情况：第一种情况是在高速范围内某一转速时出现；第二种情况是转速越高，摆振的现象越厉害。

（2）故障原因　前轮动不平衡；前轮辋变形；转向传动机构运动的干涉；车架、车桥变形；悬架故障，如左、右悬架刚度不等，减振器失效，导向装置失效等。

3. 转向盘自由转动量过大

（1）故障现象　汽车保持直线行驶位置静止不动时，轻轻来回晃动转向盘，感到游动角度很大。

（2）故障原因　转向盘与转向轴的连接部位松旷，转向器内主、从动啮合部位松旷或主、从动部位的轴承松旷，转向器摇臂轴与摇臂连接部位松旷，横、直拉杆球头连接部位松旷，转向节与主销松旷，轮毂轴承松旷。

4. 转向不灵、操纵不稳

（1）故障现象　操纵转向盘时感觉旷量很大，需用较大幅度转动转向盘，才能控制汽车行驶方向；汽车在直线行驶时又感到行驶不稳。

（2）故障原因　磨损和松动导致的各部位间隙过大所致，主要有：转向器啮合间隙过大，安装松动；转向轴与转向盘配合松动；转向传动机构各球头销处配合松动；前轮毂轴承间隙过大；汽车前轮前束过大。

三、普通液压式动力转向系统的常见故障与诊断

1. 转向沉重、助力不足

（1）故障现象　转动转向盘时，感到比平时沉重费力。

（2）故障原因　转向液压泵传动带松弛；储油罐内油面过低；转向器内部泄漏过多；转向液压泵磨损严重，导致压力过低或者油液泄漏过多；转向控制阀发卡。

2. 转向时转向盘瞬间转向力增大

（1）故障现象　在汽车转向过程中，出现转向力增大的现象，但很快就恢复正常。

（2）故障原因　储油罐油面低，转向液压泵传动带打滑，转向液压泵内泄漏量过大。

3. 转向盘回正过度

（1）故障现象　汽车转向后，恢复直线行驶时，行驶方向出现左右摇摆的现象。

（2）故障原因　转向液压系统内有空气，转向器固定装置松动，转向器啮合间隙过大。

4. 转向时有噪声

（1）故障现象　转向器发出严重的"嘶嘶"声时，是由于控制阀性能不良所致。尤其当转向盘处于极限位置时或原地转动转向盘时更为明显。

（2）故障原因　当油面过低时，转向液压泵会在工作时吸进空气而产生噪声；转向液压泵传动带过松，也会使转向液压泵发出"嘶嘶"的传动带啸叫声；转向器在支架上的安装出现松动。

四、转向系统的检修

1. 转向操纵机构的检修

双手握住转向盘用力摇动，转向盘应无松动。检查转向柱管装置应稳固，支架无断裂，螺栓紧固；检查转向传动轴、万向节应不松旷，滑动叉扭转间隙和结合长度应符合规定；各螺栓紧固，弹簧垫完好，防尘罩完好无损。

2. 转向器的检修

1）齿轮齿条式转向器。检查齿条的径向圆跳动，应符合规定。检查齿条的轮齿是否磨损、点蚀、齿条的背面是否磨损或损坏。若损坏，应更换新齿条。检查齿条衬套工作表面是否磨损或损坏。检查齿轮的轴承是否磨损或损坏，若损坏应予以更换。

2）循环球式转向器：其壳体、侧盖结合平面的平面度公差应符合规定，若产生裂纹必须更换。若壳体变形，可视情况进行修整。二级维护时应检查摇臂轴与衬套的配合间隙，间隙逾限应更换衬套。转向螺杆与转向螺母的钢球滚道无疲劳磨损和划痕等耗损，钢球与滚道的配合间隙应符合规定。若无其他耗损，传动副组件一般不进行拆检。

总成修理时，应检查转向螺杆和摇臂轴的隐伤，若产生隐伤、疲劳剥落、花键磨损或扭曲，应予以更换。支承轴颈若产生疲劳磨损，可按原厂规定进行修复。

3. 转向传动机构的检修

1）转向摇臂：用磁力探伤法检查其是否有裂纹，若有应予以更换。检查摇臂上端的花键有无磨损、损坏，若有应予以更换。检查摇臂的锁紧螺母，其螺纹不应有损伤。检查摇臂下端和转向拉杆球头销的连接，应牢固可靠。

2）转向直拉杆和横拉杆：检查拉杆体有无裂纹与弯曲，其直线度误差应符合规定；直

拉杆销孔磨损应符合规定。各螺纹部位不应有损坏，与螺塞配合不应松旷。

球头销、球座体及钢碗无裂纹、不起槽，球头销颈部、球面磨损应符合规定，弹簧不应有弹力减弱或折断的现象。

3）转向节臂和梯形臂：检查其是否有裂纹，若有应予以更换。检查两端部的固定与连接部位，应牢固可靠。

4. 转向液压泵与转向控制阀的检修

检查转向液压泵的流量控制阀，应在阀体中滑动自如。检查流量控制阀端部的防松螺钉有无松动，若松动，应旋紧；注意不要碰伤加工表面。

检查转向液压泵的转子能否运动自如，泵驱动轴花键有无磨损和开裂。检查所有部件有无裂伤和擦伤。必要时应更换不合格的零件和总成。

检查转向控制阀阀体与阀芯，应无裂纹和明显的磨损、无发卡，否则应更换阀体组件。输入轴配合表面不得有明显的磨痕、划伤和飞边，否则应予以更换。

【任务实施】

转向系统的故障诊断与排除

1. 任务准备

1）场地和设备准备：实训场地布置、汽车、举升设备、课件或微课视频。

2）分组：根据设备数量将学生分成4~6个组，每个组6~8人。

2. 任务步骤

1）各小组先进行熟悉转向系统的各组成部件。

2）老师演示或播放微课视频，学生观看汽车转向系统的检修内容。

3）各小组进行转向系统部件的检修，并完成工作页填写。

3. 任务评价

教师根据表4-4中的任务评价内容及标准给学生打分。

表4-4 任务评价内容及标准

序号	项目	操作内容	分值	评分标准	得分
1	准备	清点工具、清理工位	5	酌情扣分	
2	检修转向系统	检修转向操纵机构	20	检修不到位扣1~20分	
		检修转向器	20	检修不到位扣1~20分	
		检修转向传动机构	10	检修不到位扣1~10分	
		检修转向液压泵	10	检修不到位扣1~10分	
		检修转向控制阀	10	检修不到位扣1~10分	
3	完成时间	80min	10	超时1~5min扣1~5分 超时5min以上扣10分	
4	安全文明	无安全隐患,无不文明操作	5	未达标扣1~5分	
5	结束	工具清洁归位	5	漏一项扣1分,未做扣5分	
		清理工作场地	5	清洁不彻底扣1~5分,未做扣5分	
		总分	100		

【任务工单】

工作页 4　转向系统的故障诊断与排除

班级		姓名	
地点		日期	

一、资讯

1. 机械式转向系统的常见故障：_____

_____。

2. 液压式动力转向系统的常见故障：_____

_____。

二、计划与决策

请查阅相关车型信息，对小组成员进行合理分工，确定转向系统的检修计划。

1. 车辆品牌及型号：_____。

2. 小组成员分工：_____。

三、实施

1. 车辆钥匙准备、举升设备安全检查等。

2. 对于轿车，转向盘的最大自由转动量：_____。

3. 记录转向系统检修的结果，并分析可能引起的故障：_____

_____。

4. 转向液压泵的拆装步骤：_____

_____。

【复习与思考】

一、判断题

1. 转向盘自由行程过大，可能是由于前轮胎气压不足所致。　　　　　　　　（　　　）

2. 液压式动力转向系统内有空气会使转向盘回正过度。　　　　　　　　　（　　　）

3. 电动式动力转向系统无须离合器。　　　　　　　　　　　　　　　　　（　　　）

二、选择题

1. 转向器发生单侧转向沉重的原因是（　　　）。

A. 转向液压泵故障　　　　　　　　　　　B. 机械转向器故障

C. 转向液压泵至控制阀的管路故障　　D. 转向控制阀至转向动力缸的管路故障

2. 导致动力转向沉重的原因有（　　）。

A. 油箱缺油　　　　　　　　　　　　B. 滤清器堵塞

C. 油管弯曲　　　　　　　　　　　　D. 转向液压泵驱动传动带打滑

三、简答题

1. 机械转向系统转向盘自由转动量过大的主要原因有哪些？

2. 动力转向系统转向沉重的主要原因有哪些？

3. 查阅资料了解转向系统新技术，以便于出现故障时能及时排除。

项目五

制动系统检修

本项目主要介绍汽车制动系统各部件的结构、工作原理、常见故障以及检修方法，包括五个任务。

任务一　制动系统的认知

》【任务描述】

客户李先生的高尔夫轿车行驶里程已达 40000km，这次来店进行维护，维修接待人员建议李先生本次维护增加更换制动液项目，他耐心讲解制动液使用的时效性和更换的必要性。作为一名未来的汽车修理技师或顾问，应从安全角度考虑，保证制动系统维护规范性；更应从诚信角度出发，如实告知客户需要维护的项目。那么更换制动液需要如何操作呢？

》【学习目标】

知识目标	掌握制动系的功用、组成和工作原理 熟悉制动系统的类型
技能目标	会进行制动液的更换
素养目标	培养学生敬业和诚信的职业精神 培养学生操作规范的工作作风及环保意识

》 知识脉络图

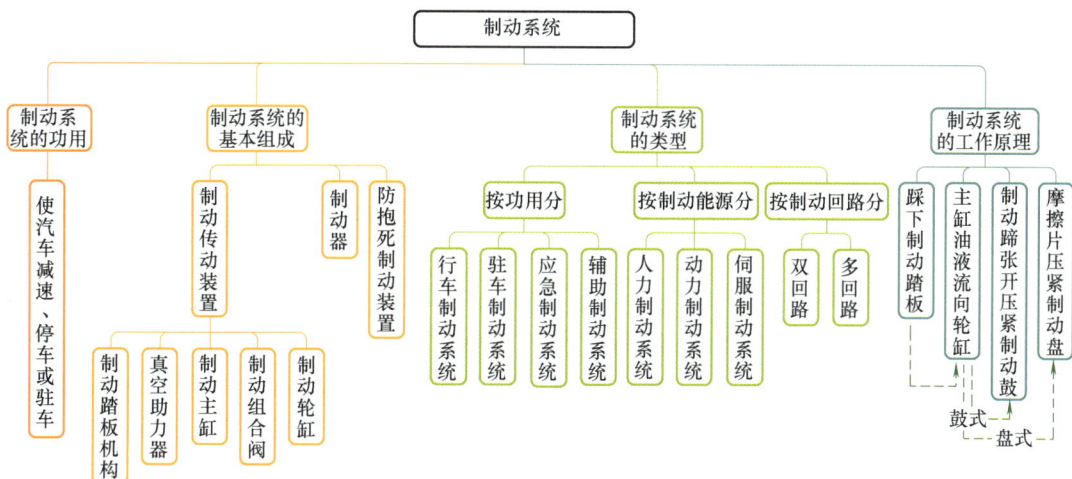

一、制动系统的功用与组成

1. 制动系统的功用

汽车制动系统的功用是使行驶中的汽车减速甚至停车，使下坡行驶的汽车速度保持稳定，使已停驶的汽车驻留原地不动。

2. 制动系统的组成

汽车的制动系统主要由制动传动装置和制动器组成，如图 5-1 所示。

制动系统作用
与组成

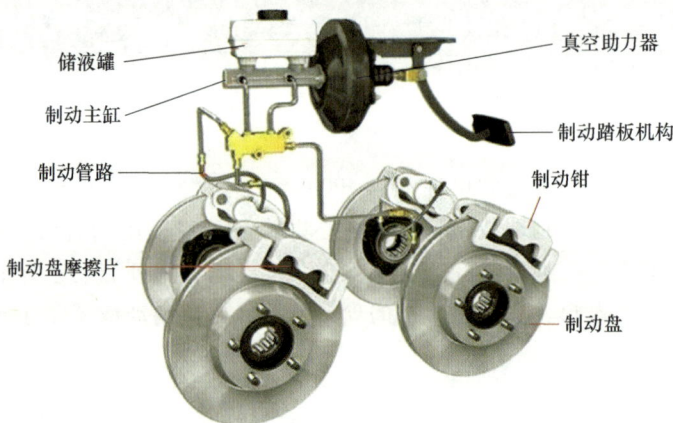

图 5-1　汽车制动系统组成示意图

制动传动装置是指用来产生制动动作和控制制动效果，并把制动能量传输到制动器的各个部件。制动器是指用来产生阻碍汽车运动或运动趋势的制动力的部件。汽车上常用的制动器都是利用固定元件与旋转元件工作表面的摩擦而产生制动力矩的，称为摩擦制动器。

另外，汽车制动系统中还装备有防抱死制动装置、选装有制动力调节装置、压力保护装置以及缓速装置、故障指示灯等。

二、制动系统的工作原理

制动系统利用与车身或车架相连的非旋转元件和与车轮或传动轴相连的旋转元件之间的相互摩擦，来阻止车轮的转动或转动趋势，并把运动着的汽车的动能转化为摩擦副的热能耗散到大气中。

图 5-2 所示为带鼓式车轮制动器的制动系统的工作原理示意图。主缸活塞可由驾驶人通过制动踏板来操纵。制动系统不工作时，制动鼓的内圆面与制动蹄摩擦片的外圆面之间保持一定的间隙（称为制动器间隙），使车轮和制动鼓可以自由旋转。

要使行驶中的汽车减速或停车，驾驶人应踩下制动踏板，通过推杆和主缸活塞使主缸内的油液在一定压力下流入轮缸，并通过两个轮缸活塞推动两制动蹄绕支承销转动，制动蹄上

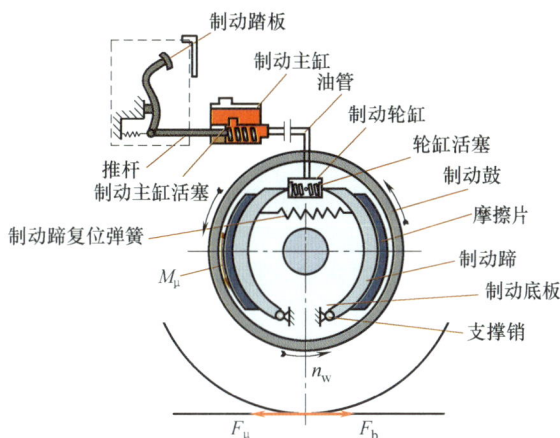

图 5-2　带鼓式车轮制动器的制动系统的工作原理示意图

端向外张开而以其摩擦片压紧在制动鼓的内圆面上。这样，不旋转的制动蹄就对旋转着的制动鼓作用一个摩擦力矩 M_μ，其方向与车轮旋转方向相反。制动鼓把该力矩 M_μ 传到车轮后，由于车轮与路面间有附着作用，车轮对路面作用一个向前的周缘力 F_μ，同时路面也对车轮作用一个向后的反作用力，即制动力 F_b。制动力 F_b 由车轮经车桥和悬架传给车架或车身，迫使整个汽车产生一定的减速度。制动力越大，则汽车的减速度也越大。

当松开制动踏板时，回位弹簧将制动蹄拉回原位，摩擦力矩 M_μ 和制动力 F_b 消失，制动作用随即解除。

三、制动系统的类型

（1）按制动系统的功用分类　按制动系统的功用分类，制动系统主要分为行车制动系统、驻车制动系统、辅助制动系统和应急制动系统等。行车制动系统是使行驶中的汽车降低速度甚至停车的一整套装置；驻车制动系统是使已停驶的汽车驻留原地不动的一套装置；在行车过程中，辅助汽车降低车速或保持车速稳定，但不能将车辆紧急刹停的制动系统称为辅助制动系统。在上述各制动系统中，行车制动系统和驻车制动系统是每一辆汽车都必须具备的，是汽车的基本制动装置。

（2）按制动能源分类　按制动能源分类，制动系统可分为人力制动系统、动力制动系统和伺服制动系统等。以人力作为唯一制动能源的制动系统称为人力制动系统；由发动机的动力转化而成的气压或液压形式的势能进行制动的制动系统称为动力制动系统；兼用人力和发动机动力进行制动的制动系统称为伺服制动系统。

（3）按制动能量的传输方式分类　按制动能量的传输方式分类，制动系统可分为机械式、液压式、气压式和电磁式等。同时，采用两种以上传输方式的制动系统称为组合式制动系统。

（4）按制动回路的数目分类　按制动回路的数目分类，制动系统可分为双回路制动系统和多回路制动系统。双回路制动系统与多回路制动系统中，各车轮制动器的制动管路分属于两个或多个彼此隔绝的回路，当其中一个回路失效时，其他的回路还能使汽车制动。

四、制动系统的维护

制动系统一级维护的项目主要有：检查制动液储液罐液面高度，检查紧固各制动管路以及检查调整制动踏板的自由行程等。二级维护的项目主要有：检查更换制动液，检查调整制动踏板的自由行程，检查紧固管路连接，检查排放制动管路空气以及检查调整制动器间隙等。

1. 制动液的检查与更换

首先，应检查制动液储液罐中的液面高度，保持液面在规定范围内。达到规定行驶里程或年限时应更换制动液。制动液中若混有杂质，会严重影响制动效能，因此混有杂质时也应及时更换制动液。更换制动液的方法有人工更换法和仪器更换法。

人工更换法步骤如下：

1）拆下储液罐盖，用吸管清除储液罐内的残留制动液。清洗储液罐，然后加注新的制动液至合适的高度。

2）举升汽车，把一根透明的塑料软管的一端连接到右后车轮制动器轮缸的放气螺塞上，另一端插入装有制动液的容器中。

3）一人踩住制动踏板，另一人慢慢旋松放气螺塞，使制动液慢慢排放到容器中，拧紧放气螺塞。每隔 2~3s 重复一次直到新的制动液流出，然后拧紧放气螺塞。

4）依次对左后、右前和左前的车轮制动器轮缸按照上述方法更换制动液。注意随时补充储液罐中的制动液，使液面始终保持在规定范围内。

使用仪器更换制动液的方法如下：

1）把专用换油机连到制动液储液罐上，再把踏板压具压在制动踏板和驾驶人座椅之间，压紧制动踏板。

2）按由远到近（右后轮→左后轮→右前轮→左前轮）的顺序打开放气螺塞，让制动液从每个轮缸中流出，总流出量约为 0.5L，然后拧紧各放气螺塞。

3）把换油机从制动液储液罐上取下，拆下踏板压具。用力踩几次制动踏板，检查制动状况，确认良好。

2. 液压制动系统放气

制动液具有吸水性，这意味着制动液可以吸收空气中的湿气，此时沸点会降低。当制动产生热量时，制动液沸腾，产生气泡（"气阻"）。当产生气泡时，它们吸收了施加在制动轮缸上的液压制动力，直接导致制动效能下降，因此应及时排除空气。

在进行液压制动系统维修、更换制动液后，或踩下制动踏板感觉无力但有弹性时，都要对液压制动系统进行放气。制动系统放气的一般顺序是：制动主缸→右后轮轮缸→左后轮轮缸→右前轮轮缸→左前轮轮缸。

放气前，在储液罐中加入足量的制动液，并注意制动液的清洁，防止灰尘和水分进入制动液。此外，制动液对轮胎、油漆涂层、电气插头和电线等有腐蚀性，要避免制动液滴溅在这些部位上。

制动主缸放气的步骤如下：从制动主缸上拆下前制动油管，向储液罐中加入制动液，直到前制动油管接头有制动液流出；把前制动油管连接到主缸上并按要求紧固，再慢慢把制动踏板踩到底并保持住；从主缸上松开前制动油管接头，放出主缸前腔中的空气，然后紧固前制动油管接头；放松制动踏板，等待 15s。重复操作，直到放出主缸前腔所有空气。按照同样步骤放出主缸后腔的空气。

使用制动液充放机排放轮缸空气的方法如下：把制动液充放机连接到右后轮缸的放气螺塞和空气压缩机上。放置盛接旧制动液的专用容器，然后旋松放气螺塞，排出该轮缸中的空气。按规定顺序排出其他制动轮缸中的空气。再次检查制动液液面高度，并按规定补足。

人工放气的方法如下：起动发动机，使其怠速运转；把胶管的一头接在轮缸的放气螺塞上，另一头插入盛有制动液的容器中；一人坐在驾驶室里，连续踩放制动踏板数次后踩住不动；另一人在车下拧松放气螺塞，等管路中的空气随制动液排出后，把放气螺塞拧紧，然后放松制动踏板；每个轮缸应反复放气几次，直至将空气完全放出为止；在放气过程中，应及时向储液罐添加制动液。按照顺序依次进行放气，结束后再次检查制动液液面高度，并按规定补足。

3. 制动踏板行程和高度的检查与调整

为了获得合适的制动力，并使未踩下制动踏板时不会产生拖滞，需要正确的制动踏板行程。检查的项目主要包括自由行程、有效行程和剩余高度。

让发动机停止运转，踩几次制动踏板，使真空助力器无真空。用手压下制动踏板，感到有阻力时，制动踏板压下的距离为其自由行程。若不符合规定，应进行调整。调整时，尽量旋松制动灯开关，旋动踏板推杆，调整踏板行程到符合要求后，将制动灯开关旋回，直到与踏板制动器相接触。若仍达不到此规定时，应检查制动器间隙以及主缸与轮缸的密封情况。用规定的力踩制动踏板时，制动踏板的有效行程应符合原车要求。若不符合要求，可通过踏板推杆进行调整。松开驻车制动器，起动发动机，踩下制动踏板，测量踏板的剩余高度。

》【任务实施】

制动系统的维护

1. 任务准备

1）场地和设备准备：实训场地布置、汽车、举升设备、课件或微课视频。

2）分组：根据设备数量将学生分成 4~6 个组，每个组 6~8 人。

2. 任务步骤

1）各小组先进行观察认识汽车制动系统的各组成部件。

2）老师演示或播放微课视频，学生观看制动系统的维护内容。

3）各小组进行制动系统的维护，并完成工作页填写。

3. 任务评价

教师根据表 5-1 中的任务评价内容及标准给学生打分。

表 5-1 任务评价内容及标准

序号	项目	操作内容	分值	评分标准	得分
1	准备	清点工具、清理工位	5	酌情扣分	
2	维护制动系统	检查制动液储液罐液面高度	5	检查不到位扣 1~5 分	
		检查与紧固制动管路	10	操作不到位扣 1~10 分	

（续）

序号	项目	操作内容	分值	评分标准	得分
2	维护制动系统	检查与调整制动踏板行程	15	操作不到位扣 1~15 分	
		检查与排放制动管路空气	20	操作不到位扣 1~20 分	
		检查与更换制动液	20	操作不到位扣 1~20 分	
3	完成时间	80min	10	超时 1~5min 扣 1~5 分 超时 5min 以上扣 10 分	
4	安全文明	无安全隐患，无不文明操作	5	未达标扣 1~5 分	
5	结束	工具清洁归位	5	漏一项扣 1 分，未做扣 5 分	
		清理工作场地	5	清洁不彻底扣 1~5 分，未做扣 5 分	
	总分		100		

⏩ 【任务工单】

工作页 1　制动系统的维护

班级		姓名	
地点		日期	

一、资讯

1. 汽车行车制动装置可使汽车_____。

2. 制动轮缸制动液的放气一般是按照_____的顺序进行的。

3. 制动踏板的自由行程一般是_____mm。

二、计划与决策

请查阅相关车型信息，对小组成员进行合理分工，确定制动系统维护计划。

1. 车辆品牌及型号：_____。

2. 小组成员分工：_____。

三、实施

1. 车辆钥匙准备、举升设备安全检查等。

2. 记录制动系统维护结果：_____

_____

_____。

3. 制动踏板自由行程的检查和调整方法：_____

_____

_____。

【复习与思考】

一、判断题

1. 制动踏板自由行程无须检查。（　　）
2. 制动液的放气顺序是先主缸后轮缸。（　　）

二、选择题

1. 驻车制动系统的作用是（　　）。

A. 使行驶中的汽车降低速度　　B. 使停驶的汽车驻留原地不动

C. 使行驶中的汽车停车　　D. 使行驶中的汽车维持车速稳定

2. 不属于制动系统一级维护项目的是（　　）。

A. 更换制动液　　B. 调整制动踏板自由行程

C. 调整制动器间隙　　D. 排放制动管路空气

三、简答题

1. 汽车制动系统的功用是什么？主要由哪几部分组成？有哪些类型？
2. 试述液压制动系统的空气排除方法。

*3. 查阅资料，了解制动系统最新的技术和材料，如陶瓷制动盘等。

任务二　车轮制动器的检修

【任务描述】

　　客户描述，汽车在行驶过程中，制动时听到异响，而且仪表盘上有个指示灯亮起。维修接待人员询问指示灯的颜色，确认是黄色的故障灯后，建议客户慢慢开到店里进行检修。接待人员通过了解具体情况后才给客户建议，特意提醒慢慢开车，具有较强的安全意识和分析问题能力。经检修，车辆制动块摩擦片太薄，所以仪表盘制动系统警告灯亮。本次任务是检修车轮制动器，给客户一个安全有效的制动系统。

【学习目标】

知识目标	了解制动器的种类及其特点 掌握鼓式车轮制动器的构造和工作原理 掌握盘式车轮制动器的构造和工作原理
技能目标	会进行车轮制动器的检修及故障诊断
素养目标	培养良好的安全意识和不怕困难的劳动精神

📲 知识脉络图

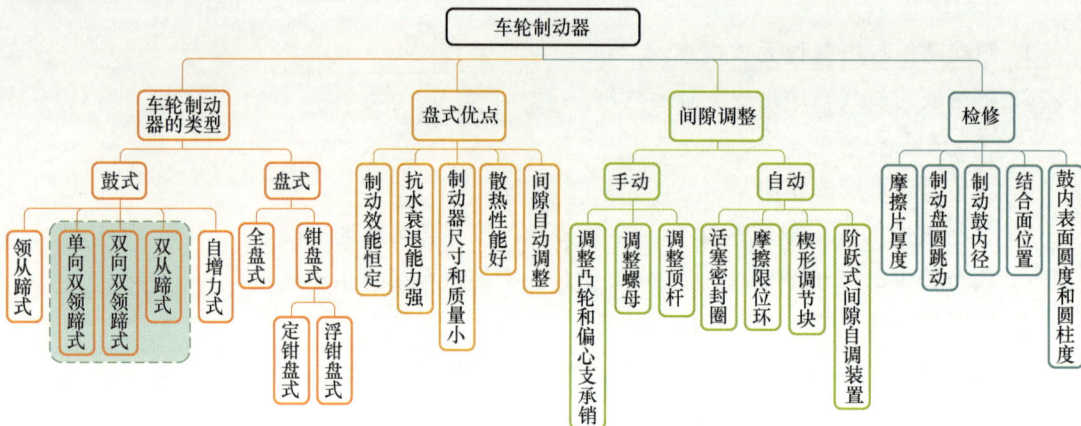

📲【知识准备】

目前，除各种缓速装置以外，制动系统所用的制动器几乎都是摩擦制动器，主要分为鼓式和盘式两大类。前者摩擦副中的旋转元件为制动鼓，其工作表面为内圆柱面；后者摩擦副中的旋转元件为圆盘状的制动盘，其工作表面为两端面。

旋转元件固装在车轮或半轴上，其制动力矩直接作用于两侧车轮上的制动器称为车轮制动器，一般用于行车制动系统。旋转元件固装在传动系统的传动轴上，其制动力矩需经过驱动桥再分配到两侧车轮上的制动器称为中央制动器，一般只用于驻车制动或缓速制动。

一、鼓式车轮制动器

鼓式车轮制动器都采用带摩擦片的制动蹄作为固定元件。位于制动鼓（旋转元件）内部的制动蹄在一端承受促动力时，可绕其另一端的支点向外旋转，压靠到制动鼓的内圆面上，产生摩擦力矩（制动力矩）进行制动。

对制动蹄施加促动力使蹄转动的装置称为制动蹄促动装置。常用的促动装置有制动轮缸促动装置、凸轮促动装置和楔块促动装置，相应的鼓式车轮制动器称为轮缸式制动器、凸轮式制动器和楔块式制动器。

根据制动过程中两制动蹄产生制动力矩的不同，鼓式车轮制动器可分为领从蹄式、单向双领蹄式、双向双领蹄式、双从蹄式、单向自动增力式和双向自动增力式等形式。

1. 领从蹄式制动器

图 5-3 所示为领从蹄式制动器的主要结构和工作示意图。假定汽车前进时制动鼓旋转方向如图中箭头所示。在促动力的作用下，制动蹄张开时的旋转方向与制动鼓的旋转方向相同的称为领蹄，相反的称为从蹄。当汽车倒驶，即制动鼓反向旋转时，领蹄变成从蹄，而从蹄变成领蹄。这种在制动鼓正向旋转和反向旋转时都有一个领蹄和一个从蹄的制动器，称为领从蹄式制动器。

从图 5-3 可见，前进制动时，领蹄上的切向合力 F_{T1} 所形成的绕支点的力矩与促动力 F 形成绕支点的力矩是同向的，因此 F_{T1} 的作用结果是使领蹄在制动鼓上压得更紧，即法向反

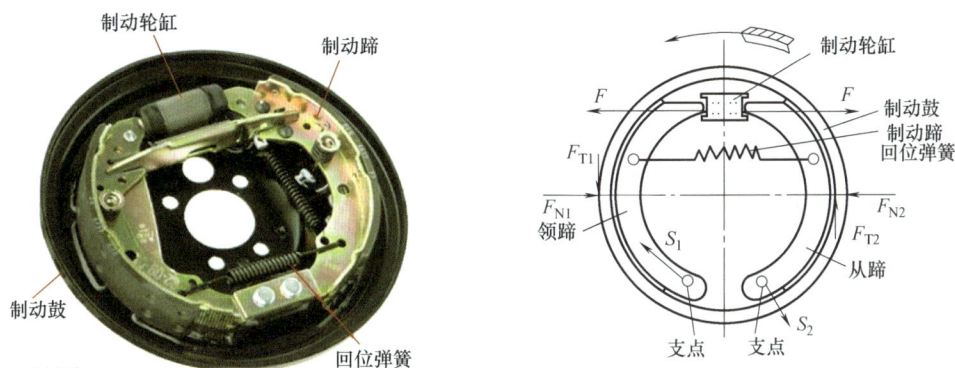

图 5-3　领从蹄式制动器的主要结构和工作示意图

力 F_{N1} 变得更大，从而 F_{T1} 也更大。这表明领蹄具有增势作用。与此相反，F_{T2} 则使从蹄有放松制动鼓的趋势，即从蹄具有减势的作用。倒车制动时，领蹄变为从蹄，从蹄变为领蹄，但制动效果同前进制动时一样。

2. 单向双领蹄式车轮制动器

在制动鼓正向旋转时，两蹄均为领蹄；而反向旋转时，两蹄均为从蹄的制动器称为单向双领蹄式制动器，如图 5-4 所示。其结构特点是：两制动蹄各用一个单活塞式轮缸促动，两套制动蹄、制动轮缸、支承销在制动底板上的布置是中心对称的。

3. 双向双领蹄式车轮制动器

无论是前进制动还是倒车制动，两制动蹄都是领蹄的制动器称为双向双领蹄式制动器，如图 5-5 所示。其结构特点是：采用两个双活塞式制动轮缸；两制动蹄的两端都采用浮式支承，支点也是浮动的；制动底板上的所有固定元件，如制动蹄、制动轮缸、回位弹簧等都是成对的，而且既按轴对称，又按中心对称布置。

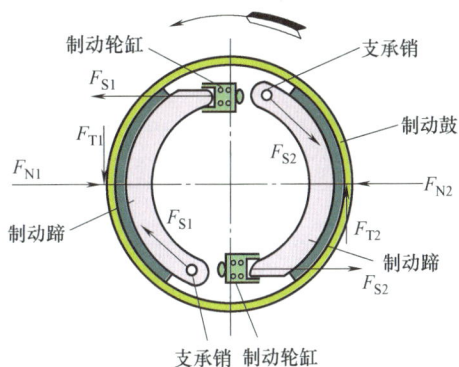

图 5-4　单向双领蹄式车轮制动器
的工作示意图

4. 双从蹄式车轮制动器

前进制动时两制动蹄均为从蹄的制动器称为双从蹄式车轮制动器，如图 5-6 所示。这种制动器与双领蹄式车轮制动器结构很相似，两者的差异只在于固定元件与旋转元件的相对运动方向不同。

5. 单向和双向自动增力式车轮制动器

将两制动蹄用推杆浮动铰接，利用液压张开力促动，使两蹄产生助势作用，充分利用前蹄的助势推动后蹄，使总的摩擦力矩进一步增大，称为"自动增力"。自动增力式车轮制动器可分为单向自动增力式和双向自动增力式两种。

单向自动增力式车轮制动器的结构原理图如图 5-7 所示。第一制动蹄和第二制动蹄的下端分别浮支在顶杆的两端，改变顶杆的长度即可调整制动器间隙。制动器只在上方有一个支承销。不制动时，两蹄上端均借各自的回位弹簧抵靠在支承销上。

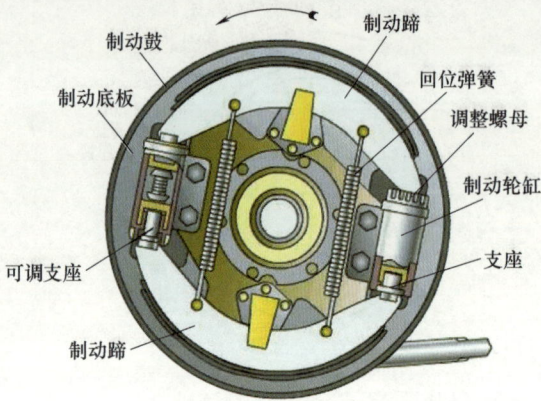

图 5-5　双向双领蹄式车轮制动器示意图

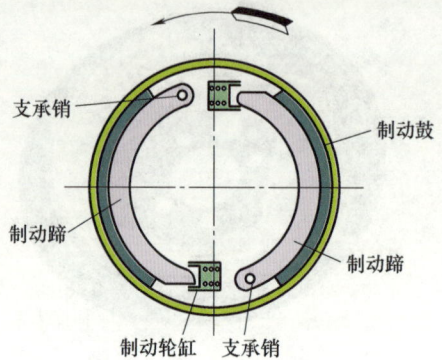

图 5-6　双从蹄式车轮制动器示意图

假设汽车前进，车轮按图 5-7 中箭头所示方向转动。制动时，单活塞式轮缸只将促动力 F_{S1} 加于第一蹄，使其上端离开支承销，整个制动蹄绕顶杆左端支承点转动，并压靠到制动鼓上。显然，第一蹄是领蹄，并且在促动力 F_{S1}、法向合力 F_{N1}、切向合力 F_{T1} 和沿顶杆轴线方向的支反力 F_{S1} 的作用下处于平衡状态。由于顶杆是浮动的，自然成为第二蹄的促动装置，将与力 F_{S1} 大小相等、方向相反的促动力 F_{S2} 施于第二蹄的下端，故第二蹄也是领蹄。

双向自动增力式车轮制动器的结构原理图如图 5-8 所示，其特点是制动鼓正向和反向旋转时均

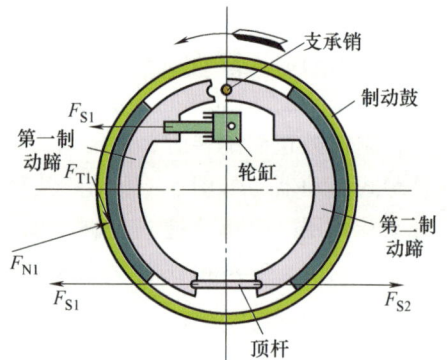

图 5-7　单向自动增力式车轮制动器的结构原理图

能借助制动蹄与制动鼓间的摩擦起自动增力的作用。结构上与单向自动增力式车轮制动器的不同之处主要是采用了双活塞式制动轮缸，可向两蹄同时施加相等的促动力 F_S。

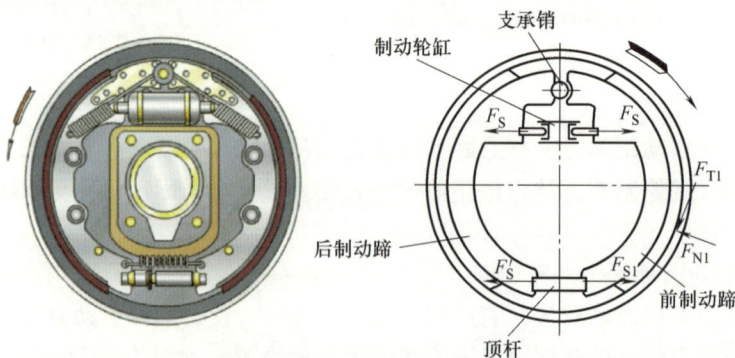

图 5-8　双向自动增力式车轮制动器的结构原理图

二、盘式车轮制动器

盘式车轮制动器摩擦副中的旋转元件是两端面工作的金属圆盘，称为制动盘。其固定元

件大体上可分为两类：一类是工作面积不大的摩擦片与其金属背板组成的制动块，这些制动块及其促动装置都安装在横跨制动盘两侧的钳形支架中，这种制动器称为钳盘式制动器；另一类固定元件的金属背板和摩擦片呈圆盘形，制动盘的全部工作面可同时与摩擦片接触，这种制动器称为全盘式制动器。钳盘式制动器按制动钳的结构形式又可分为定钳盘式和浮钳盘式两类。

图5-9所示为浮钳盘式车轮制动器的结构示意图。制动盘的内侧设置有液压缸，外侧的制动块安装在制动钳体上，钳体支架固定在转向节上，钳体可沿导向销轴向滑动。制动时，活塞在液压力的作用下，把活动制动块推向制动盘。与此同时，作用在制动钳体上的反作用力推动钳体沿导向销右移，使固定在钳体上的固定制动块压靠到制动盘上。于是，制动盘两侧的摩擦片在液压力的作用下夹紧制动盘，制动盘上则产生与其旋转方向相反的制动力矩，使汽车制动。

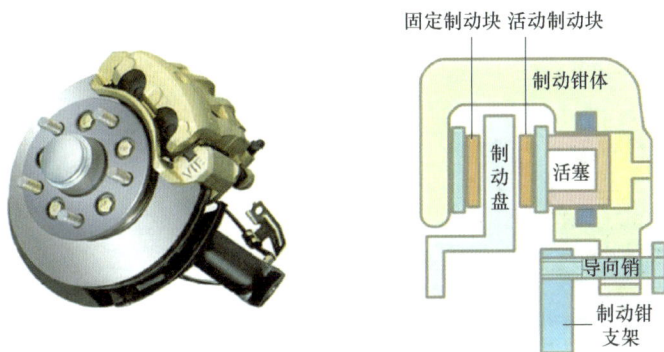

图5-9　浮钳盘式车轮制动器的结构示意图

盘式车轮制动器与鼓式车轮制动器相比，有以下优点：

1）制动效能恒定。一般无摩擦助势作用，因而制动器效能受摩擦系数的影响较小，即制动效能较恒定。

2）抗水衰退能力强。浸水后，在离心力的作用下水很快被甩干，而且只需经一两次制动即可恢复正常。

3）制动器尺寸和质量小。在输出的制动力矩相同的情况下，尺寸和质量一般较小。

4）散热性能好。制动盘沿厚度方向的热膨胀量极小，不会像制动鼓那样因热膨胀使制动器间隙明显增加而导致制动踏板行程过大。

5）较容易实现间隙自动调整，维修方便。

盘式车轮制动器的不足之处如下：

1）制动时无助势的作用，因而要求液压制动系统的促动管路压力较高。

2）摩擦片磨损较快。

三、车轮制动器间隙的调整

车轮制动器间隙过小，会使制动不能完全解除，造成制动拖滞，加快摩擦片的磨损，还会增加发动机油耗；车轮制动器间隙过大，会使制动反应时间延长，造成制动失灵或制动不足，直接影响行车安全。汽车在行驶过程中，车轮制动器间隙会逐渐增大，因此车轮制动器必须有检查和调整间隙的装置，可分为手动和自动两种方式。

1. 车轮制动器间隙手动调整装置

（1）调整凸轮和偏心支承销　调整凸轮和偏心支承销常用于鼓式车轮制动器的间隙调整。如图 5-10 所示，调整凸轮通过凸轮轴用螺母固定在制动底板上，调整凸轮的锁销固定在制动蹄上。沿箭头所示方向从制动底板外部利用凸轮轴转动调整凸轮时，通过锁销把制动蹄向外顶，则使制动器间隙减小，同时，锁销锁止制动蹄防止其回转。转动偏心支承销时，则改变制动蹄下端的支点位置，从而改变制动蹄和制动鼓的间隙。

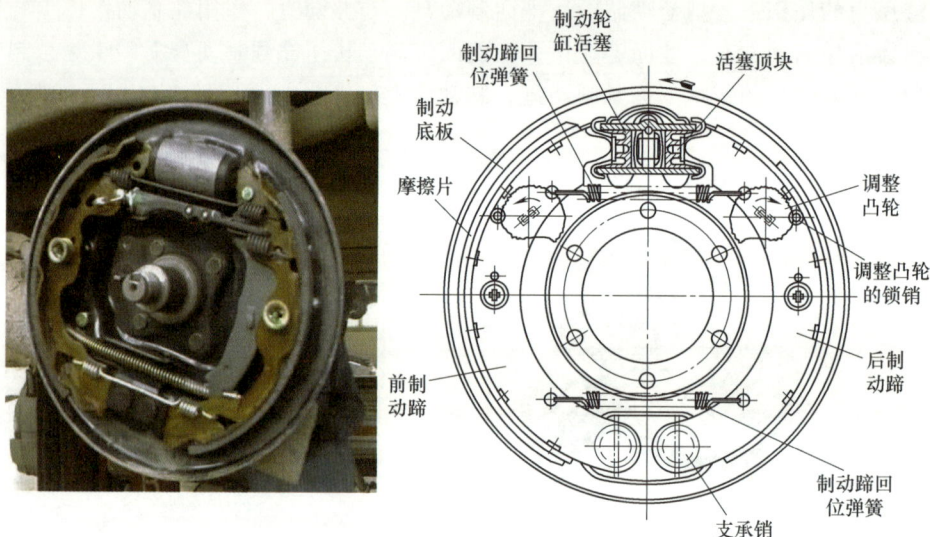

图 5-10　利用调整凸轮和偏心支承销调整鼓式车轮制动器的间隙

（2）调整螺母　有些制动器制动轮缸的端盖设有调整螺母，用于制动器间隙的调整，如图 5-11 所示。调整时，用一字螺钉旋具拨动调整螺母的齿槽使螺母转动，带螺杆的可调支座则向内或向外移动，使制动蹄上端靠近或远离制动鼓，制动器间隙即减小或增大。制动器间隙调整好后，把锁片插入调整螺母的齿槽中即可锁止螺母。

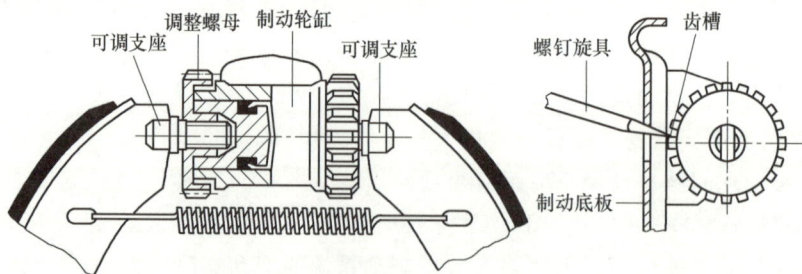

图 5-11　利用调整螺母调整制动器间隙

（3）可调顶杆　自动增力式车轮制动器采用可调顶杆调整制动器间隙。可调顶杆由顶杆体、顶杆套和调整螺钉组成。顶杆套内制有螺纹，调整螺钉通过螺纹拧入顶杆套内，顶杆套的一端有带齿凸缘，拨动凸缘可使调整螺钉轴向移动，改变可调顶杆的总长度，从而调整制动器间隙。

2. 车轮制动器间隙自动调整装置

（1）活塞密封圈 钳盘式车轮制动器的活塞密封圈除了密封活塞外，还起到使活塞回位和调整制动器间隙的作用。制动时，在活塞移动过程中，密封圈的刃边在摩擦的作用下随活塞移动，密封圈产生弹性变形，其极限变形量 Δ 应等于制动器间隙为设定值时完全制动所需活塞行程。解除制动时，活塞在密封圈的弹力作用下回位，直到密封圈变形完全消失为止。此时，制动块摩擦片与制动盘之间的间隙（制动器间隙）为设定间隙。

若制动器存在过量间隙，则制动时活塞密封圈的变形量 Δ 达到极限值以后，活塞仍可在液压的作用下，克服密封圈的摩擦力而继续移动，直到完全制动为止，如图 5-12 所示。但解除制动后，因活塞密封圈将活塞拉回的距离仍然等于 Δ，制动器间隙即恢复到设定值。

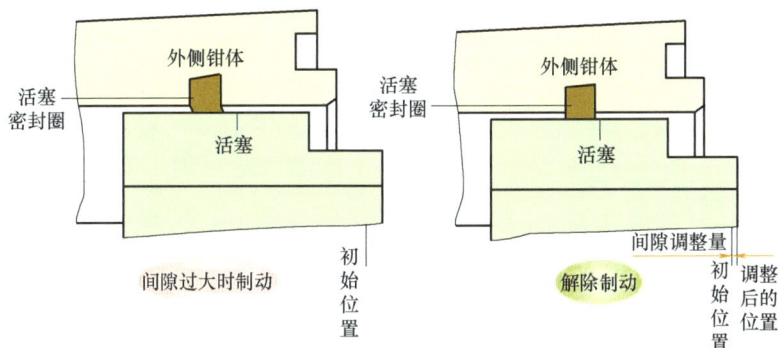

图 5-12 活塞密封圈的间隙调整原理图

（2）摩擦限位环 摩擦限位环是一个有切口的弹性金属环，压装在轮缸内，压装后与缸壁间的摩擦力可达 $400\sim550\mathrm{N}$，如图 5-13 所示。若制动器间隙过大，制动时活塞向外移动至靠在摩擦限位环上时，还不能产生制动作用，液压力继续推动活塞向外移动，带动限位环向外移动；解除制动时，摩擦限位环不能回位，活塞的回位受到限制，因此减小了制动器间隙。

（3）楔形调节块 楔形调节块的结构如图 5-14 所示，前后制动蹄的上端分别通过两个驻车制动推杆外弹簧拉向驻车制动推杆，楔形调节块在前蹄外弹簧的作用下夹在驻车制动推杆和前制动蹄的斜面之间。前蹄外弹簧的弹性系数大于后蹄外弹簧的弹性系数，故在正常的制动器间隙下，驻车制动推杆与前蹄一起移动，楔形调节块不能下移。当制动器间隙过大时，后蹄外弹簧进一步拉长，拉力大于前蹄外弹簧的拉力，故驻车制动推杆和后蹄一起移动，推杆和前蹄的距离增大，于是楔形调节块下移补偿该距离的增大量，从而起到自动调节制动器间隙的作用。

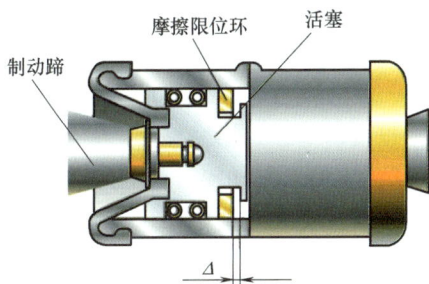

图 5-13 摩擦限位环制动间隙自调装置

（4）阶跃式间隙自调装置 上述几种间隙自调装置都属于一次调准式，若制动器由于热膨胀等原因造成制动器间隙大，就容易因随时调整造成"过调"的现象，因此有些制动器采用阶跃式间隙自调装置，通过多次制动后把制动间隙调整到合适的值。

制动轮缸 制动底板

驻车制动推杆

后制动蹄

驻车制动推杆外弹簧

驻车制动推杆外弹簧

楔形调节块

制动底板

后制动蹄

制动轮缸

驻车制动杠杆推杆凸耳

限位弹簧

驻车制动推杆内弹簧

驻车制动推杆

驻车制动杠杆
制动蹄复位弹簧

制动间隙调节弹簧

a)

b)

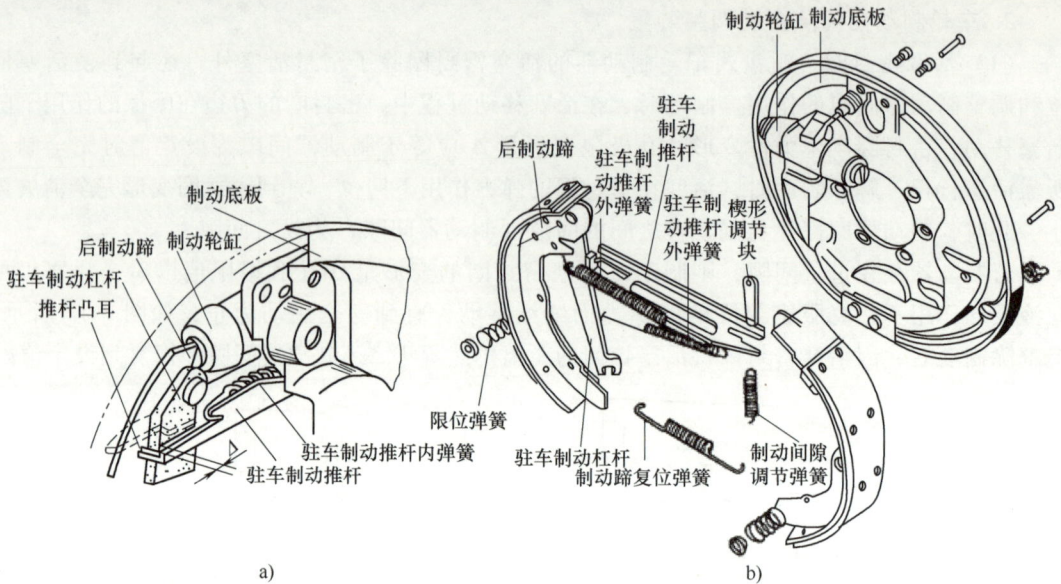

图 5-14　楔形调节块制动间隙自调装置

a）设定间隙 Δ 示意图　b）制动器零件分解图

四、车轮制动器的检修

1. 盘式车轮制动器的检修

1）检查制动盘轴向圆跳动量，要求不大于规定值。若跳动量超标或端面存在凹凸不平的现象，可以对端面进行修磨。若制动盘端面存在裂纹和严重烧蚀的现象，应更换制动盘。测量制动盘的厚度，若测量值小于或等于最小允许厚度，应更换制动盘。

2）测量制动块摩擦片的厚度并与标准值比较。

2. 鼓式车轮制动器的检修

1）测量制动蹄摩擦片的厚度。若摩擦片的实际厚度等于或小于最小极限厚度，应换用新件。同时，若存在蹄片严重烧蚀、油污时，也要换用新件。换用时，可以连制动蹄一起换用，也可以单独换用摩擦片。

2）更换新制动蹄时，应同时检查制动鼓的内径，并测量制动鼓内表面的圆度误差和圆柱度误差。安装时把摩擦片靠在鼓的内表面来回拉动，检查其靠合状况。摩擦片与制动鼓两端接触为良好。

【任务实施】

车轮制动器的检查与调整

1. 任务准备

1）场地和设备准备：实训场地布置、汽车、举升设备、课件或微课视频。

2）分组：根据设备数量将学生分成 4~6 个组，每个组 6~8 人。

盘式制动器拆装

2. 任务步骤

1）各小组先进行观察认识车轮制动器的各组成部分。

2）老师演示或播放微课视频，学生观看车轮制动器的检查调整过程。

3）各小组进行车轮制动器的检查和调整，并完成工作页填写。

3. 任务评价

教师根据表5-2中的任务评价内容及标准给学生打分。

表 5-2 任务评价内容及标准

序号	项目	操作内容	分值	评分标准	得分
1	准备	清点工具、清理工位	5	酌情扣分	
2	检查与调整车轮制动器	拆装盘式车轮制动器	20	操作不正确扣 1~20 分	
		测量盘式车轮制动器制动盘厚度、轴向圆跳动量与摩擦片厚度	20	操作不正确扣 1~20 分	
		拆装鼓式车轮制动器	10	操作不正确扣 1~10 分	
		测量鼓式车轮制动器制动鼓内径与制动蹄摩擦片的厚度	10	操作不正确扣 1~10 分	
		检查与调整车轮制动器的间隙	10	操作不正确扣 1~10 分	
3	完成时间	120min	10	超时 1~5min 扣 1~5 分 超时 5min 以上扣 10 分	
4	安全文明	无安全隐患,无不文明操作	5	未达标扣 1~5 分	
5	结束	工具清洁归位	5	漏一项扣 1 分,未做扣 5 分	
		清理工作场地	5	清洁不彻底扣 1~5 分,未做扣 5 分	
		总分	100		

【任务工单】

工作页 2 车轮制动器的检查与调整

班级		姓名	
地点		日期	

一、资讯

1. 鼓式车轮制动器的类型：_____

2. 车轮制动器间隙的调整方法：_____

3. 制动蹄鼓间隙的测量点应在蹄片的_____。

二、计划与决策

请查阅相关车型信息，对小组成员进行合理分工，确定制动器检查调整计划。

1. 车辆品牌及型号：＿＿＿＿＿＿＿＿＿＿＿＿＿＿＿＿＿＿＿＿＿＿＿＿＿。

2. 小组成员分工：＿＿＿＿＿＿＿＿＿＿＿＿＿＿＿＿＿＿＿＿＿＿＿＿＿。

三、实施

1. 车辆钥匙准备、举升设备安全检查等。

2. 记录盘式车轮制动器的拆装步骤：＿＿＿＿＿＿＿＿＿＿＿＿＿＿＿＿
＿＿＿＿＿＿＿＿＿＿＿＿＿＿＿＿＿＿＿＿＿＿＿＿＿＿＿＿＿＿＿＿＿
＿＿＿＿＿＿＿＿＿＿＿＿＿＿＿＿＿＿＿＿＿＿＿＿＿＿＿＿＿＿＿＿＿。

3. 制动盘厚度的测量方法：＿＿＿＿＿＿＿＿＿＿＿＿＿＿＿＿＿＿＿＿
＿＿＿＿＿＿＿＿＿＿＿＿＿＿＿＿＿＿＿＿＿＿＿＿＿＿＿＿＿＿＿＿＿。

【复习与思考】

一、判断题

1. 自动增力式车轮制动器，改变其推杆长度就可以调整制动间隙。　　（　　）

2. 与鼓式车轮制动器相比，盘式车轮制动器的间隙较小，因此其缸径也较小。（　　）

二、选择题

1. 单向双领蹄式车轮制动器在汽车前进或后退制动时，其制动力（　　）。

A. 一样　　　　　　B. 不一样　　　　　C. 前进时大　　　　　D. 后退时大

2. 盘式车轮制动器的制动间隙通过（　　）进行调整。

A. 矩形密封圈　　　B. 浮动顶杆　　　　C. 调整凸轮　　　　　D. O形密封圈

三、简答题

1. 简述领从蹄式制动器的结构。

2. 简述浮钳盘式制动器的组成与工作原理。

＊3. 查阅资料，搜集制动器摩擦片磨损报警方式，进一步思考有没有更好的创新方案？

任务三　液压制动传动装置的检修

【任务描述】

　　客户反映制动不灵。路试发现，轻轻踩制动踏板时，没有任何制动效果，踏板被踩到底，且一点制动效果都没有。急踩时，有制动效果。确认故障是由于制动压力无法建立引起的，首先检查制动液液面正常，所有制动部件的外观都正常，排除外部泄漏的可能。而且车辆不发动的情况，轻踩制动踏板，还是会泄压的。最后更换了制动主缸，故障排除。通过分析案例，了解制动传动装置的组成及常见故障。

【学习目标】

知识目标	了解液压制动传动装置的组成及其工作过程 掌握真空助力器、制动主缸和制动轮缸的结构 熟悉制动力调节装置的结构和工作原理
技能目标	会进行液压制动系统常见故障的排除
素养目标	培养安全意识和坚持不懈的工匠精神

知识脉络图

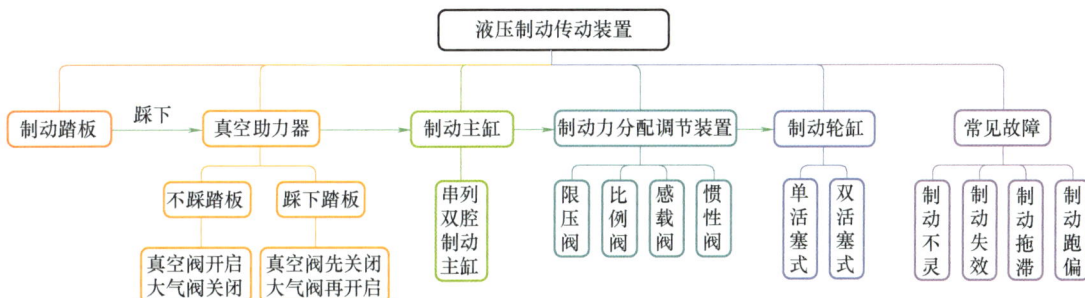

【知识准备】

汽车制动传动装置的功用是把驾驶人施加于制动踏板上的力放大后传到制动器，并控制制动器的工作，以获得所需要的制动作用。制动传动装置按传力介质的不同，可分为机械式、液压式、气压式和气液综合式等。本任务学习液压制动传动装置。

一、液压制动传动装置的组成和工作过程

图 5-15 所示为典型的液压制动传动装置的组成示意图，其主要由储液罐 5、制动踏板 1、真空助力器 3、制动主缸 4、制动轮缸 10、11 和油管等组成。制动踏板和制动主缸安装在车身上，制动主缸与制动轮缸通过油管连接，油管采用金属管以及特制的橡胶制动软管，整个液压系统中充满制动液。

制动时，驾驶人通过制动踏板操纵制动传动装置工作，真空助力器以发动机进气歧管或真空泵产生的真空吸力为动力源，产生一个与制动踏板同向的作用力协助人力进行制动。制动主缸安装在真空助力器前方，从主缸流出的制动液进入前、后制动器中的制动轮缸，轮缸把油管传来的液压能转换成机械能，使制动器产生制动作用。

松开制动踏板时，主缸、轮缸活塞回位，制动液流回主缸，制动作用随之解除。制动管路的油压和制动器产生的制动力矩与踏板力呈线性关系。如果附着力足够，则汽车所受到的制动力也与踏板力呈线性关系。因此，驾驶人可直接感觉到汽车制动的强度，以便及时加以必要的控制和调节。

二、真空助力器

图 5-16 所示为真空助力器的结构和工作原理简图。真空助力器壳体用螺栓固定在车身

前围板上，并借制动踏板推杆 8 与踏板机构连接。壳体上用螺栓固定着制动主缸，制动主缸的第一活塞由助力器主缸推杆 2 推动。推杆 2 与膜片座 6 固连在一起。伺服气室前腔 A 通过真空单向阀与发动机进气道相通。膜片座后端内孔中充填有泡沫塑料滤芯，用以滤清进入真空助力器的空气。

不踩制动踏板时，推杆弹簧 9 将推杆 8 连同柱塞 13 推到后极限位置；橡胶阀门 7 离开膜片座（真空阀开启），且被阀门弹簧 10 紧压在柱塞上（大气阀关闭）。伺服气室两腔 A 和 B 经真空通道 12 连通，并与大气隔绝，如图 5-16b 所示。在发动机开始工作且真空单向阀 4 被吸开后，伺服气室前、后两腔内都产生一定的真空度。

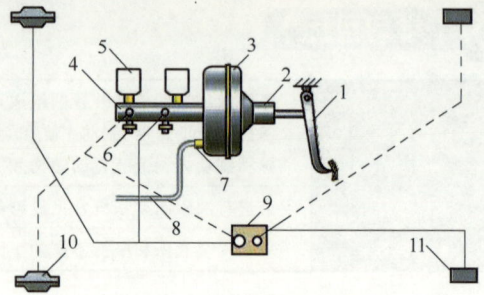

图 5-15　典型的液压制动传动装置的组成示意图

1—制动踏板　2—控制阀　3—真空助力器　4—制动主缸　5—储液罐　6—制动信号灯液压开关　7—真空单向阀　8—真空供能管路　9—液压调节阀　10—前制动轮缸　11—后制动轮缸

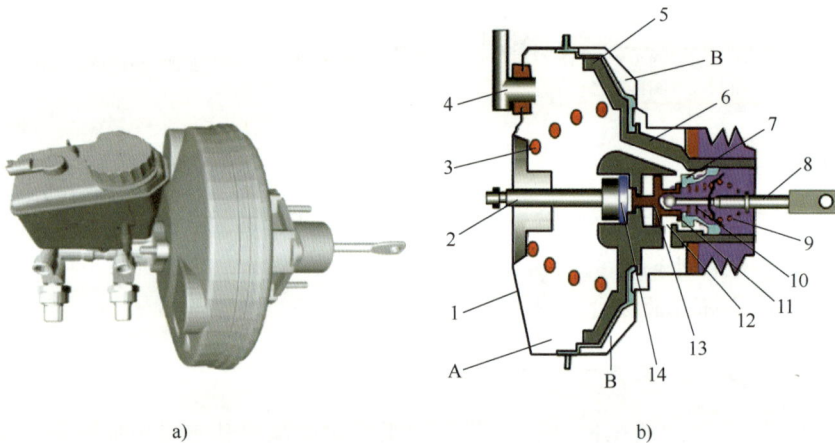

a)　　　　　　　　　　b)

图 5-16　真空助力器的结构和工作原理简图

a）外形　b）未踩下制动踏板时

1—助力器壳体　2—助力器主缸推杆　3—膜片回位弹簧　4—真空单向阀　5—膜片　6—膜片座　7—橡胶阀门　8—制动踏板推杆　9—推杆弹簧　10—阀门弹簧　11—大气通道　12—真空通道　13—柱塞　14—橡胶反作用盘　A—伺服气室前腔　B—伺服气室后腔

刚踩下制动踏板时，伺服气室尚未起作用，膜片座固定不动。故踏板力可以推动踏板推杆和柱塞相对于膜片座前移。当柱塞与橡胶反作用盘 14 之间的间隙消除后，踏板力便经反作用盘传给主缸推杆 2，使主缸内的油液以一定压力流入制动轮缸。在踏板推杆前移的同时，阀门也在弹簧的作用下随其和柱塞前移，直到与膜片座上的真空阀座接触，即真空阀关闭，使伺服气室前、后腔隔绝，从而后腔同真空源隔绝为止。踏板推杆继续推动柱塞前移，直到柱塞后端面离开阀门一定距离，即大气阀开启。于是，外界空气从膜片座后部进入，通过大气通道 11 进入伺服气室后腔 B，使其中真空度降低。在伺服气室前、后腔压差的作用下，通过膜片、膜片座及反作用盘给主缸推杆加力。在此过程中，膜片及膜片座也不断前移，直到阀门重新与柱塞接触而达到平衡状态为止。因此，在任一平衡状态下，伺服气室前、后腔中的稳定真空度与踏板行程呈递增函数关系，这就体现了控制阀的随动作用。当伺服气室后腔的压力等于大气压力时，助力作用达到最大。

当真空助力器或真空源失效时，作用于主缸推杆上的力仅取决于驾驶人对制动踏板施加的踏板力，因此此时踏板力要增大很多才能产生足够大的制动力。

三、制动主缸

图 5-17 所示为串列双腔制动主缸。第一活塞 10 位于缸体的中间位置，将制动主缸分成左右两个工作腔。每个工作腔内产生的液压经各自的管路分别传到前、后轮制动器。每个工作腔和管路又分别通过补偿孔 2 和回油孔 4 与储液罐相通。第一活塞两端都承受弹簧力，当主缸不工作时，第一活塞处在中间位置，使各缸的补偿孔和回油孔都与缸内相通。第二活塞 17 在弹簧 18 和 19 的作用下处于右腔的补偿孔和回油孔之间。每个活塞上都有几个轴向通孔，皮碗 3 压在通孔的一侧，以便两腔建立油压并保持密封。

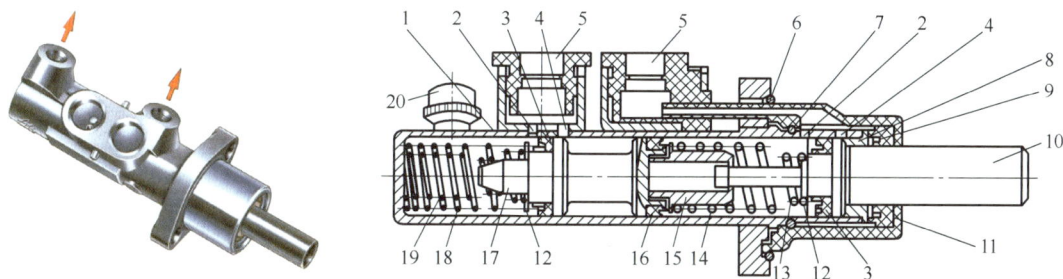

图 5-17　串列双腔制动主缸

1—缸体　2—补偿孔　3—皮碗　4—回油孔　5—进油口　6、7—密封圈　8—限位环
9—油封　10—第一活塞　11—密封罩　12、15—弹簧座　13—第一活塞副回位弹簧
14—第一活塞主回位弹簧　16—密封环　17—第二活塞　18—第二活塞主回位弹簧
19—第二活塞副回位弹簧　20—前腔出油管接头

当踩下制动踏板时，推杆推动第一活塞 10 左移，直到皮碗 3 盖住补偿孔 2 后，右工作腔中液压升高，油液一方面通过腔内出油口进入右前和左后制动管路，一方面又推动第二活塞 17 左移。在右腔液压力和弹簧 13、14 的作用下，第二活塞向左移动，左工作腔压力也随之提高，油液通过腔内出油口进入右后和左前制动管路，使前、后制动器产生制动。当继续踩下制动踏板时，左右腔液压继续提高，前、后制动器制动力继续增大。

当放松制动踏板时，两个活塞在回位弹簧的作用下回位，高压油液从制动轮缸经制动管路流回制动主缸。如活塞回位迅速，工作腔容积迅速增大，油压迅速降低，由于管路阻力的影响，管路中的油液来不及充分流回工作腔，工作腔中形成一定的真空度。此时，活塞右侧的压力较高，储液罐中的油液便经进油口 5、回油孔 4 和活塞上的轴向通孔推开密封圈进入工作腔。当活塞完全回位时，补偿孔 2 开放，工作腔多余的油液经补偿孔流回储液罐。若液压系统损坏或由于温度变化等引起制动主缸工作腔、制动管路和制动轮缸中的油液膨胀或收缩漏油，都可通过补偿孔进行调节。

双回路液压制动系统中任一回路失效时，制动主缸仍能工作，但所需制动踏板行程加大，且制动效能降低。

四、制动轮缸

制动轮缸有单活塞式和双活塞式两类。图 5-18 所示为单活塞式制动轮缸的结构示意图。由活塞端面凸台保持的间隙形成制动轮缸内腔。放气阀的中部有螺纹，尾部有密封锥面，平时旋紧压靠在阀座上。与密封锥面相连的圆柱面两侧有径向孔，与阀中心的轴向孔道相通。

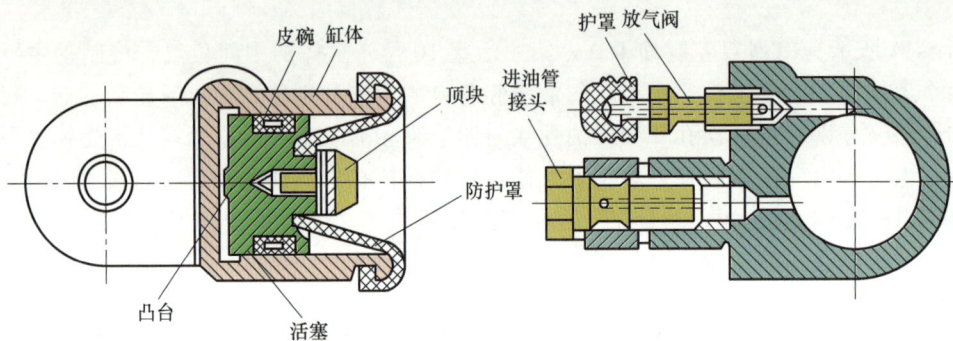

图 5-18　单活塞式制动轮缸的结构示意图

制动系统需要放气时，先取下橡胶护罩，再连踩几下制动踏板，对制动轮缸内的空气加压，然后踩住制动踏板不放，将放气阀旋出少许，空气即可排出。空气排尽后再旋紧放气阀。

图 5-19 所示为双活塞式制动轮缸的结构示意图。缸体用螺栓固定在制动底板上，缸内有两个活塞，每个活塞上装有一个密封圈，以密封内腔。

制动时，制动液自油管经进油孔进入内腔，活塞在液压的作用下外移，推动制动蹄张开，使车轮制动。弹簧保证皮碗、活塞与制动蹄的紧密接触，并保持两活塞之间的进油间隙。防护罩除防尘外，还可防止水分侵入，以免活塞和缸体生锈而卡住。在缸体上装有放气螺塞，用以排除液压系统中的空气。

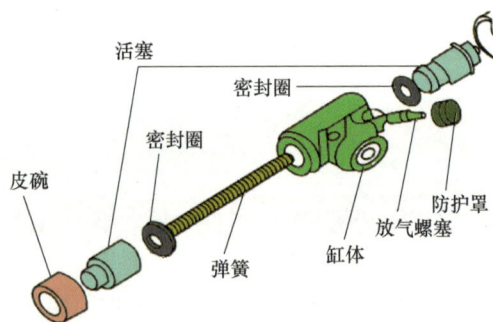

图 5-19　双活塞式制动轮缸的结构示意图

五、制动液

制动液是液压制动传动装置的工作介质，必须具有多种适应汽车使用需要的性能，以保证行驶安全。制动液主要性能要求如下：

1）优良的高温抗气阻性。汽车在行驶中制动频繁，制动器的温度会不断升高。如使用沸点较低的制动液，在管路中容易产生气阻而导致制动失灵，因此制动液应有较高的沸点，在高温下不易汽化。

2）适宜的高温黏度和良好的低温流动性。制动液在各种条件下都应能及时传递压力，并使传动装置中的运动件得到一定的润滑。

3）良好的抗氧化、抗腐蚀和防锈性能。制动液长期与金属相接触应不会因氧化而产生胶状物和腐蚀性物质，或因锈蚀而变色。

4）良好的溶水性。即使有水分进入制动液，也要求能形成微粒而与制动液均匀混合，不产生分离和沉淀的现象。

5）与橡胶良好的配伍性。制动液对橡胶件不应有溶胀的作用，否则会使其失去应有的密封作用。

汽车制动液一般有醇型、矿油型和合成型三类。合成型制动液是目前使用最多的制动液，又可分为醇醚型、酯型和硅型三类。

我国制动液规格按照 GB 12981—2012《机动车辆制动液》分为 HZY3、HZY4、HZY5和 HZY6 四级。其中，H、Z、Y 分别为"合成""制动"和"液体"三个词组第一个汉字的拼音首字母；序号越大代表制动液的平衡回流沸点越高，高温抗气阻性越好，行车制动安全性也就越高。

六、制动力分配调节装置

汽车在制动过程中，前后轮的垂直载荷会发生变化。汽车制动系统一般会采用各种压力调节装置，来调节前后轮制动器的输入压力，使前后轮制动力随着载荷变化，以获得尽可能高的制动性能。目前，制动力调节装置有限压阀、比例阀、感载阀和惯性阀等。

1. 限压阀

限压阀适用于轴距短、质心高的轻型和微型汽车，串联于液压制动系统的后制动管路中。其功用是当前、后制动管路压力 p_1 和 p_2 由零同步增长到一定值后，即自动将后制动管路压力限制在该值不变，防止后轮抱死。限压阀的结构原理图如图 5-20 所示，阀体上的 A口与制动主缸连通，B 口分别与两个后轮制动器制动轮缸相连。随着踏板力增加，p_2 与 p_1同步增长到一定值 p_S（开始限压的油压）后，活塞左端压力超过右端弹簧的预紧力，阀门右移，关闭 A 腔与 B 腔的通路。此后，即使 p_1 再增高，p_2 也保持定值 p_S。

2. 比例阀

比例阀与限压阀的区别在于油压达到 p_S 以后，输出与输入的油压按一定比例增加，使后制动管路压力的增量小于前制动管路压力的增量。这种阀适用于质心高度与轴距的比值较小的汽车。比例阀的结构原理图如图 5-21 所示。

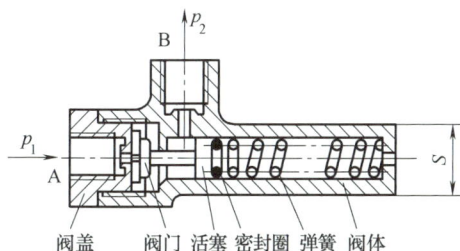

图 5-20　限压阀的结构原理图

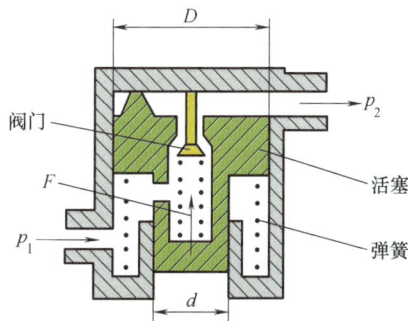

图 5-21　比例阀的结构原理图

3. 感载阀

有的汽车（特别是中、重型载货汽车）在实际装载质量不同时，其总质量和质心位置的变化较大，因而满载和空载下的理想制动管路压力差距也较大。一般要采用特性能够随汽车实际装载质量变化而改变的感载阀。制动系统用的感载阀分为感载限压阀和感载比例阀两类。

图 5-22 所示为液压感载比例阀的结构示意图。阀体安装在车身上，活塞右端的空腔内有阀门，杠杆的一端由感载弹簧与后悬架横向稳定杆连接，另一端压在活塞上。

感载比例阀的特点是：作用于活塞上的轴向力是可变的，调节作用起始点的控制压力值随汽车的实际装载质量的变化而变化。

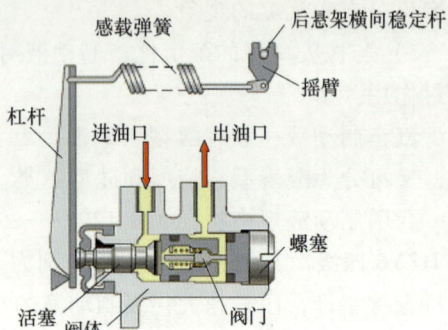

图 5-22　液压感载比例阀的结构示意图

4. 惯性阀

惯性阀是一种用于液压系统的制动力自动调节装置，其形状与感载阀相似，但其调节作用起始点的控制压力值 p_S 取决于汽车制动时作用在汽车重心上的惯性力，即 p_S 不仅与汽车总质量或实际装载质量有关，而且与汽车制动减速度有关。

七、液压制动系统的常见故障现象与原因

汽车液压制动系统的常见故障有制动不灵、制动失效、制动拖滞和制动跑偏等。

1. 制动不灵

（1）故障现象　汽车制动时，驾驶人感到减速度不足；紧急制动时，制动距离太长。

（2）故障原因　管路或管接头漏油；储液罐存油不足或无油；制动液变质或管路内壁积垢太厚；制动液中有空气；主缸、轮缸皮碗、活塞或缸筒磨损过度；主缸各油孔、储液罐通气孔堵塞；主缸出油阀、回油阀不密封，活塞回位弹簧预紧力太小，活塞前端贯通小孔堵塞或主缸皮碗发黏、发胀；轮缸皮碗发黏、发胀；真空增压器或真空助力器效能不佳或失效；制动油管凹瘪或软管内孔不畅通；制动踏板自由行程过大；摩擦片与制动鼓（盘）贴合面不佳或制动器间隙调整不当；摩擦片品质欠佳或使用中表面硬化、烧焦、油污及铆钉头露出；制动鼓（盘）磨损过甚或制动时变形；制动油管工作时胀大。

2. 制动失效

（1）故障现象　踩下制动踏板，车辆不减速，即使连续几次制动也无明显减速。

（2）故障原因　储液罐内无制动液，制动软管或金属管断裂，制动踏板至主缸的连接脱开，主缸皮碗严重破裂或制动系统有严重的泄漏，主缸皮碗被踩翻。

3. 制动拖滞

（1）故障现象　抬起制动踏板后，全部或个别车轮的制动作用不能立即完全解除，以致影响了汽车的重新起步、加速行驶或滑行。

（2）故障原因　制动踏板没有自由行程；制动踏板回位弹簧脱落、拉断或拉力太小等使制动踏板回位困难；主缸、轮缸故障，如皮碗发胀、活塞变形甚至粘住、活塞回位弹簧折断或预紧力太小、主缸补偿孔被污物堵塞等；通往各轮缸的油管凹瘪或堵塞；制动蹄回位弹簧脱落、折断或弹力下降；制动蹄与支承销锈污；制动蹄与制动鼓（盘）的间隙调整不当，制动解除后仍存在局部摩擦；轮毂轴承松旷。

4. 制动跑偏

（1）故障现象　汽车制动时，车辆行驶方向向一边发生偏斜。

（2）故障原因　汽车制动跑偏的根本原因是左右车轮制动力不相等，具体表现：左右车轮制动间隙不等；左右车轮轮胎气压、直径、花纹或花纹深度不等；左右车轮制动蹄摩擦片与制动鼓（盘）的接触面积、材料或新旧程度不等；左右车轮轮缸的技术状况不等，造成制动器起作用时间或张开力大小不等；左右车轮制动蹄回位弹簧拉力不等；左右车轮制动器的厚度、直径、变形和磨损程度不等；单边制动管凹瘪、阻塞或漏油；单边制动管路或制动轮缸内有气阻；单边制动器进水或油污；单边制动蹄与支承销配合过紧或锈蚀；两边弹簧刚度不等、两边轴距不等、车架变形及前束值不正确等。

【任务实施】

液压制动传动装置的检修

1. 任务准备

1）场地和设备准备：实训场地布置、汽车、举升设备、课件或微课视频。

2）分组：根据设备数量将学生分成4~6个组，每个组6~8人。

2. 任务步骤

1）各小组先进行观察认识液压制动传动装置的各组成部分。

2）老师演示或播放微课视频，学生观看液压制动传动装置的检修过程。

3）各小组进行液压制动传动装置的检修，并完成工作页填写。

3. 任务评价

教师根据表5-3中的任务评价内容及标准给学生打分。

表5-3　任务评价内容及标准

序号	项目	操作内容	分值	评分标准	得分
1	准备	清点工具、清理工位	5	酌情扣分	
2	检修液压制动传动装置	检查真空助力器的工作性能	15	操作不正确扣1~15分	
		检查真空助力器的密封性能	15	操作不正确扣1~15分	
		检修制动主缸	20	操作不正确扣1~20分	
		检修制动轮缸	10	操作不正确扣1~10分	
		检修制动管路	10	操作不正确扣1~10分	
3	完成时间	80min	10	超时1~5min扣1~5分 超时5min以上扣10分	
4	安全文明	无安全隐患,无不文明操作	5	未达标扣1~5分	
5	结束	工具清洁归位	5	漏一项扣1分,未做扣5分	
		清理工作场地	5	清洁不彻底扣1~5分,未做扣5分	
		总分	100		

》【任务工单】

工作页3 液压制动传动装置的检修

班级		姓名	
地点		日期	

一、资讯

1. 在液压制动传动装置中，制动液压力越高，则制动力就越____，它与踏板力呈_____增大。
2. 真空助力器作用于_____上。

二、计划与决策

请查阅相关车型信息，对小组成员进行合理分工，确定液压制动传动装置检修计划。

1. 车辆品牌及型号：_____。
2. 小组成员分工：_____。

三、实施

1. 车辆钥匙准备、举升设备安全检查等。
2. 真空助力器工作性能的检查方法：_____
_____
_____。
3. 制动主缸的检修项目：_____
_____。
4. 本车上是否有调节制动压力的阀？_____。

》【复习与思考】

一、判断题

1. 频繁使用制动器，会导致制动失灵。 （   ）
2. 一般来说，汽车制动时向右跑偏，则右侧车轮制动不良。 （   ）
3. 汽车行驶拖滞，多为制动踏板无自由行程所致。 （   ）

二、选择题

1. 采用液压制动传动装置的汽车，当驾驶人将踏板踩到一点位置不动时，则主缸中
（   ）。

A. 回油阀、出油阀均开   B. 回油阀开、出油阀关

C. 回油阀、出油阀均关　　　　　D. 回油阀关、出油阀开

2. 在液压制动传动装置中，制动踏板的自由行程取决于（　　　）。

A. 主缸推杆与活塞间的间隙和制动蹄摩擦片与制动鼓间的间隙之和

B. 主缸推杆与活塞间的间隙

C. 制动蹄摩擦片与制动鼓之间的间隙

D. 主缸推杆与活塞间的间隙和制动蹄摩擦片与制动鼓之间的间隙之差

三、简答题

1. 汽车液压制动传动装置由哪些部分组成？

2. 液压制动的汽车，制动不良的原因有哪些？制动拖滞的原因有哪些？

＊3. 查阅资料，了解不同车型的制动力分配装置，并尝试进行工作原理分析。

任务四　气压制动传动装置的检修

【任务描述】

　　小刘同学有天坐公交车，发现驾驶人在避让别的车时，踩了几次制动踏板，同时听到了几次放气的声音。这与轿车的液压制动不同，他很好奇公交车的制动系统是如何工作的。

【学习目标】

知识目标	熟悉气压制动传动装置的组成与工作原理 掌握制动控制阀的结构与工作原理 熟悉调压阀的结构与工作原理
技能目标	会对气压制动系统常见故障进行排除
素养目标	培养遵守职业规范的习惯及树立安全意识

知识脉络图

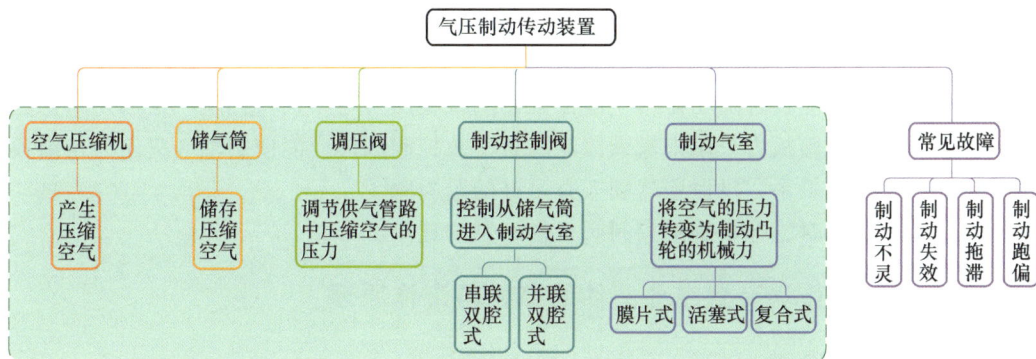

一、气压制动传动装置的组成与工作原理

气压制动传动装置以驾驶人的体力作为控制能源，以空气压缩机的压缩空气作为动力源，使制动器产生制动的作用。双回路气压制动传动装置的基本组成包括空气压缩机、双腔制动控制阀、储气筒、制动气室和制动管路等，如图 5-23 所示。

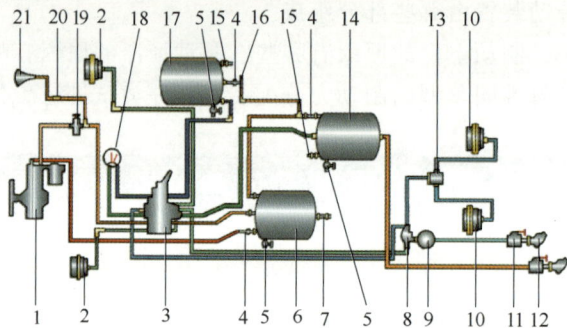

图 5-23　双回路气压制动传动装置示意图

1—空气压缩机　2—前制动气室　3—双腔制动阀　4—储气罐单向阀　5—放水阀　6—湿储气筒　7—安全阀　8—梭阀
9—挂车制动阀　10—后制动气室　11—挂车分离开关　12—接头　13—快放阀　14—主储气罐（供前制动器）
15—低压报警器　16—取气阀　17—主储气罐（供后制动器）　18—双针气压表
19—调压器　20—气喇叭开关　21—气喇叭

　　由发动机驱动的空气压缩机把压缩空气经单向阀输入湿储气筒（其上装有安全阀和供外界使用压缩空气的取气阀）。压缩空气在湿储气筒内的骤然膨胀和冷却，使其中的油水分离出来，沉淀于筒底，由放水阀放出。清洁干燥的压缩空气分别经两个单向阀进入前后桥储气筒。后储气筒与制动控制阀的上腔相连，可以向后桥制动气室供气。前储气筒与控制阀的下腔相连，可以向前桥制动气室及挂车制动控制阀供气。

　　驾驶人通过制动踏板机构操纵制动控制阀。当踩下制动踏板时，拉杆带动制动控制阀拉臂使控制阀上、下两腔进气口分别与本腔的出气口相通，储气筒前、后腔压缩空气分别通过控制阀的相应腔进入前、后制动气室及挂车制动控制阀，从而促动车轮制动器工作。当放松制动踏板时，控制阀通大气，以解除制动。

　　制动气室内建立的气压越高，制动器所产生的制动力矩就越大。所以，为了保证行车制动的渐进性，控制阀应具有随动作用，即保证制动气室压力与踏板行程呈一定的递增函数关系。驾驶人所施加的踏板力只用来操纵控制装置，故控制阀还应能使制动气室压力与踏板力也呈一定的递增函数关系，以保证驾驶人有足够的踏板感。

　　汽车带挂车制动时，挂车制动控制阀工作，制动挂车。

二、气压制动传动装置主要部件的结构与工作原理

1. 空气压缩机

空气压缩机多为风冷往复活塞式，具有与发动机相似的曲柄连杆机构。空气压缩机固定

在发动机气缸体的一侧,由发动机通过传动带或齿轮驱动。

2. 调压阀

调压阀用于调节供气管路中压缩空气的压力,使之保持在规定的压力范围内。同时,使空气压缩机能卸荷空转,减小发动机的功率损失。如图5-24所示,调压阀壳体10上装有两个管接头7和9,分别与空气压缩机的卸荷阀和储气筒相通。膜片5用调压弹簧4夹持在盖1与壳体之间,将调压阀分成上、下两腔室。膜片中心用螺纹连接着空心管6,空心管与壳体的中心导向孔滑动配合,其间有密封圈。上部的径向孔与轴向孔相通,壳体下腔室内装有排气阀8与大气相通。调压阀调节的气压值可通过旋转盖上的调压螺钉,改变调压弹簧的预紧力进行调整。

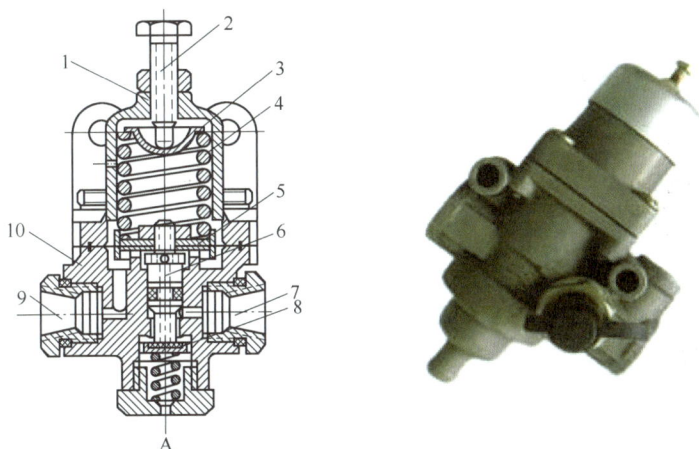

图 5-24　调压阀

1—盖　2—调压螺钉　3—弹簧座　4—调压弹簧　5—膜片　6—空心管　7—接卸荷气室管接头
8—排气阀　9—接储气筒管接头　10—壳体　A— 排气口（通大气）

当储气筒内气压未达到规定值时,膜片下腔气压较低,不足以克服调压弹簧的预紧力,膜片、空心管和排气阀被调压弹簧压到下极限位置。此时,储气筒压缩空气不能通过调压阀到达卸荷阀的卸荷柱塞上方,柱塞在最高位置,进气阀正常开关,空气压缩机对储气筒正常充气。

当储气筒气压升高到规定值时,膜片下方气压作用力克服调压弹簧的预紧力推动膜片上拱,调压阀的排气阀关闭,空心管下端面也离开排气阀,两者之间产生间隙。压缩空气经调压阀进入卸荷柱塞上方,使柱塞下移顶开进气阀,气缸与大气相通,空气压缩机卸荷空转,如图5-25所示。

当储气筒内的压缩空气不断消耗使气压下降到一定值时,调压阀又恢复到排气阀开启的位置,卸荷柱塞在其弹簧的作用下上移,进气阀回位,空气压缩机继续产生压缩空气。

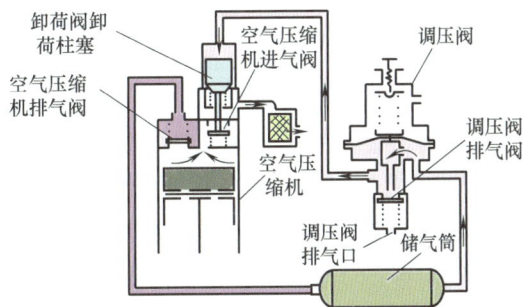

图 5-25　空气压缩机卸荷装置与调压阀的
工作原理图

3. 制动控制阀

制动控制阀是汽车气压制动系统的主要控制装置,用于控制从储气筒进入制动气室和挂车制动控制阀的压缩空气量,并有渐进变化的随动作用,保证制动器上的力与施加于制动踏板上的力成正比关系。制动控制阀有串联双腔式和并联双腔式两种形式。

图 5-26 所示为串联双腔活塞式制动控制阀的结构,制动控制阀用螺栓固定在车架上,由上盖、上阀体、中阀体、下阀体、上腔活塞总成和小活塞总成等组成。上盖与上阀体、中阀体与下阀体分别通过螺钉连接,构成两个独立的阀腔。中阀体上的通气口 D 和 A 分别接后桥储气筒和后桥制动气室,下阀体上的通气口 E 和 B 分别接前桥储气筒和前桥制动气室。

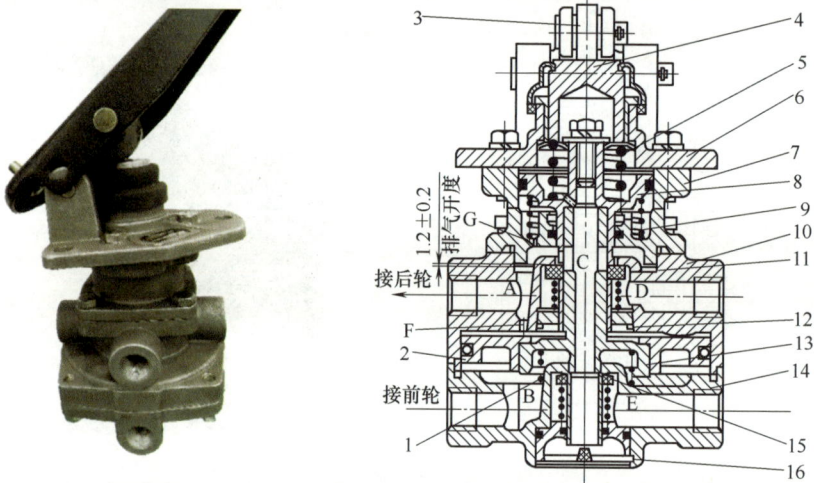

图 5-26 串联双腔活塞式制动控制阀的结构

1—下腔小活塞回位弹簧　2—下腔大活塞　3—滚轮　4—推杆　5—平衡弹簧
6—上盖　7—上阀体　8—上腔活塞总成　9—上活塞回位弹簧　10—中阀体
11—上两用阀门　12—卡环　13—下腔小活塞总成　14—下阀体　15—下两用阀门
16—排气阀　A、B、C、D、E、F、G—通气口

制动时,驾驶人踩下制动踏板,滚轮和推杆下移,平衡弹簧、上腔活塞芯管随之下移。当消除上两用阀门的排气间隙后,使排气阀关闭、进气阀开启。此时,从储气筒前腔传来的压缩空气从通气口 D 进入通气口 A,充入后桥制动气室。同时,进入通气口 A 的空气从通气口 F 进入下腔大活塞及小活塞上方,使其下移推开下两用阀门,此时从储气筒后腔传来的压缩空气经下两用阀门和下阀体阀座间的进气间隙进入通气口 B,并输入前桥制动气室。

当保持制动踏板在某一位置(即维持制动状态)时,压缩空气在进入上腔的同时由通气口 G 进入上腔活塞下方的平衡气室中,并推动上腔活塞上移,使上腔中的气压作用力与上活塞回位弹簧的弹力之和与平衡弹簧的压紧力相平衡。此时,位于下腔大、小活塞下方的平衡气室中的气压作用力与小活塞回位弹簧的弹力之和与大活塞上方的气压作用力相平衡,此时上下两用阀门均关闭,控制阀处于平衡位置。

当放松制动踏板时,上活塞及芯管受上活塞回位弹簧的压力而上升,上两用阀门随之上移与中阀体的阀座接触(即进气阀关闭),芯管继续上移,上阀门端面出现排气间隙(即排气阀打开），后制动气室的压缩空气经通气口 A 及排气阀、通气口 C 排入大气。此时，下腔大活塞及下腔小活塞受小活塞回位弹簧的压力上升，下两用阀门关闭进气阀后打开排气阀，前制动气室的压缩空气经通气口 B、排气阀和通气口 E 排入大气，制动解除。

当前制动管路断裂时，控制阀上腔仍能按上述方式工作，因此，后制动器仍能起作用；当后制动管路断裂时，通过控制阀上腔平衡弹簧，上活塞及芯管可直接推动下腔小活塞，使前轮制动器起作用。为了消除上活塞与上阀门间的排气间隙［如图 5-26 所示中（1.2±0.2）mm］而踩下的踏板行程，称为制动踏板自由行程。排气间隙可通过操纵臂上的调整螺钉进行调整。

4. 制动气室

制动气室用于把送来的压缩空气的压力转变为制动凸轮的机械力而输出，使车轮制动器产生制动力矩。制动气室可分为膜片式、活塞式和复合式三种。

膜片式制动气室的结构图和轴测图如图 5-27 所示。橡胶膜片的周缘用卡箍夹紧在壳体和盖的凸缘之间，盖与膜片之间的腔室为工作气室，通过橡胶软管与从制动控制阀接出的钢管连通，膜片的左侧与大气相通。弹簧通过推杆上的支承盘把膜片推到图示右极限位置。推杆的左端通过连接叉与制动器的制动调整臂相连。

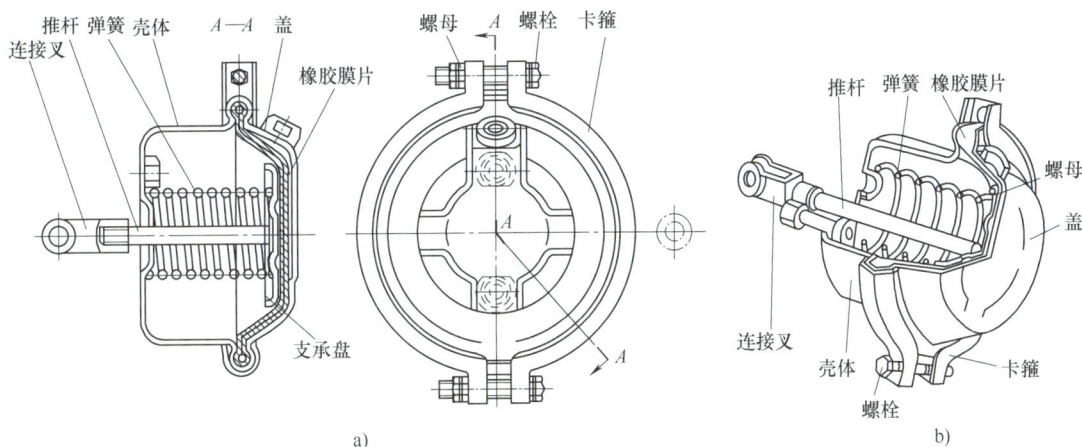

图 5-27 膜片式制动气室的结构图和轴测图
a）轴测图 b）结构图

当踩下制动踏板时，从制动控制阀传来的压缩空气充入制动气室的工作腔，使膜片向左拱曲，推动推杆左移，使制动调整臂和制动凸轮转动，实现制动。当放松制动踏板时，工作腔经制动控制阀的排气口通大气，而排出压缩空气，膜片与推杆在弹簧的作用下回位，制动解除。

三、气压制动系统的常见故障现象与原因

气压制动系统的常见故障有制动不灵、制动失效、制动拖滞和制动跑偏等。

1. 制动不灵

（1）故障现象 汽车制动时，驾驶人感到减速度不足；紧急制动时，制动距离太长。

（2）故障原因　储气筒内压缩空气达不到规定气压；制动踏板自由行程过大；制动控制阀故障，如最大气压调整不当、平衡弹簧预紧力太小、膜片破裂或排气阀关闭不严；制动器故障，如制动蹄摩擦片与制动鼓接触不佳、制动鼓磨损过甚或制动时变形或制动凸轮轴在支承套内锈蚀或发卡；制动间隙调整不当；制动管路凹瘪、软管内孔不畅通或漏气；制动气室漏气。

2. 制动失效

（1）故障现象　踩下制动踏板，车辆不减速，即使连续几次制动也无明显减速作用。

（2）故障原因　储气筒无压缩空气；制动踏板至制动控制阀的连接脱开；制动控制阀故障，如进气阀打不开或排气阀严重关闭不严、膜片破裂；制动气室膜片严重破裂；制动管路油污严重而阻塞，制动软管断裂。

3. 制动拖滞

（1）故障现象　抬起制动踏板后，全部或个别车轮的制动作用不能立即完全解除，以致影响了车辆重新起步、加速行驶或滑行。

（2）故障原因　制动踏板自由行程过小；制动踏板回位弹簧疲劳、拉断、脱落或拉力太小；制动间隙调整不当；制动控制阀故障，如排气阀弹簧疲劳、折断或弹力太小；排气阀橡胶阀面发胀、发黏或阀口上堆集的油污、胶质太多；制动气室膜片（活塞）回位弹簧疲劳、折断或弹力太小；制动凸轮轴在其支承套内缺油、锈蚀或卡滞；制动蹄与支承销锈蚀；轮毂轴承松旷。

4. 制动跑偏

气压制动系统跑偏的现象、原因及故障诊断与排除方法类似于液压制动系统。

【任务实施】

气压制动传动装置的检修

1. 任务准备

1）场地和设备准备：实训场地布置、汽车、举升设备、课件或微课视频。

2）分组：根据设备数量将学生分成 4~6 个组，每个组 6~8 人。

2. 任务步骤

1）各小组先进行观察认识气压制动传动装置的各组成部分。

2）老师演示或播放微课视频，学生观看气压制动传动装置的检修过程。

3）各小组进行气压制动传动装置的检修，并完成工作页填写。

3. 任务评价

教师根据表 5-4 中的任务评价内容及标准给学生打分。

表 5-4　任务评价内容及标准

序号	项目	操作内容	分值	评分标准	得分
1	准备	清点工具、清理工位	5	酌情扣分	
2	检修气压制动传动装置	检查与紧固部件接头	10	检查不到位扣 1~10 分	
		检查制动管路	10	检查不到位扣 1~10 分	
		检查与紧固支架螺栓、螺母	5	检查不到位扣 1~3 分	

（续）

序号	项目	操作内容	分值	评分标准	得分
2	检修气压制动传动装置	检查与调整空气压缩机传动带松紧度	10	操作不正确扣 1~10 分	
		拆装与检查制动控制阀	25	操作不正确扣 1~25 分	
		检查制动气室	10	操作不正确扣 1~10 分	
3	完成时间	60min	10	超时 1~5min 扣 1~5 分 超时 5min 以上扣 10 分	
4	安全文明	无安全隐患，无不文明操作	5	未达标扣 1~5 分	
5	结束	工具清洁归位	5	漏一项扣 1 分，未做扣 5 分	
		清理工作场地	5	清洁不彻底扣 1~5 分，未做扣 5 分	
	总分		100		

【任务工单】

工作页 4 气压制动传动装置的检修

班级		姓名	
地点		日期	

一、资讯

1. 调压阀的两个管接头，与_____和_____连接。

2. 调压阀的功用：_____

_____。

3. 制动控制阀的随动作用是指：_____

_____。

4. 排气间隙的值：_____。

二、计划与决策

请查阅相关车型信息，对小组成员进行合理分工，确定制动系统维护计划。

1. 车辆品牌及型号：_____。

2. 小组成员分工：_____。

三、实施

1. 车辆钥匙准备、举升设备安全检查等。

2. 空气压缩机传动带松紧度的检查方法和调整：_____

_____

_____。

3. 制动控制阀的拆装步骤：_____

_____

_____。

4. 气压制动传动装置的检查情况记录：_____

_____。

【复习与思考】

一、判断题

1. 双腔制动控制阀的作用是控制由储气筒进入制动气室的压缩空气量，与驾驶人踩下制动踏板的行程无关。　　　　　　　　　　　　　　　　　　　　（　　）

2. 串联双腔活塞式制动控制阀在维持制动时，活塞下腔的空气压力与平衡弹簧张力相平衡，则双阀关闭，使前桥的制动强度不变。　　　　　　　　　　　　　（　　）

二、选择题

1. 双管路气压制动传动装置中，制动踏板的自由行程取决于（　　　）。

A. 制动控制阀调整螺钉与挺杆之间的间隙

B. 调整螺钉与壳体之间的间隙

C. 制动控制阀调整螺钉与挺杆之间的间隙和排气间隙之和

D. 排气间隙

2. 气压制动控制阀在维持各种制动强度时（　　　）。

A. 平衡弹簧上端的位置不变 　　　　　B. 平衡弹簧下端的位置不变

C. 平衡弹簧上、下端的位置均不变 　　D. 平衡弹簧上、下端的位置均改变

三、简答题

1. 简述气压制动系统的调压原理。

2. 简述串联双腔活塞式制动控制阀的组成和工作原理。

3. 气压制动的汽车，制动不灵的原因有哪些？制动拖滞的原因有哪些？

任务五　驻车制动系统的检修

【任务描述】

客户反映他的汽车在坡道上停车时，拉紧驻车制动器，汽车不能停驻而发生溜车的现

象。维修接待人员初步分析驻车制动操纵杆行程有问题，建议客户及早将车辆开到店里维修，维修技师应从哪几个方面进行入手检查？

【学习目标】

知识目标	掌握驻车制动系统的功用、类型、结构和工作原理
技能目标	会检查和调整驻车制动系统
素养目标	培养精益求精的工匠精神

知识脉络图

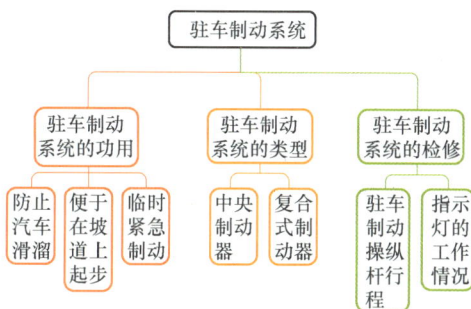

【知识准备】

一、驻车制动系统的功用和分类

驻车制动系统的功用是：在汽车停驶后，防止汽车滑溜；便于在坡道上起步；行车制动系统失效后临时使用或配合行车制动系统进行紧急制动。

根据驻车制动器的安装位置可将其分为中央制动器和复合式制动器两种。前者安装在变速器或分动器的后面，制动力矩作用在传动轴上；后者与车轮制动器共用一个制动器总成，只是传动装置是相互独立的。

二、中央制动器及其传动装置

图 5-28 所示为凸轮促动鼓式中央制动器及其传动装置，制动器的结构与凸轮促动的车轮制动器基本相同。制动底板用螺栓固定在变速器第二轴轴承盖上，制动鼓用螺栓固定在变速器第二轴后端的凸缘盘上，两制动蹄下端松套在固定于制动底板的偏心支承销上，制动蹄上端装有滚轮 10。制动凸轮轴 11 通过支座支承在制动底板上部，其外端通过细花键与摆臂 14 的一端连接，摆臂的另一端与穿过压紧弹簧 15 的拉杆 13 相连。

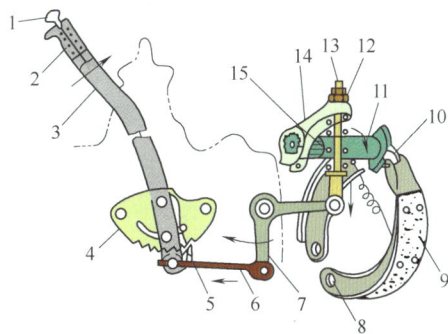

图 5-28　凸轮促动鼓式中央制动器及其传动装置

1—按钮　2—拉杆弹簧　3—制动杆　4—齿扇
5—锁止棘爪　6—传动杆　7—摇臂　8—偏心
支承销孔　9—制动蹄　10—滚轮　11—凸轮
轴　12—调整螺母　13—拉杆　14—摆臂
15—压紧弹簧

三、盘式复合驻车制动器及其传动装置

图 5-29 所示为盘式复合驻车制动器及其传动装置的结构示意图。当停车需要驻车制动时，向驻车制动杆产生一个向左的推力，驻车制动杆带动自调螺母左移。当消除自调螺母与轮缸活塞之间的间隙后，推动轮缸活塞左移，活塞驱动制动块使制动块夹紧制动盘，从而产生驻车制动。

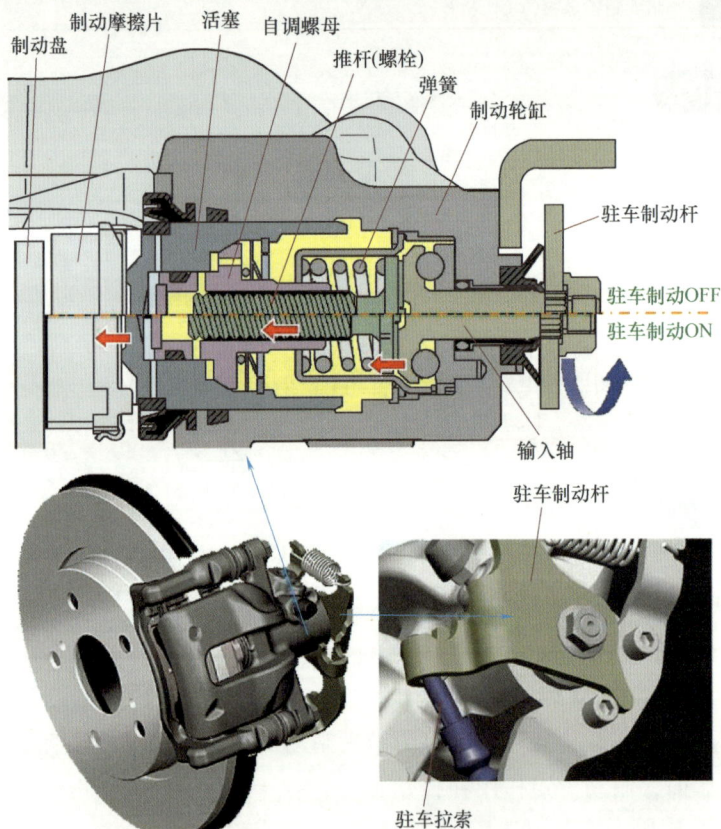

图 5-29　盘式复合驻车制动器及其传动装置的结构示意图

当解除驻车制动时，驻车制动杆在回位弹簧的作用下右移，制动轮缸活塞在密封圈的作用下右移，解除驻车制动。

四、驻车制动系统的维护

一级维护时，应检查各支架螺栓和螺母的紧固是否可靠。二级维护时，除进行上述作业外，还应检查驻车制动操纵杆行程和指示灯工作情况。

检查驻车制动操纵杆行程时，拉动驻车制动操纵杆，行程应在预定的槽数内（拉动时可以听到"咔嗒"声）。若不符合规定，调整驻车制动操纵杆的行程。当驻车制动操纵杆行程超出规定值，则调整驻车制动器的间隙，然后重复检查。

在点火开关位于"ON"位置时，应检查指示灯的工作情况。当驻车制动操纵杆操作时，在拉动操纵杆到达第一个槽口前，指示灯应已经点亮。

【任务实施】

驻车制动系统的检修

1. 任务准备

1）场地和设备准备：实训场地布置、汽车、举升设备、课件或微课视频。

2）分组：根据设备数量将学生分成 4~6 个组，每个组 6~8 人。

2. 任务步骤

1）各小组先进行观察认识驻车制动系统的各组成部分。

2）老师演示或播放微课视频，学生观看驻车制动系统的检修过程。

3）各小组进行驻车制动系统的检修，并完成工作页填写。

3. 任务评价

教师根据表 5-5 中的任务评价内容及标准给学生打分。

表 5-5　任务评价内容及标准

序号	项目	操作内容	分值	评分标准	得分
1	准备	清点工具、清理工位	5	酌情扣分	
2	检修驻车制动系统	检查与紧固支架螺栓和螺母	20	操作不正确扣 1~20 分	
		检查驻车制动操纵杆行程	30	操作不正确扣 1~30 分	
		检查驻车制动指示灯工作情况	20	操作不正确扣 1~20 分	
3	完成时间	30min	10	超时 1~5min 扣 1~5 分 超时 5min 以上扣 10 分	
4	安全文明	无安全隐患，无不文明操作	5	未达标扣 1~5 分	
5	结束	工具清洁归位	5	漏一项扣 1 分，未做扣 5 分	
		清理工作场地	5	清洁不彻底扣 1~5 分，未做扣 5 分	
		总分	100		

【任务工单】

工作页 5　驻车制动系统的检修

班级		姓名	
地点		日期	

一、资讯

1. 驻车制动系统与后轮共用制动器时，制动器的形式是盘式还是鼓式？

_____。

2. 驻车制动系统的功用是 _____

_____。

二、计划与决策

请查阅相关车型信息，对小组成员进行合理分工，确定驻车制动系统检修计划。

1. 车辆品牌及型号：_____。

2. 小组成员分工：_____。

三、实施

1. 车辆钥匙准备、举升设备安全检查等。

2. 记录驻车制动系统的检修结果：_____

_____。

3. 驻车制动系统的常见故障：_____。

【复习与思考】

一、判断题

1. 复合式制动器与车轮制动器的传动机构是相互独立的。 （　　）

2. 驻车制动操纵杆的行程不需要调整。 （　　）

二、选择题

1. 驻车制动器的传动装置一般为（　　）。

A. 机械式　　　　B. 液压式　　　C. 气压式

2. 驻车制动器与后轮共用制动器时，制动器的形式是（　　）。

A. 盘式　　　　　B. 鼓式　　　　C. 盘鼓式　　　D. 以上均可

三、简答题

驻车制动系统的调整内容有哪些？

防滑和稳定性控制系统检修

本项目主要介绍汽车防滑控制系统中各部件的结构、工作原理、常见故障以及检修方法。

【任务描述】

汽车维修中心接到客户救援电话，客户反映，车辆在制动时后轴抱死侧滑。维修接待人员询问仪表盘是否有故障灯亮起，经确认是 ABS 警告灯亮。建议客户将车辆低速开至维修中心，路上注意减少紧急制动。你能否对 ABS 进行检修？

【学习目标】

知识目标	熟悉防滑控制的基本理论 掌握防抱死制动系统（ABS）的功用、结构与工作原理 熟悉驱动防滑控制系统的结构与工作原理 掌握动态稳定性控制系统的工作原理
技能目标	会进行 ABS、ESP 的检修与故障诊断
素养目标	培养创新意识，敢想敢为、善作善成

知识脉络图

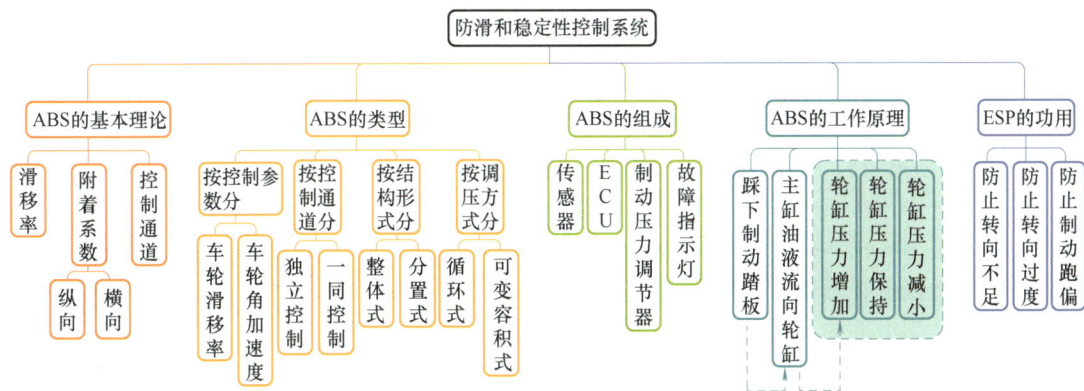

【知识准备】

一、ABS 的检修

1. ABS 的基本理论

当车轮抱死滑移时，车轮与路面间的侧向附着力将完全消失，如果前轮抱死，汽车会失去转向能力。如果是后轮抱死滑移，即使受到不大的侧向干扰力，汽车也可能会产生甩尾的现象。因此，汽车在制动时不希望车轮抱死，而是保持边滚边滑的状态。其滑移程度，即制动过程中滑移成分在车轮纵向运动中所占的比例，可用滑移率 S 来表示，其计算公式为

$$S = (v - \omega r)/v \times 100\%$$

式中　v——实际车速（即车轮中心的纵向速度），单位为 m/s；

　　　ω——车轮的转动角速度，单位为 rad/s；

　　　r——车轮的滚动半径，单位为 m。

车轮在路面上纯滚动时，$v = \omega r$，滑移率 $S = 0$；车轮抱死时，即在路面上纯滑动时，$\omega = 0$，滑移率 $S = 100\%$；车轮在路面上边滚动边滑动时，$v > \omega r$，车轮滑移率 S 为 0 ~ 100%。车轮滑移率越大，说明车轮在运动中滑移成分所占的比例越大。

在制动器工作性能正常的情况下，制动力的大小取决于车轮和路面的附着情况，即附着系数的大小。一般来说，干燥路面附着系数大，潮湿路面附着系数小，冰雪路面附着系数更小。此外，车轮滑移率的大小对车轮与路面间附着系数有较大影响。图 6-1 所示为干燥硬实路面上附着系数与滑移率的关系曲线。从图中可以看出：在制动初期，纵向附着系数随着滑移率的增大迅速增大；当滑移率达到 S_{opt}（约 20%）时，纵向附着系数最大（称为峰值附着系数）；当滑移率继续增大时，纵向附着系数逐渐减小；当 $S = 100\%$，即车轮抱死时，纵向附着系数有所下降。

从图 6-1 中还可以看出，当滑移率为 0 时，侧向附着系数最大，随着滑移率的增大，侧向附着系数越来越小。当车轮抱死，侧向附着系数几乎为 0，此时汽车失去抵抗侧向外力的能力，若稍有侧向力干扰，后轮会发生侧向滑移，而使汽车出现侧滑、甩尾等危险，前轮会丧失转向能力。

从以上分析可知，当车轮滑移率在 20% 左右时，纵向附着系数最大，可获得最大的制动力；同时，侧向附着系数也保持较大值，使汽车具有良好的抗侧滑能力。防抱死制动系统（Anti-Lock Braking System，ABS）是一种主动安全装置，该系统在汽车制动时，通过 ECU、车轮转速传感器和制动压力调节器，自动调节车轮制动器制动力的大小，使车轮保持在最佳的滑移率范围内运动，从而使汽车的实际制动过程始终接近于最佳制动状态。

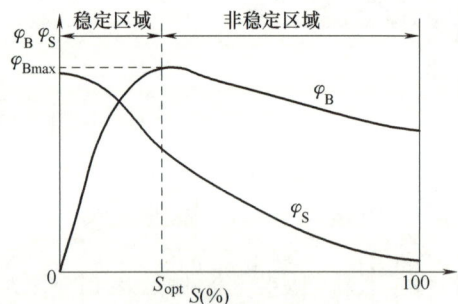

图 6-1　干燥硬实路面上附着系数与滑移率的关系曲线

2. ABS 的种类

目前，汽车上使用的 ABS 种类较多，结构形式各有不同，可以按照不同的方式进行分类。

（1）按控制参数的不同进行分类　按控制参数的不同，ABS 可分为以车轮滑移率作为控制参数的 ABS 和以车轮角加速度作为控制参数的 ABS。

（2）按控制通道和传感器数量的不同进行分类　按控制通道和传感器数量的不同，ABS 可分为四传感器四通道/四轮独立控制、四传感器四通道/前轮独立-后轮选择控制、四传感器三通道/前轮独立-后轮低选择控制、三传感器三通道/前轮独立-后轮低选择控制方式等。

（3）按结构的不同进行分类　按结构的不同，ABS 可分为整体式 ABS 和分置式 ABS。整体式 ABS 是把制动主缸与制动压力调节器安装在一起，成为一个整体；分置式 ABS 则是把两者分开布置，再通过管路进行连接。

（4）按制动压力调节器调压方式的不同进行分类　按制动压力调节器调压方式的不同，ABS 可分为循环式 ABS 和可变容积式 ABS。

3. ABS 的优点

1）提高方向稳定性。ABS 可以把车轮的侧向附着系数控制在较大值，使车轮具有较强的承受侧向力的能力，增强了转向控制能力，提高了制动时的方向稳定性。

2）缩短制动距离。ABS 可以把滑移率控制在纵向峰值附着系数范围内，从而获得最大的制动力，使制动距离大为缩短。

3）延长轮胎使用寿命。ABS 可以防止车轮抱死，避免由此造成的轮胎局部异常磨损，改善了轮胎的磨损状况，可延长轮胎的使用寿命。

4）使用方便、工作可靠。ABS 的运用与常规制动系统的运用几乎没有区别，制动时驾驶人踩下制动踏板，ABS 就根据情况自动进入工作状态，使车轮保持在最佳制动状态。

4. ABS 的组成与工作原理

ABS 主要由传感器、ECU、制动压力调节器（包括电动液压泵、电磁阀和蓄能器等）和故障指示灯等组成，如图 6-2 所示。在汽车的每个车轮上都安装有一个车轮转速传感器，把各车轮的转速信号输入 ECU。ECU 根据各传感器的信号和制动开关信号对各车轮的运动状态进行监测和判定，并形成控制指令。制动压力调节器通过制动管路与制动主缸和各制动轮缸相连，接收 ECU 的指令对各轮缸的制动压力进行调节。当 ECU 检测到系统有故障时，

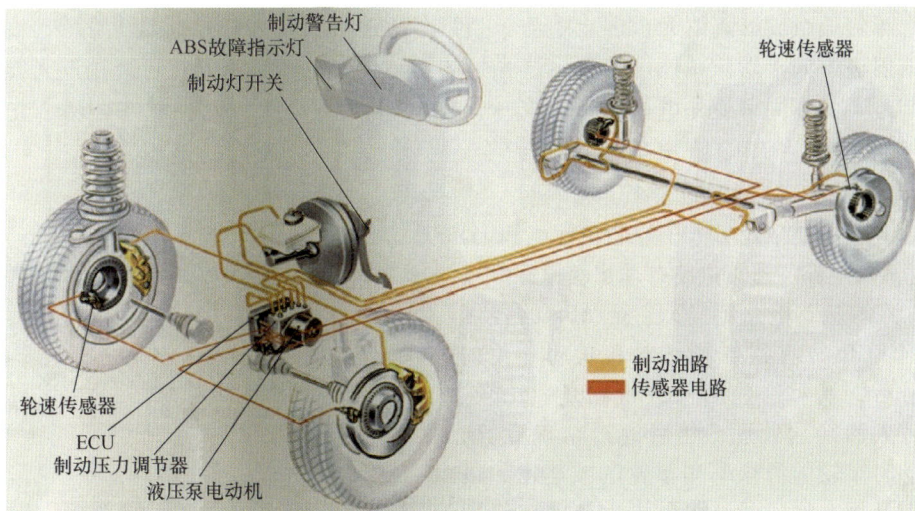

图 6-2　ABS 的基本组成

会点亮故障指示灯。

（1）车轮转速传感器（轮速传感器） 轮速传感器用于检测车轮的转速，并把转速信号输入 ECU。目前，常用的轮速传感器主要有霍尔式和电磁式两种。

霍尔式轮速传感器主要由齿圈和传感头组成。齿圈随车轮或传动轴一起转动，传感头对应安装在靠近齿圈而又不随齿圈转动的车轮的托架上，两者之间有一定的间隙。传感头由永久磁铁、霍尔元件和电子电路等组成。

霍尔式轮速传感器是利用霍尔效应原理来产生与车轮转速相对应的电压脉冲信号的，其作工原理图如图 6-3 所示，永久磁铁的磁力线穿过霍尔元件通向齿圈。当齿圈位于图 6-3a 所示位置时，永久磁铁穿过霍尔元件的磁力线分散，磁场相对较弱；当齿圈位于图 6-3b 所示位置时，永久磁铁穿过霍尔元件的磁力线集中，磁场相对较强。齿圈转动时，使穿过霍尔元件的磁力线密度发生变化，因而引起霍尔元件电压的变化，霍尔元件将输出一毫伏级的准正弦波电压。此信号由电子电路转化成标准的脉冲信号后输出。

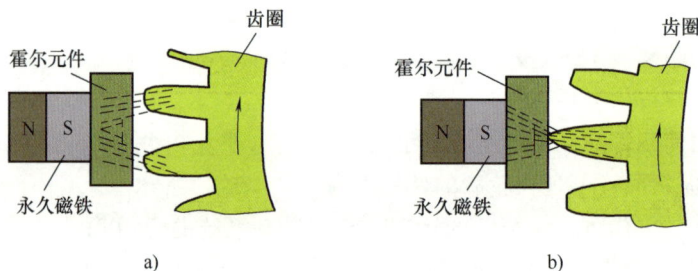

图 6-3 霍尔式轮速传感器的工作原理图

a）霍尔元件磁场较弱 b）霍尔元件磁场较强

（2）减速度传感器 通过减速度传感器信号可以对由车轮转速计算出来的车速进行补偿，ECU 可根据此信号对路面进行区别并判断路面附着系数的高低情况，以采取相应的控制措施，使汽车制动时滑移率的计算更加精确，可进一步提高制动性能。

图 6-4 所示为光电式减速度传感器，其主要由发光二极管、光电晶体管和遮光板等组成。当汽车匀速行驶时，遮光板静止不动。当汽车减速行驶时，遮光板则随着减速度的变化沿汽车的前进方向上摆。减速度越大，遮光板的摆动位置越高。遮光板可遮挡发光二极管的光线，其位置的不同可使光电晶体管形成开（ON）和关（OFF）两种状态。两个光电晶体管开关可形成四种组合，根据不同的组合，ECU 可以区分汽车减速度的大小。

（3）电子控制单元 电子控制单元（ECU）一般由输入级电路、运算电路、输出级电路和安全保护电路等基本电路组成，它是 ABS 的控制中枢。当 ECU 接收到各传感器和制动开关的输入信号后，就对这些信号进行测量、比较、分析、放大和判别处理，然后通过精确计算，得出制动时车轮的滑移率和车轮的减速度，以判断车轮是否有抱死的趋势，再由其输出级向制动压力调节器发出控制指令，使其执行压力

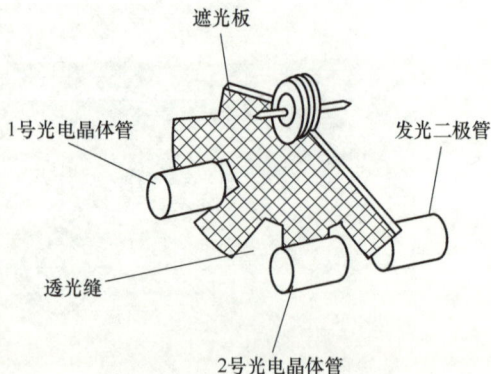

图 6-4 光电式减速度传感器

调节任务。

ECU 具有监控和保护功能。当系统出现故障时，ABS 退出工作，并以故障灯点亮的形式警告驾驶人，同时把检测到的故障以故障码的形式储存在其存储器中。

（4）制动压力调节器　制动压力调节器是 ABS 的执行器，用于接收 ABS ECU 的控制指令，通过电磁阀的动作自动调节车轮制动器的制动压力，防止车轮抱死，并使制动过程处于理想滑移率的状态。

制动压力调节器可分为液压式和气压式等，本项目主要介绍液压式。液压式制动压力调节器串接在制动主缸与轮缸之间，按调压方式的不同分为循环式和可变容积式。循环式制动压力调节器通过电磁阀直接控制轮缸的制动压力，可变容积式调节器通过电磁阀间接控制制动轮缸的制动压力。液压式制动压力调节器主要由电动液压泵、电磁阀和蓄能器（电磁阀和蓄能器组装在一起，称为液压控制单元）等组成，如图 6-5 所示。

ABS 的电动液压泵多为柱塞式，它由直流电动机、柱塞式液压泵和进出油阀等组成，在 ABS 运行时，电动液压泵根据 ECU 的信号确定是否工作，当 ECU 控制接通电动机电路，电动机便会驱动柱塞泵工作，从而起到使制动液循环流动或提高制动液油压的作用。

ABS 常用的电磁阀有三位三通电磁阀和二位二通电磁阀，三位三通电磁阀的结构与工作原理图如图 6-6 所示。电磁阀由电磁线圈、固定铁心和可动铁心组成，阀上有三个孔分别连通制动主缸、制动轮缸和储能器。

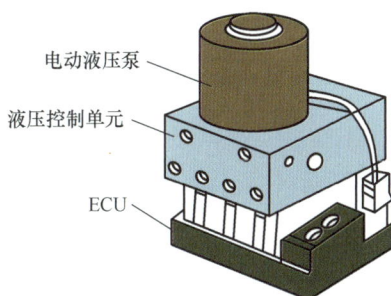

图 6-5　液压式制动压力调节器的组成

电磁阀线圈受 ECU 控制，改变电磁线圈的电流可以改变可动铁心的位置，从而改变三个阀口之间的通路。

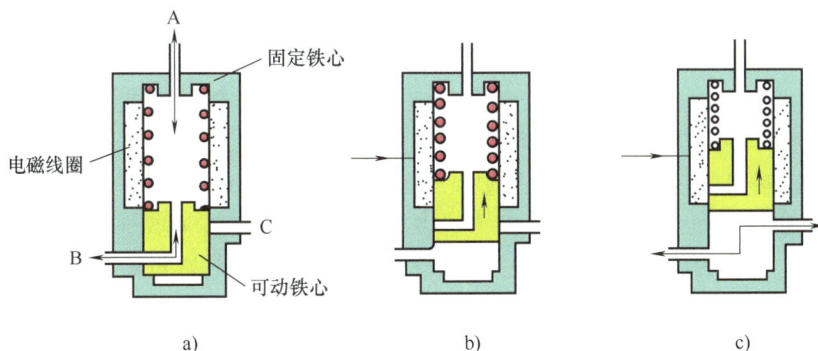

图 6-6　三位三通电磁阀的结构与工作原理图
a）电流为 0　b）电流小　c）电流大
A、B、C—阀口

循环式制动压力调节器在制动主缸与轮缸之间串联一个电磁阀，直接控制轮缸的制动压力。循环式制动压力调节器的基本结构如图 6-7 所示，其主要由回油泵、蓄能器和电磁阀组成。

ABS 在汽车制动过程中，ECU 控制流经制动压力调节器电磁线圈电流的大小，可使 ABS 处于"增压""保压"和"减压"三种状态，并进行循环控制。

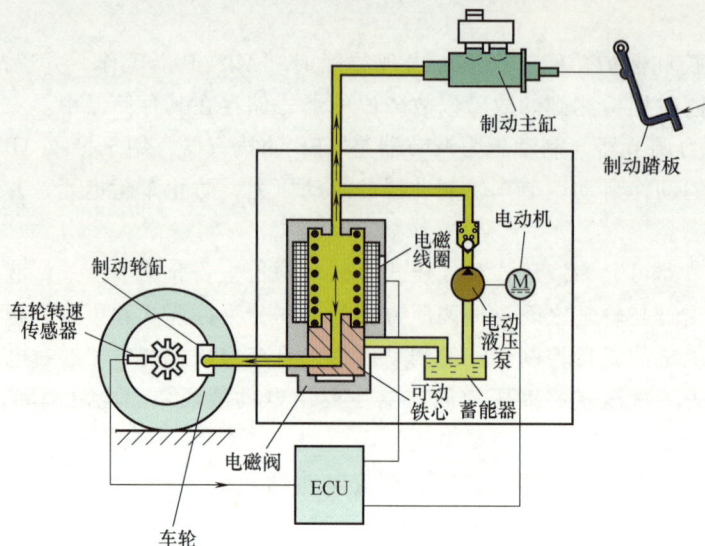

图 6-7 循环式制动压力调节器的基本结构

1）增压。电磁线圈不通电，电磁阀柱塞在回位弹簧的作用下处于下端位置。制动主缸与轮缸相通，由制动主缸来的制动液直接进入轮缸，轮缸压力随主缸压力的升高而升高。

2）保压。ECU 向电磁线圈输入一个较小的电流时（约为最大电流的 1/2），电磁线圈产生较小的电磁力，使柱塞处于中间位置。此时，制动主缸、制动轮缸和回油孔相互隔离，轮缸中的制动压力保持一定。

3）减压。ECU 向电磁线圈输入一个最大电流，电磁线圈产生更大的电磁力，使柱塞处于上端位置。此时，电磁阀柱塞将轮缸与回油通道或蓄能器接通，轮缸中的制动液经电磁阀流入蓄能器，轮缸压力下降。与此同时，电动液压泵工作，将流回蓄能器的制动液输送回主缸，为下一个制动周期做好准备。

4）增压。在制动压力下降、车轮的转速增加后，当 ECU 检测到车轮转速增加太快便切断通往电磁阀的电流，使制动主缸与制动轮缸再次相通，制动主缸的高压制动液再次进入制动轮缸，制动力增加。

可变容积式制动压力调节器系统主要由电磁阀、控制活塞、电动液压泵和蓄能器等组成，如图 6-8 所示。其特点是制动压力油路和 ABS 控制压力油路是相互隔开的；工作过程同样可以分为"增压""保压"和"减压"三种状态，并循环进行。

5. ABS 的故障诊断

ABS 的故障大致可分为以下几种，一是紧急制动时，车轮抱死；二是制动效果不良；三是警告灯亮起；四是 ABS 出现不正常现象。ABS 的诊断一般包括听取用户反馈、自诊断检查、故障码读取与清除、电路检查、元件检查和路试检查等内容。

（1）听取用户反馈 通过了解用户的反馈意见可初步判断 ABS 是否真的存在故障、故障发生的现象等重要信息。有些用户的反映可能属于正常的工作情况，比如，紧急制动时踏板颤动，在制动或者起动发动机、ABS 自检时系统发出声音等。

（2）自诊断检查 听取用户反馈后，可结合道路试验和故障自诊断系统进行故障检查。当 ECU 发现系统有故障时，会将故障以故障码的形式储存在 ECU 里，以便得到故障部位的

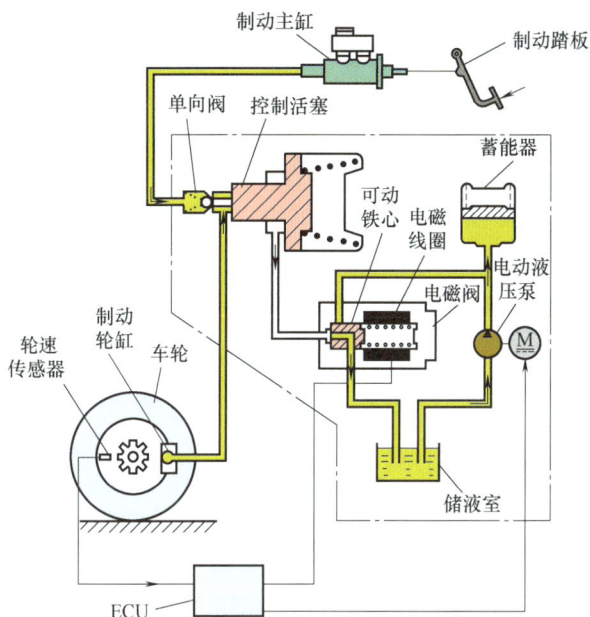

图 6-8 可变容积式制动压力调节器系统的组成

准确提示，迅速排除故障。同时，点亮 ABS 警告灯，提示驾驶人 ABS 故障。

（3）故障码读取与清除 关闭点火开关，把故障诊断仪用诊断连接线连接在诊断接口上。然后打开点火开关，查找 ABS，进行故障码查询与清除。

（4）电路检查 如果自诊断系统给出故障来源，则只进行相应电路检测；如果自诊断系统没给出故障来源，需要按故障诊断表进行相应电路检测。

（5）元件检查 根据电路检查所发现的具体的故障，再进行相应的电路和元件检测，最后通过更换元件或维修将故障排除。

（6）路试检查 故障检修完成后，应进行路试，确认故障已排除。

二、驱动防滑控制系统的检修

1. 基本理论

驱动防滑控制系统（Acceleration Slip Regulation，简称 ASR）也称为牵引力控制系统（Traction Control System，简称 TCS 或 TRC），是用于驱动车轮防滑的电子控制系统。汽车在驱动过程中，驱动轮可能相对于路面发生滑转。滑转成分在车轮纵向运动中所占的比例称为驱动轮的滑转率，通常用 S_d 表示

$$S_d = (\omega r - v)/\omega r \times 100\%$$

式中 r——车轮的滚动半径；

ω——车轮的转动角速度；

v——车轮中心的纵向速度。

当车轮在路面上纯滚动时，滑转率 $S_d = 0$；当车轮在路面上完全滑转（即汽车原地不动，而驱动轮转动）时，滑转率 $S_d = 100\%$；当车轮在路面上边滚动边滑转时，$0 < S_d < 100\%$。

图 6-9 所示为滑转率与附着系数（φ_d）之间的关系曲线。从图中可以看出，附着系数随

路面的不同呈大幅度变化。在干路面或湿路面上，当滑转率在 15%~30% 范围内时，车轮具有最大的附着系数。因此，ASR 可以通过控制驱动轮与路面之间的滑转率来控制其与路面间的附着系数，实现汽车在行驶过程中的防滑控制，以保持汽车行驶过程中的操纵稳定性和最佳的驱动性能。

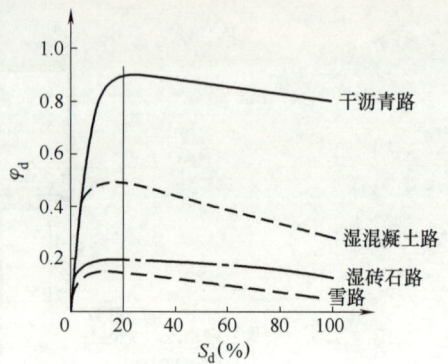

图 6-9　滑转率与附着系数之间的关系曲线

2. ASR 的控制方式

ASR 的控制参数是滑转率 S_d，ECU 根据各车轮轮速传感器信号计算 S_d，当 S_d 值超过某一设定值时，ECU 就输出控制信号，抑制车轮的滑转，把车轮的滑转率控制在理想的范围内。ASR 常用的控制方式有以下几种：

（1）发动机输出功率/转矩控制　一旦 ASR 的 ECU 检测到一个或两个驱动轮发生滑转的情况，立即发出控制指令，控制发动机的输出功率/转矩，以抑制驱动轮的滑转，如图 6-10 所示。

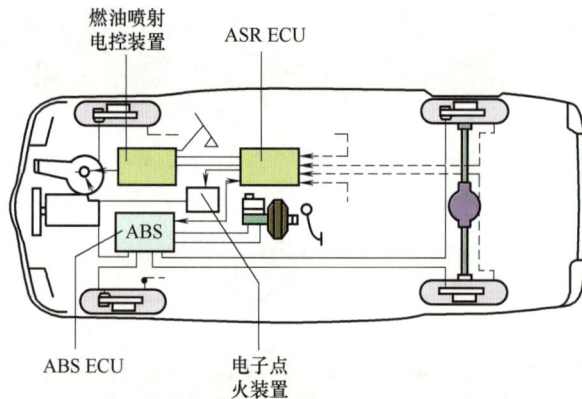

图 6-10　控制发动机输出功率/转矩的 ASR

（2）驱动轮制动控制　当汽车在附着系数不均匀的路面上行驶时，处于低附着系数路面的驱动轮可能会滑转。此时，ECU 会对滑转车轮施加一定的制动力，使两驱动轮向前运动速度趋于一致，还能使处于高附着系数路面的车轮产生更大的驱动力，起到差速锁的效果。

（3）防滑差速锁止控制　防滑差速锁止（Limited Slip Differential，简称 LSD）控制装置是一种电子控制可变锁止差速器，可以使锁止程度逐渐变化，锁止范围为 0~100%。当驱动轮单边滑转时，ECU 发出控制指令，使差速器锁止装置和制动压力调节器动作，控制车轮的滑转率，并把压力传感器和驱动轮轮速传感器产生的信号反馈给 ECU，实行反馈控制。它可有效控制驱动轮的驱动力，从而提高汽车在滑溜路面的起步、加速能力及行驶方向的稳定性。

3. ASR 的组成与工作原理

ASR 主要由输入装置、ECU 和执行器组成，如图 6-11 所示。输入装置包括传感器和开关信号，传感器主要有轮速传感器和节气门位置传感器，轮速传感器与 ABS 共享，节气门位置传感器与发动机共享，副节气门位置传感器用于检测副节气门的开度；开关信号主要是 ASR 选择开关，关闭 ASR 选择开关，ASR 就不起作用，此时 ASR 选择开关指示灯点亮。ASR 和 ABS 通常共用 ECU，称为 ASR/ABS 电子控制单元或 ASR/ABS ECU。执行器包括副节气门驱动装置和 ASR 制动压力调节器。

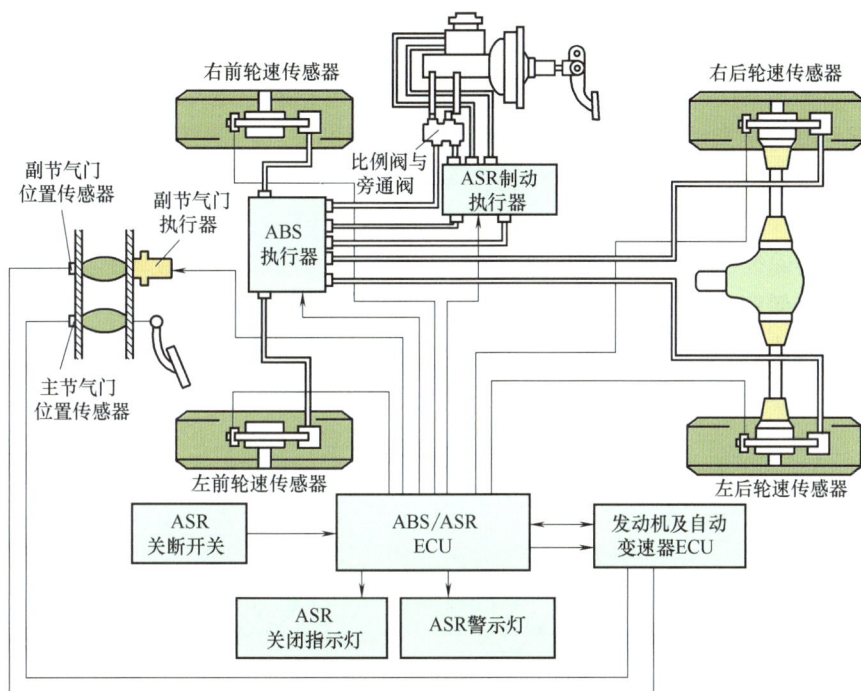

图 6-11　ASR 的基本组成

当 ASR 工作时，ECU 根据各轮速传感器的信号计算驱动轮的滑转率和汽车的参考速度。如果滑转率超出了设定范围，ECU 控制副节气门的驱动电机转动，使副节气门的开度减小。如果滑转率仍未降低到设定范围，则控制制动压力调节器对驱动轮施加一定的制动压力，使驱动轮的转速降低。

ASR 具有故障自诊断功能和失效保护功能，当 ECU 检测到 ASR 出现故障时，即点亮仪表板上的 ASR 警告灯，同时将故障以故障码的形式存入存储器；当 ASR 不工作和 ECU 检测到有故障时，ECU 立即发出指令，断开 ASR 节气门继电器、ASR 液压泵电动机继电器和 ASR 主继电器，从而使 ASR 不起作用。

副节气门驱动装置的主要功用是通过改变副节气门的开度，调节发动机的进气量，以达到控制发动机输出转矩的目的。副节气门安装在发动机主节气门的前方，由步进电机根据 ECU 的指令进行驱动。

三、动态稳定性控制系统的检修

1. 动态稳定性控制系统的功用

汽车在高速行驶急转弯时会出现两种危险状况，一种是不足转向（有冲出弯道的倾向），另一种是过度转向（有甩尾的倾向），两种状况都可导致汽车行驶时发生危险。汽车动态稳定性控制系统（Electronic Stability Program，简称 ESP）是改善汽车行驶性能的主动安全控制系统，在汽车行驶过程中监控汽车的行驶状态和驾驶人的操作意图，通过选择性地控制各车轮上的作用力主动地修正汽车的行驶方向，防止出现不足转向、过度转向和制动跑偏，提高了汽车的操控性和行驶稳定性。

2. 动态稳定性控制系统的基本工作原理

传感器实时地检测驾驶人的驾驶意图和车辆的实际行驶情况，输入 ECU，ECU 根据这些信号计算出车辆的实际运动轨迹，如果实际运动轨迹与理论运动轨迹（驾驶人意图）有偏差，或者检测出某个车轮打滑，ECU 就会首先控制副节气门驱动装置减小开度，以减小发动机输出功率，并且控制制动系统对某个车轮进行制动，以修正运动轨迹，克服汽车在高速行驶急转弯时会出现转向不足或转向过度的现象；当实际运动轨迹与理论运动轨迹相一致时，ESP 自动解除控制。例如，当 ESP 判定为出现不足转向时，会制动内侧后轮，使车辆进一步沿驾驶人转弯方向偏转，从而稳定车辆；当 ESP 判定为出现过度转向时，ESP 会制动外侧前轮，防止出现甩尾，并减弱过度转向趋势，稳定车辆，如图 6-12 所示。

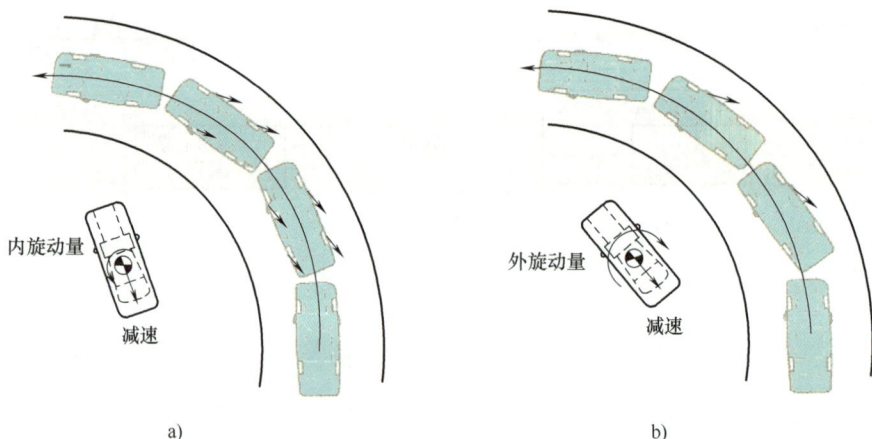

内旋动量
减速
a)

外旋动量
减速
b)

图 6-12　ESP 的工作原理图

a）不足转向时　b）过度转向时

3. 动态稳定性控制系统的组成

ESP 主要由用于检测汽车状态和驾驶人操作的传感器、用于估算汽车侧滑状态和计算恢复到安全状态所需的旋转动量和减速度的 ECU、用于根据计算结果来控制每个车轮制动力和发动机输出功率的执行器以及用于故障信息显示的警告灯等组成。

（1）传感器　传感器主要包括轮速传感器、转向盘转角传感器、加速度传感器和横摆角速度传感器等。轮速传感器安装在每个车轮的相应位置上，用于检测车轮旋转的角速度。转向盘转角传感器安装在转向轴上，用于检测转向盘转动的角度和方向。加速度传感器用于测量汽车行驶时的纵向和横向加速度。横摆角速度传感器也称为陀螺测速仪，一般安装在汽车行李箱的前部，与汽车垂直轴线平行，用于检测汽车在弯道行驶或加速时绕其垂直轴转动的角速度。

（2）ECU　ECU 是 ESP 的控制中心，它与液压控制装置集成在一起。ECU 持续监测并判断蓄电池电压、车轮速度、车轮横向与纵向加速度、转向盘转角、横向角速度以及点火开关接通、停车灯开关、串行数据通信电路等信号。根据所接收的输入信号，ECU 会向液压调节器、发动机控制模块、组合仪表和串行数据通信电路等发送控制信号。当点火开关接通时，ECU 会不断进行自检，以检测 ESP 是否存在故障。ECU 主要有以下控制功能，以确保行驶车辆的稳定性：

1）控制驱动力，防止车轮打滑。ESP 利用 ECU 分析来自各传感器的信号并输出相应的控制指令，对制动、发动机管理和变速换档控制等进行及时的干预，使汽车在起动时保持合适的转矩，以避免起步打滑。

2）控制过度转向或不足转向。在转向过程中，如果驾驶人对汽车的操作过于激烈，会使汽车不能按照自己的轨迹行驶，后驱汽车常出现转向过度的情况，此时后轮易失控而发生甩尾的趋势。当 ECU 检测到汽车转向过度时，向液压调节器发送一个信号，把合适的制动液压力施加到外侧前轮的制动轮缸，使外侧前轮减速，汽车朝驾驶人想要的方向转向。当 ECU 检测到汽车转向不足时，则向液压调节器发送信号，把合适的制动液压力施加到内侧后轮的制动轮缸，使内侧后轮减速，汽车朝驾驶人想要的方向转向。

3）控制方向，减少非对称路面制动距离。在非对称路面上制动时，制动系统在对附着力较低的路面上的车轮施加制动力时，为了防止车轮的抱死滑动，不能够对其施加与干燥路面上的车轮同样大的制动力。不对称的制动力会使汽车受到一个水平方向的转动力矩，在路面旋转打滑。ESP 察觉到后，会通过转向系统从相反方向控制车身。

（3）液压控制单元　液压控制单元通常与 ECU 合成一体，其主要由供能部分、制动主缸和助力器部分、选择电磁阀部分和控制电磁阀部分等组成。

液压控制单元的工作原理如下：

1）抑制前轮侧滑。当因前轮产生侧滑而出现"漂出"的现象时，ESP 把制动力施加到两后轮上。ESP 液压控制单元的基本动作是把经调节的供能部分的液压送到两个后轮轮缸上。

2）抑制后轮侧滑。当因后轮产生侧滑而使汽车滑移角增大时，ESP 立即把制动力加到正在转弯的外前轮上。

（4）蜂鸣器和警告灯　ESP 蜂鸣器用间歇式鸣响来提醒驾驶人 ESP 正在运行，如预警汽车在转弯时失控、轮胎附着力有不足的危险等，都会通过蜂鸣器提醒驾驶人注意行车安全。ESP 警告灯则用于当系统出现故障时，点亮此灯通知驾驶人。

〖任务实施〗

ABS 的检修与故障诊断

1. 任务准备

1）场地和设备准备：实训场地布置、汽车、举升设备、课件或微课视频。

2）分组：根据设备数量将学生分成 4~6 个组，每个组 6~8 人。

2. 任务步骤

1）各小组先进行观察认识 ABS 的各组成部分。

2）老师演示或播放微课视频，学生观看 ABS 的检修与故障诊断过程。

3）各小组进行 ABS 的检修与故障诊断，并完成工作页填写。

3. 任务评价

教师根据表 6-1 中的任务评价内容及标准给学生打分。

表 6-1 任务评价内容及标准

序号	项目	操作内容	分值	评分标准	得分
1	准备	清点工具、清理工位	5	酌情扣分	
2	ABS 的检修与故障诊断	检查储液罐液面高度	5	操作不正确扣 1~5 分	
		读取故障码	15	操作不正确扣 1~15 分	
		检查轮速传感器及其电路	20	操作不正确扣 1~20 分	
		检查 ECU	10	操作不正确扣 1~10 分	
		检查电磁阀及其电路	20	操作不正确扣 1~20 分	
3	完成时间	60min	10	超时 1~5min 扣 1~5 分 超时 5min 以上扣 10 分	
4	安全文明	无安全隐患，无不文明操作	5	未达标扣 1~5 分	
5	结束	工具清洁归位	5	漏一项扣 1 分，未做扣 5 分	
		清理工作场地	5	清洁不彻底扣 1~5 分，未做扣 5 分	
		总分	100		

【任务工单】

工作页 ABS 的检修与故障诊断

班级		姓名	
地点		日期	

一、资讯

1. 装有 ABS 的汽车，在制动过程中使车轮滑移率保持在_____范围内工作，可以获得良好的制动效能。

2. 装有 ABS 的液压制动系统，在非紧急制动时，ABS 起作用吗？_____。

3. 在 ABS 中，当 ECU 向线圈输入一个较小的电流，此时循环式制动压力调节器的电磁阀处于_____状态。

二、计划与决策

请查阅相关车型信息，对小组成员进行合理分工，确定 ABS 检修及诊断计划。

1. 车辆品牌及型号：_____。

2. 小组成员分工：_____。

三、实施

1. 车辆钥匙准备、举升设备安全检查等。

2. ABS 的检修要求与注意事项有哪些？

_____

_____

_____ 。

3. 记录 ABS 的检修情况：_____

_____

_____ 。

【复习与思考】

一、判断题

1. 汽车防滑控制系统就是对 ABS 和 ASR 的统称。　　　　　　（　　　）

2. ABS 失效后，汽车会失去制动功能。　　　　　　　　　　（　　　）

3. ESP 属于主动安全系统。　　　　　　　　　　　　　　　（　　　）

4. ESP 只能控制驱动轮上的制动力。　　　　　　　　　　　（　　　）

二、单选题

1. 当 ABS 故障警告灯和制动装置警告灯同时亮时，可能是由于（　　　）。

A. 油管有空气　　　　　　　　　B. 驻车制动没有松开

C. 电子控制装置故障　　　　　　D. 制动分泵动作不良

2. 具有防滑控制制动系统的汽车，其防滑转调节是在以下（　　　）情况下起作用的。

A. 低速　　　　　　　　　　　　B. 高速

C. 任何车速　　　　　　　　　　D. ABS 不工作时

3. ESP 的功用不包括（　　　）。

A. 实时监测汽车运动　　　　　　B. 主动干预汽车的转向

C. 被动干预汽车的制动　　　　　D. 主动干预汽车的制动

4. 下列（　　　）不是 ESP 必需的传感器。

A. 横摆角速度传感器　　　　　　B. 车速传感器

C. 转角传感器　　　　　　　　　D. 横向加速度传感器

三、简答题

1. 简述 ABS 的优点。

2. 简述带循环式制动压力调节器的 ABS 的工作原理。

3. 简述 ESP 的工作原理。

＊4. 搜集"双碳"背景下汽车电子控制新技术，关注汽车行业的发展趋势。

参 考 文 献

［1］　张立新，屈亚峰. 汽车底盘电控系统检修［M］. 2版. 北京：人民交通出版社股份有限公司，2017.

［2］　周毅. 汽车传动系统检修［M］. 北京：机械工业出版社，2020.

［3］　董长兴，李明清. 汽车自动变速器构造与维修［M］. 北京：机械工业出版社，2016.

［4］　李海青，董丽丽. 汽车底盘电控系统检修［M］. 北京：机械工业出版社，2016.